종교개혁지 탐방 가이드

유럽 종교개혁 역사 여행의 시작

종교개혁지 탐방 가이드

유럽 종교개혁 역사 여행의 시작

양희산 · 정설 지음

세움북스

유럽 6개국 20개 도시!
종교개혁지 탐방의 WHY, WHAT, HOW!

 # 일러두기

- 이 책의 인명과 지명은 외래어 표기법을 따랐다. 단, 특별한 경우 구글 맵에 뜨는 한글 지명을 따랐다.
- 이 책은 국민일보의 콘텐츠 플랫폼 '마이트웰브'에 연재했던 원고를 새롭게 다듬어서 엮은 것이다.
- 이 책은 여행 정보를 가득 담은 핸드북은 아니다. 상세 동선이나 교통편, 요금, 맛집 정보 등은 그쪽에 특화된 다른 책이나 구글 맵 등의 스마트폰 앱을 활용하자. 또한 시간이 지나면서 현지 상황은 얼마든지 바뀔 수 있다. 책의 출간 시점(2022년 1월)에 최종 확인했으나, 독자로서는 출국 전에 현지의 최신 정보를 반드시 실시간으로 확인해야 한다.
- 이 책은 이 분야 전문가를 위한 책도 아니다. 아무도 모르는 역사의 비밀스러운 현장이라든지 세상 신기한 장소로 안내하려 하지 않았다. 오히려 누구나 비교적 쉽게 방문할 수 있는 대도시 혹은 거기서 접근하기 쉬운 동네를 골랐고, 거기서 적은 비용으로 최대한 얻을 수 있는 것이 무엇일까에 더 집중했다.
- 코로나 팬데믹을 지나면서 여행의 분위기가 많이 가라앉은 시기에 출간하는 책이다. 이런 시기를 이용해서 오히려 더 차분히 준비하고 구상하여, 훗날 더 유익하고 멋진 여행으로 가꾸어 보시기를 응원한다.

종교개혁지 탐방,
어디로 가서 무엇을 볼 것인가?

작가의 글
황희상, 정설

고대와 현대, 역사의 흐름과 그 흐름의 주권자, 미신과 진리, 가난함과 부요함, 1,300원과 1유로, 그리고 3천만 리라!?, 설렘과 긴장이 버무려진 외국 공항에서의 기억들….

2003년 8월 첫 유럽 여행을 시작으로 기회가 될 때마다 유럽을 돌며 주로 종교개혁지를 답사했다. 부부가 함께. 여행을 통해 우리는 발전과 퇴보를 거듭해 온 기독교회의 역사와 그 속에 담긴 논쟁들, 그리고 교회의 본질에 대해 책으로 얻을 지식보다 조금 더 나은 이해를 추구했다. 그러다 보니 우리 부부의 인식을 깨우치고 더 풍요롭게 만들었던 이런 여행을 일종의 '탐방 프로그램'으로 만들어 소개하고 싶어졌다. 그 계획을 우리 가정의 목표로 삼고 계획표에 넣은 것이 2008년. 이 책은 우리 부부에겐 바로 그 꿈이 비로소 실행되는 첫걸음에 해당한다.

이 책이 마중물 되어, 여행사의 상품이 만들어지거나, 혹은 탐방 팀이 여럿 꾸려지면 좋겠다. 21세기 현대의 모습 너머에 켜켜이 쌓여 있는 유럽 역사와 기독교 신앙의 역사, 특별히 종교개혁의 가치를 실감하는 일에 도움이 되면 좋겠다.

author's writing

Contents

일러두기 • 4
작가의글 ✕ 황희상, 정설 • 5

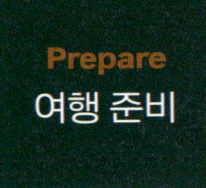

Prepare
여행 준비

01 프롤로그
"오예, 유럽 여행이다!" • 13

02 활용 방법
종교개혁을 콘셉트로 하는 여행사 패키지 활용법 • 21

03 실전 준비
어디로 갈까? 4개 지역, 20개 도시 선정 • 29

04 응용하기
두 개의 모듈을 골라서 자유 여행 동선을 만들어 보자 • 33

| module 01 |
이탈리아

| 스페셜 탐방 | × 로마 구도심 • 52
| 쉬어가기 | × 로마 여행 꿀팁 107가지 • 60

Italy

01 첫 번째 도시 | 로마
고대, 중세, 현재를 마을버스처럼 오가는 타임머신 • 39

02 두 번째 도시 | 바티칸 시티
애증의 바티칸 • 68

03 세 번째 도시 | 폼페이
살아 돌아온 고대 도시 폼페이 • 79

Czech Republic

| module 02 |
체코 · 독일

04 네 번째 도시 | 프라하
얀 후스, 그리고 케플러의 도시 • 91

05 다섯 번째 도시 | 타보르
후스파 박물관과 얀 쥐시카 장군 요새 • 101

06 여섯 번째 도시 | 비텐베르크
루터의 도시 '비텐베르크' • 109

07 일곱 번째 도시 | 보름스
보름스, "내가 여기 섰나이다!" • 121

08 여덟 번째 도시 | 바르트부르크
바르트부르크성, 루터를 완벽하게 보호하다! • 131

09 아홉 번째 도시 | 하이델베르크
하이델베르크성, 교리문답을 잉태하다! • 143

Germany

| 스페셜 탐방 | × 예나 방문 • 136

스페셜 탐방 ✕ 루브르 박물관 • 172
쉬어가기 ✕ 파리 시내 당일치기 추천 코스 • 186

| module 03 |
| 프랑스 · 스위스 |

10 열 번째 도시 | **파리**
종교개혁자들의 바벨론 • 155

11 열한 번째 도시 | **누아용**
칼뱅의 생가가 있는 누아용 • 195

12 열두 번째 도시 | **샹티이**
그는 어떻게 샹티이성을 버릴 수 있었을까 • 209

13 열세 번째 도시 | **라로셸**
리슐리외 추기경의 '라로셸' 포위 섬멸 작전 • 219

14 열네 번째 도시 | **스트라스부르**
우리는 왜 스트라스부르에 가는가 • 245

15 열다섯 번째 도시 | **취리히**
소시지 섭취 사건과 취리히의 종교개혁 • 255

스페셜 탐방 ✕ 프로테스탄트 박물관 • 232

스페셜 탐방 X 승리의 노트르담 사원 • 240
쉬 어 가 기 X 런던 시내 당일치기 추천 코스 • 296

16 열여섯 번째 도시 | **바젤**
흑곰 인쇄소의 바젤 • 265

17 열일곱 번째 도시 | **제네바**
제네바에서 칼뱅은 무엇을 했을까? • 273

| module 04 |
영국

18 열여덟 번째 도시 | **런던**
종교개혁의 메트로폴리탄, 런던 • 287

19 열아홉 번째 도시 | **에든버러**
에든버러, 최상의 종교개혁을 이룬 도시 • 305

20 스무 번째 마지막 도시 | **세인트앤드루스**
종교개혁이 우리에게 남긴 유산은 무엇일까? • 319

Prepare

여행
준비

프롤로그

"오예, 유럽 여행이다!"

강남 카리스마 교회의 대학부 담당 교역자 카오스 전도사. **학생들을 인솔해서 종교개혁지 탐방을 다녀오라는 당회의 지시를 받는다.** 그토록 가보고 싶었던 유럽을 가 볼 기회가 생겼다. 인솔자 여행비는 교회에서 전액 부담하고 청년들에게는 30%를 지원한다고. 신청자를 받아 보니 주보에 광고를 하지 않았는데도 순식간에 열다섯 명 정원이 찼다. 후덜덜. **모두가 기대 가득!** 계단에서 마주치는 청년들은 벌써부터 상기된 표정이다.

"저 완전 기대됨요!"
"근데 어디로 가요? 에펠 탑도 올라가요?"
"프라하 가나요? 프라하? 야경이 쩐다던데~!"
"프라하가 어디야? 프랑스야?"
"아니거든, 체코거든. 체코. 체코의 수도. 에휴."
"워~ 프라하가 도시 이름이었어?? 대박!!"

듣자 하니 어째 좀 동상이몽 느낌이다.

"저기, 얘들아, 캄 다운. 아직 일정표 안 나왔어. 그리고… 이건 놀러 가는 게 아니잖아…. 종교개혁지 탐방이거든?"

그러고 보니 나에게도 정보가 너무 없다. 갑자기 근심이 몰려온다. **음… 뭐부터 해야 하지?** 다른 교회에서 여행사 통해서 다녀왔다는 이야기는 들었는데 구체적으로 어딜, 어떻게, 얼마에 다녀왔는지는 모른다. 얼른 여기저기 좀 알아봐야 되겠다. 여행사를 선정하고 일정과 예산을 짜서 올릴 일을 생각하니 마음이 바쁘다. 내 마음을 읽으셨을까? 평소 눈치 빠른 모 집사님이 지나가던 나를 붙잡고 인상을 찌푸리신다.

"이야기 들었어요. 저번에 종교개혁 500주년이라고 남여전도회에서 여행사 패키지로 다녀왔는데, 그거 완전 돈 낭비 시간 낭비였어요. 맨날 차만 타고, 졸다가 깨면 버스에서 내려서 똑같이 생긴 성당만 계속 보다 왔잖아요. 어디가 어딘지 지금 기억에 하나도 안 남아…. 식사도 그렇고, 새벽같이 버스 타러 나오라 해서 잠도 제대로 못 잤는데. 다들 무리해서 감기 걸리고. 최 권사님 무릎 인대 늘어나고…. 이런 걸 교회에서 뭐하러 예산 써서 가는지 저는 잘 모르겠어요. 글쎄, 대학생들은 좀 나으려나? 이번엔 기획을 잘 좀 해 보세요. 또 그렇게 갈 거면 차라리 가지 마시고."

뜨끔. 겁이 덜컥 난다. 모두의 기대를 한몸에 받고 있지만 대안이 없다. **어찌 하오리까???** 집에 와서 패키지 상품을 하나씩 살펴보는데, 종교개혁지 탐방 상품은 죄다 비슷하고 주로 독일 지역에 집중되어 있다. 루터가 태어난 곳, 세례 받은 곳, 벼락 맞을 뻔해서 회심한 곳, 어디 숨어 있던 곳, 마지막에 설교한 곳, 사망한 곳 등등…. 한 인물의 일생을 따라 순례를 하는 모양인데, 나름 의미는 있겠지만, 어떻게 보면 뭐하러 이런 데를 굳이 다 찾아다녀야 하나 의문이 든다. 우리 청년들이 좋아할까 싶고….

"에이, 순 독일만 가네! 다 모르는 동네고…. 도사님, 저는 독일 별로 관심 없는데, 다른 데 가면 안 돼요? 지중해 쪽엔 뭐 없어요??"

● 종교개혁지 탐방을 검색하면 수많은 내용이 뜨긴 하는데 대체로 내용은 거기서 거기다. 가장 큰 문제는, 그 장소에 왜 가는지, 가서 무엇을 보는지, 확신이 안 선다는 것이다. 가면 과연 좋을까? 차라리 그 돈으로 더 잘 알려진 관광지에 가는 것이 좋지 않을까?

내가 들고 다니던 여행사 일정표 몇 개를 뒤적거리던 한 청년의 반응에 어이가 없었다.

"다른 데라니, 여행 컨셉이 종교개혁인데 루터의 동네를 안 본다고? 이런 여행은 이렇게 가면서 공부도 하고… 루터의 발자취와 그리고…."
"그래도 해외여행인데 뭐랄까 재미 요소도 있어야죠. 검사검사."
"그 돈 들여서 유럽까지 가는데. 또 언제 가 보겠어요, 코스가 너무 따분해 보여요."
"저희 이거 마지막 기회라고요! 이제 3학년이라 내년부터 장난 아니거든요?! ㅠㅠ"
"패키지 말고, 우리 자유 여행으로 가면 안 돼요? 패키지는 나중에라도 갈 수 있잖아요."

… 집단 반발이다. 게다가 자유 여행이라니. 그렇잖아도 부담인데. 하긴, 여행사가 제시한 코스는 내가 봐도 좀 그렇긴 하더라마는….

"알았다! 알았어. 그… 그럼 다 같이 함 만들어 보자!! 노트북 갖고 와 봐."

구글링을 통해 루터 외에도 칼뱅, 츠빙글리 등이 활동했던 도시가 더 있음을 알아냈다. 2주에 걸쳐 저녁마다 모여서 밤잠을 줄여 가며 나름대로 코스를 짜 봤다. 일정이 빡빡해서 하루에 두세 도시를 방문하긴 하지만, 독창적이지 않나!? 그런데 회계를 맡은 자매가 우리가 짠 코스를 메일로 받아 보고 한마디 한다. "저기요, 그렇게 하면 비용이 두 배예요. 스위스가 숙소가 좀 비싸죠. 우동 한 그릇도 10유로씩 하고요." 급 시무룩…. **어쩌라고??? ㅠ0ㅠ**

답이 안 나오는 상태로 몇 주가 흘렀다. 일정표를 이렇게도 만들어 보고 저렇게도 만들어 보며 머리를 싸매고 있는데, 당회에서 부르셨다. 지금 뭐하는 거냐고. 교회 예산 가지고 함부로 책임지지 못할 일을 벌이면 안 된다고. 심지어 '종교개혁지 탐방하는데 스위스를 왜 가느냐'고 **혼.났.다.** (응?) 나는 너무 답답해서, **"스위스는 종교개혁의 중심지거든요!!"** 라고, (마음속으로) 소리치고 조용히 나왔다;;

아. 스트레스 스트레스. 그냥, 가지 말까?
우울하고 막막하다. 종교개혁, 말만 들어도 짜증이다…. ㅠㅠ

• • • • • •

지금까지 지어낸 이야기를 한 편 읽으셨다. 픽션이긴 하지만 낯설지 않다. 지금 이 순간 어디서든 일어날 수 있는, '실화냐?' 싶을 가상이다. 사실 그동안 많은 교회에서 비슷한 일이 반복됐다. **핵심은 정보 부족이다.** 우리는 종교개혁의 후손이지만 종교개혁을 너무 몰랐고, 그래서 종교개혁지 탐방이라는 '버킷리스트'의 한 줄에 체크 표시를 하면서도, 그저 유럽 여행 다녀온 것과 차별점이 없었다. 여행사나 현지 가이드의 준비 부족도 한술 보탠다. 물리적으로 가능한 이동 거리와 단골 숙소, 식당은 정해져 있으니, 기존 상품에 종교개혁이라는 이름만 끼얹어서 적당히 재구성할 뿐이다. 기독교 문화, 기독교 세계관이라는 말은 많지만, 앞에 기독교라는 단어를 붙였을 뿐 그게 뭐가 좋은지 모르는 것과 백퍼 똑같은 상황이랄까.

종교개혁은 단순히 '루터가 교회의 타락에 열 받아서 밤중에 몰래 대자보를 갖다 붙인 사건'

이 아니다. 이것은 무려 200여 년에 걸쳐 유럽 대륙 전체에서 일어난 크고 작은 사건들의 연속이자, 수천 명에 달하는 종교개혁자들의 피와 땀이 서린 역사의 진보를 뜻한다. 따라서 종교개혁지 탐방이라는 말 자체가 본래 한두 번의 탐방으로 성립할 수가 없는 노릇이다. 더구나 종교개혁 이후 수백 년이 이미 흘렀다. 그 장소, 그 땅은 그 뒤로 수많은 전쟁과 산업 발전기의 변화를 겪어 냈다. 종교개혁 시절의 정취를 느낄 수 있는 유산들은 대부분 훼손되거나 아예 실종되었다. 따라서 내용을 모르고 그냥 갔다가는, 그저 이미 패스트푸드 식당으로 변한 건물의 문 앞에서 허무한 발걸음을 돌리게 되고 만다. 게다가 결정적으로, **그 모든 순간이 시간과 돈이다.** 문제는 우리들 대부분에게는 시간도 없고 돈도 없다는 사실! ^^;

- 대충 어디를 가면 된다더라 하는 정보는 있지만, 왜 꼭 그곳인지, 거길 가서 무엇을 보면 좋단 말인지는 납득이 되지 않는다. 막상 이러이러한 것이 있다고 소개하면 시큰둥한 반응이 대부분이다.

선택과 집중이 필요하다.
다 볼 수는 없고, 골라야 하는데,
당연히 우리에게 의미가 크고 깊은 곳
위주로 골라야 한다.

〈종교개혁지 탐방, 어디로 가서 무엇을 볼 것인가?〉 시리즈는 그런 문제의식에서 출발했다. 이 글은 종교개혁 탐방을 떠나려는 분들께 최종적이고 완벽한 해답을 주려는 것이 아니다. "이대로 그냥 따라 하시면 다 됩니다요~" 식의 여행 정보를 주려는 것도 아니다. 특정 여행 상품을 홍보하기 위한 것도 아니다. 적어도 어디를 왜 가는지 스스로 알고 갈 수 있도록, 여행 코스를 잡을 때 자신 있게 **"저는 여기, 그리고 여기를 꼭 가 보고 싶어요! 왜냐하면…"**이라고 말할 수 있도록 돕고 싶다.

말하자면, **종교개혁지 탐방의 WHY, WHAT, HOW**가 되겠다.

종교개혁과 관련하여 한국 교회에 아주 중요한 장소(도시)를 약 20개 선정할 것이다. 그리고 그 장소에 왜(WHY) 가는지, 가서 무엇을(WHAT) 보고 무슨 생각을 할 것인지, 마지막으로 어떻게(HOW) 접근하고 돌아보면 좋을지를 소개하려 한다.

그런데 사람마다 쓸 수 있는 비용과 시간이 각각 다르기 때문에, 전체 여행 기간에 따라 달라지는 현실적인 동선을 감안해서 **A안, B안, C안 등을 제시**하려 한다. 20곳을 다 가려면 3주 이상이 필요하다. 그러나 여기서도 중요도에 따라 다시 압축해서 코스를 짠다면 10일 코스도 가능하다. 즉, **열흘 내로 갈 수 있는 코스와 2주, 3주에 갈 수 있는 코스**를 각각 다르게 짜 볼 수 있다.

● 프랑스 라로셸에 있는 개신교회와 종교개혁 박물관. 프랑스 종교개혁의 역사와 관련하여 매우 중요한 장소이지만, 한국에는 거의 알려져 있지 않았다.

무엇보다 이 시리즈는, **여행을 통해 종교개혁의 가치와 역사를 간접 체험하는 일에 집중**하려고 한다. 그래서 종교개혁을 소중히 여기는 사람들에게는 매우 의미가 깊지만, 일반적인 여행사 가이드는 그다지 중요하게 생각하지 않는 곳을 향해 주로 발길을 디딜 계획이다.

우리네 종교개혁지 탐방 문화가 지금보다 조금은 더 발전하기를 기대하며!

활용 방법

종교개혁을 콘셉트로 하는
여행사 패키지 활용법

*시작부터
꿀팁 대방출!!*

　　　　본격적인 이야기로 들어가기 전에, 기존의 종교개혁지 탐방 패키지 상품에 대해 정리를 좀 해야겠다. 서두에서 마치 기존의 모든 상품을 부정하는 듯한 느낌을 받으셨다면, 그런 건 또 아니라고 말씀드리고 싶다. 현실적으로 이 글을 읽는 모두가 다 알아서 척척 배낭여행을 자유롭게 떠날 수 있는 것은 아니다. 기존 상품을 이용하더라도 잘 활용하면 된다. 몇 가지를 염두에 두고 준비해서, 최선이 아니라면 차선의 유익을 얻어 보면 좋겠다.

2017년도에는 '종교개혁지 탐방'이라 하여, 기존에는 흔치 않던 여행 상품이 교계에 유행했다. 루터의 종교개혁 500주년이라고 해서 그랬다. 소위 '성지 순례'라고 해서 이스라엘, 터키, 레바논 등을 다녀오는 상품은 많았지만, 종교개혁지 탐방이 그만큼 대중적이지는 못했다. 그러다가 종교개혁 500주년이 되자 눈치 빠른 여행사들이 관련 상품을 만들어서 팔았다.
　　　　그러나 이런 상품들의 문제는, 갑자기 생긴 수요를 맞추다 보니 콘텐츠가 따라 주지 못했다는 점이다. 여행사 측의 종교개혁사에 대한 이해와 정보가 아직 턱없이 부족한 탓이다.

그러다 보니 어찌어찌 마련한 여행 상품의 일정에 막상 중요한 종교개혁지가 빠지거나, 종교개혁 역사 중 초기에 해당하는 도시만 돌아보다 오는 일이 생긴다. 가장 큰 문제는 종교개혁에 관한 지식을 갖춘 가이드를 찾기 어렵다는 점이다. 여행사와 계약된 현지 가이드들은 아무래도 기존에 하던 설명을 계속할 수밖에 없는데, 그 설명은 일반 문화사와 유적 설명에 집중되어 교회사적인 의미까지 밝혀 줄 수는 없었다. 아예 생략되는 경우도 많다. 그러니 비싼 돈을 들여 그곳까지 가서도, 정작 관심 있게 봐야 할 것을 놓치는 경우가 생긴다.

일례로, 하이델베르크 요리문답을 탄생시킨 도시 하이델베르크까지 가서 영화 '황태자의 첫사랑'이나 거대한 맥주통을 보고 어느 왕의 로맨스 이야기만 듣는다면 아쉽지 않을까? 종교개혁자 칼뱅이 활동했던 도시 제네바까지 가서, 그가 다른 개혁자들과 함께 강의와 토론을 했던 칼뱅 강당 앞에 서서 가이드가 칼뱅 생가라고 잘못 설명하는 것을 듣는다면 오싹한 일 아닐까? (이 두 가지 사례는 필자가 직접 겪은 해프닝 중 일부에 불과하다. ^^)

그런데 그런 상품으로 이미 수많은 팀이 다녀왔거나, 또 출발할 예정이라고 하니 안타까웠다. 현행 종교개혁 패키지 투어는, 아무래도 만족감보다는 아쉬움 쪽이 더 커 보였다.

| 아 | 쉬 | 운 | | 대 | 로 | | 고 | 쳐 | | 쓰 | 자 |

그럼에도 불구하고 대안은 별로 없다. 직접 여행 스케줄을 짜는 것은 공이 많이 들고, 사고가 발생했을 때 대처가 힘들며, 책임 소재를 가리기도 어렵다는 문제가 있다. 그래서 현실적으로 여행사 상품을 써야만 하는 경우, 최대한 보람찬 여행이 되기 위해서 필자가 생각해 본 7가지 팁을 소개한다.

1 일정 기간 종교개혁사를 미리 함께 공부한 멤버만 참여하기

그렇지 않으면 현장에서 루터가 누군지 칼뱅이 누군지 설명하느라 시간 다 씀. 그런 공부는 한국에서 끝내고 올 것. 누구는 다 아는 이야기를 길게 설명해서 불만이고, 누구는 하나도 모를 이야기를 계속 떠들면 잠만 오고, 이 아까운 시간에 여기까지 와서 모아 놓고 뭔 짓이야 싶을 것이다. 답사 팀의 지식 수준이 모두 같을 수는 없더라도 편차가 너무 크면 곤란하다. 그래서 답사 여행 출발 전에 적어도 3달 정도는 함께 책을 읽으며 준비하는 시간을 갖는 것이 좋다. 이때 사용하면 좋은 추천 도서는 다음과 같다. 최근에 나온 책 중에서 골랐다. 물론 더 많은 책이 있지만, 너무 전문적인 책은 뺐다.

1 《꺼지지 않는 불길》_복있는 사람
2 《네덜란드 개혁교회 이야기》_그 책의 사람들
3 《특강 종교개혁사》_흑곰북스

2 가능하다면 소그룹으로 이동하기

답사 인원은 15인 정도의 소규모로 가는 것이 좋다. 물론 이렇게 하면 개인이 부담하는 금액이 더 늘어나지만, 조금 더 써서 유익한 여행이 되는 것이 훨씬 낫다. 비용 좀 줄이겠다고 우글우글 따라다니는 여행을 할 경우, 상상 이상으로 효율이 떨어진다. 날마다 호텔 체크인 하는 데도 시간이 엄청나게 걸리고, 기차 한 번 타려고 세 시간씩 낭비하는 경우가 부지기수다. 더구나, 인원이 많으면 대부분의 종교개혁 현장에서 제대로 된 설명 전달이 불가능하다. 답사 현장이 비좁은데, 좁은 공간에 사람이 다 들어가기 어렵다. 들어가도 문제다. 주위 다른 관광객이나 현장 스태프들에게 민폐를 끼치게 되므로. 또한 마이크-수신기 사용이 금지된 곳이 많아서 육성으로 해야 되는데, 이런 게 죄다 민폐다.

3 현지 투어 가이드의 해설은 줄이고, 전문 해설사를 동반하기

한국에서 같이 가거나 현지 유학생(신학생)을 섭외하는 것이 좋다. 물론, 일반 가이드의 설명에서도 배울 점이 많지만, '종교개혁'이라는 콘텐츠를 풍성하게 보유한 가이드를 찾기는 아직 어렵다. 여행사에서 신경을 쓴다 하더라도, 현지 가이드는 그냥 하던 말을 계속 할 확률이 높다. 예를 들어, 어느 하이델베르크 현지 가이드는 한국의 종교개혁 답사 팀이 그 도시를 왜 가려고 하는지 자체를 모르고 있었다. 그분은 하이델베르크가 대학 도시라서 초창기 종교개혁이 활발했다는 정도로만 설명했다. 정작 그곳에 가려는 많은 사람들은 하이델베르크 요리문답의 역사를 공부하고 왔는데 말이다. 다만, 이탈리아 쪽 '유로 자전거 나라 투어'에 소속된 한국인 가이드들의 수준은 높은 편.

혹시 함께할 전문 해설사의 입담이 좋고 여행 경험이 많다면, 여행사와 협의해서 아예 현지 가이드를 다 배제하는 것도 방법이다. 여행사 입장에서는 이렇게 해도 별 문제가 없다. 단, 이렇게 할 경우 여행의 안전과 편의를 위해 다음 4번 팁을 고려하시길 권한다.

4 전문 인솔자를 활용하기

인원이 많거나 멤버 중 해외여행 초보자가 많은 경우에는 차라리 여행사에 소속된 전문 인솔자(Tour Conductor)를 동반하는 것이 속 편하다. 이는 해설사나 현지 가이드와는 다른 개념으로, 항공이나 도시 간 교통 연결 등을 도와주고, 비상시 여행사와 연락하는 등의 역할을 한다. 이런 일이 쉬워 보여도 여러 사람이 이동할 경우 은근 신경이 많이 쓰이고, 사고도 종종 발생한다. 물론 인솔자를 동반시킬 경우, 한 사람이 더 따라가는 만큼 비용도 증가한다. 하지만 그룹에 따라서는 이런 역할이 반드시 필요할 수가 있다.

만약 인솔자와 해설사 두 사람을 다 동반하기엔 총 비용이 너무 부담된다면, 전문 해설사에게 사례를 조금 더 하면서 두 가지 역할을 맡길 수도 있다. 그가 여행 경험이 풍부하고 영어 소통이 자유로운 편이라면 말이다.

5 꼭 가고 싶은 우리만의 여행지를 기존 동선에 반영시키기

여행사가 제안하는 기본 일정에, 일행들이 꼭 가고 싶은 장소를 추가하면서 그 '이유'를 충분히 설명해서 최종 코스를 완성할 것. 대부분의 여행사가 어느 정도의 융통성은 발휘해 준다. 루터의 종교개혁이 활발했던 독일 지역의 경우, 이미 상당 부분이 중세 로마 가톨릭의 (미신적이고 설화적인) 성지 순례 스타일처럼 변해 가고 있었다. 독일에서 '예나'를 방문하자고 했더니, 현지 가이드는 그때까지(2017년 3월) 거길 가자고 요구한 종교개혁 답사 팀은 없었다고 했다. 이런 정보를 미리 짜서 여행사와 협의하면 상당히 유니크하면서도 만족스러운 여행이 가능하다.

다음에 제시한 도표는 모 여행사가 제시한 내용을 필자가 첨삭한 것이다. 이런 정도의 융통성은 특별한 비용 증가 없이도 여행사에서 얼마든지 수용 가능하다. ▶**진한 초록색**이 필자가 추가한 일정이고, 취소선은 중요도가 낮다고 판단해서 삭제한 일정이다.

현실적인 종교개혁지 답사 코스 (11박 12일)

기존에 존재하던 여행사 상품에 **진한 초록색 첨삭**으로 수정해 드린 사례입니다.

날짜	도시	일정
1일 차	인천 파리	인천 국제공항 집결 — 프랑스/파리 도착, 호텔 체크인, 휴식 ▶ 숙소 팁: 다음 날 누아용으로 이동할 것이므로 파리 북부에 위치한 숙소가 좋겠음.
2일 차	누아용 파리	누아용으로 이동 — 칼뱅 생가, 대성당 등 답사 후 파리로 귀환 — 몽마르트르 언덕, 노트르담 대성당 — 샹젤리제 거리, 개선문, 에펠탑 2층, 센강 유람선 ▶ 취소선으로 표시한 순서들을 줄이고 시간을 벌어서, 대신에 앙리 4세 관련 지점들(별도 제시한 지도 참조)을 답사하는 것이 좋음 ▶ 지역 추천 메뉴: 에스카르고(달팽이 요리) – 고급 달팽이 요리까지는 아니고, 우리 식으로 치자면 골뱅이랑 비슷한 요리임 ㅋㅋ
3일 차	파리 제네바	루브르 박물관 관람 후 파리 출발, 제네바 도착 후 호텔 ▶ 숙소 팁 : 제네바 시내 숙소는 매우 비싸므로 가능하면 외곽에서 해결하기! 그렇지 않다면 중앙역 인근에 Ibis 등의 중저가 숙소 이용
4일 차	제네바 인터라켄	종교개혁 기념비, 생 피에르 교회 ▶ (종교개혁 당시 제네바 교회에 속한 세 교구 중에서 생 피에르 교회를 포함한 나머지 두 예배당까지 모두 답사 – 지도 참조), ▶추가로 제네바 아카데미(현재 고등학교), 칼뱅 강당, 레만 호수 등 답사 후 인터라켄으로 이동 (팁: 내일 일정을 위해 저녁에 일찍 쉬기)
5일 차	인터라켄 취리히 ▶스트라스부르	산악 열차 탑승, 융프라우요흐 오르기 ▶ 지역 추천 메뉴(점심): 미트 퐁뒤(약간 샤브샤브 느낌으로 ㅎㅎ) 취리히로 이동 — 16세기 종교개혁자 츠빙글리가 설교했던 그로스뮌스터, 프라우뮌스터, 취리히 호수 등 답사, — 저녁 식사 후 호텔 투숙 ▶ 취리히보다는 곧바로 다음 날 일정인 스트라스부르로 이동해서, 오후에 아래 코스를 답사하는 것이 더 좋겠음. 쁘띠 프랑스, 칼뱅 목회 거리 ▶요하네스 슈투름의 김나지움, 스트라스부르 대학, 칼뱅이 설교했던 대성당 등 ▶스트라스부르 숙박 또는 보름스로 이동, 숙박
6일 차	취리히 스트라스부르 보름스 (*전체적으로 일정이 당겨짐) ▶아이제나흐	보름스로 이동, 종교개혁자 동상, 루터가 재판받았던 종교 회의장 등 답사 후 아이제나흐로 이동 — 루터 하우스, 바흐 생가, 게오르크 교회, 바르트부르크성 답사 ▶(가능하면 바르트부르크성 인근 교외에 숙소를 정하여, 보름스에서 나와서 숨어 지내던 시절의 루터의 마음을 느껴 보기)
7일 차	아이제나흐 에르푸르트 비텐베르크	에르푸르트로 이동하여 에르푸르트 대학, 아우구스티누스 수도원, 에르푸르트 대성당 등 답사 — ▶예나로 이동, 흑곰 여인숙(현재 호텔로 운영)에 들러서 루터 기념 룸에 들어가 보기(호텔 1층 – 호텔 매니저에게 미리 양해를 구하는 것이 좋음), 비텐베르크로 이동
8일 차	비텐베르크 베를린	95개조 반박문을 붙였던 비텐베르크성 교회 답사 및 비텐베르크 대학, 궁정 교회 등 답사 후 — 베를린으로 이동
9일 차	베를린 프라하	베를린 장벽, 브란덴부르크 문, 전승 기념탑 등 답사 후 프라하로 이동 — 프라하 야경 투어
10일 차	타보르 프라하	타보르로 이동하여 얀 후스의 종교개혁 박물관 및 지하 카타콤 답사 후 프라하로 귀환 — ▶트램 탑승, 성 비투스 대성당, 프라하성 답사, ▶식사 후 저녁에는 프라하 야경 보러 또 나가기 ㅎㅎ
11일 차	프라하	프라하 공항으로 이동 — 프라하 출발
12일 차	인천	인천 국제공항 / 귀가

※ 추천 일정이 아니라, 이런 식으로 고쳐서 쓸 수 있다는 하나의 예시입니다.

6 예약할 필요가 없는 곳도 미리 예약하고 방문하기

박물관이나 교회당에 방문할 일이 많은데, 방문 시각과 인원 등을 미리 이메일로 예약하거나, 적어도 통보라도 해 두는 것이 좋다. 현장 담당자가 우루루 몰려오는 아시안들에게 놀래서 과도한 질서 유지(?)를 시키는 바람에, 제대로 된 해설을 할 수 없는 경우가 종종 발생한다. 박물관에 들어가서 해설 없이 묵묵히 그림만 보고 나올 거라면 뭐하러 유럽까지 가나. 구글로 공부하면 된다. 그리고 상당수의 현장은 평소에 지키는 사람이 없어서 잠겨 있는 경우도 흔하다. 그럴 땐 시간 낭비에 차비만 아깝다. 반면에, 미리 예약을 해서 방문 의도를 명확히 하고 시간과 인원 규모를 알려 둘 경우 현지 스태프들이 훨씬 더 친절하게 맞이할 뿐 아니라 뜻밖의 경험을 해 볼 수 있다. 따라다니면서 더욱 전문적인 설명을 해 주거나 평소에 잠궈 둔 방을 열어 주는 등의 행운 말이다.

7 뭔가 배우는 일에는 아낌없이 투자하기

이렇게 배우러 가는 여행에서는 돈을 아끼는 것만이 능사가 아니다. 고생해서 먼 곳까지 가 놓고는 정작 유료 입장료에 놀라서 들어가 봐야 할 곳을 들어가지 못한다면 무슨 의미가 있을까. 너무 아끼다 보면 전체적인 여행 콘셉트를 망치게 된다. 차라리 숙소 등급을 낮추거나 식사 비용을 줄이더라도, 콘텐츠에 투자할 것! 이게 생각보다 중요한 팁이다. 여행 중에 피곤하면 만사가 귀찮기 때문에, 어딜 가서 막상 매표소 앞에 딱 서면, 들어가기 싫어진다. 그러나 웬만하면 돈 내고 들어가자! 얻는 것이 더 크다.

위의 7가지 팁을 잘 기억했다가 여행사 미팅에서 활용해 보자.

실전 **준비**

어디로 갈까?
4개 지역, 20개 도시 선정

종교개혁지 탐방을 떠날 때 가장 먼저 **'어디로' 갈 것인지**를 정해야 한다. 유럽은 넓다. 그리고 종교개혁은 (우리로서는 곤란하게끔) 유럽 '전 지역'에서 일어났다. 다 가 볼 수 없다. 그래서 **경중을 따져 '선택'해야 한다.** 한 달씩 두 달씩 유럽 대륙을 누비고 다닐 수 있다면 모를까, 우리 대부분은 그런 존재가 아니기에…. ^^; 다음 페이지의 지도는 수많은 종교개혁지 중에서 일반적인 여행자가 짧은 기간 내에 쉽게 방문할 수 있는 비교적 난이도가 낮은 지역을 중심으로 뽑아 본 것이다. 로마에서 출발해서 스코틀랜드까지 S자를 거꾸로 그리면서 올라간다. 편의상 크게 네 지역으로 나눌 수 있다.

module 01	module 02	module 03	module 04
이탈리아	체코 | 독일	프랑스 | 스위스	영국
로마 바티칸 폼페이	프라하 · 타보르 보름스 · 바르트부르크 비텐베르크 하이델베르크	파리 · 누아용 샹티이 · 라로셸 스트라스부르 · 바젤 취리히 · 제네바	런던 · 에든버러 세인트앤드루스

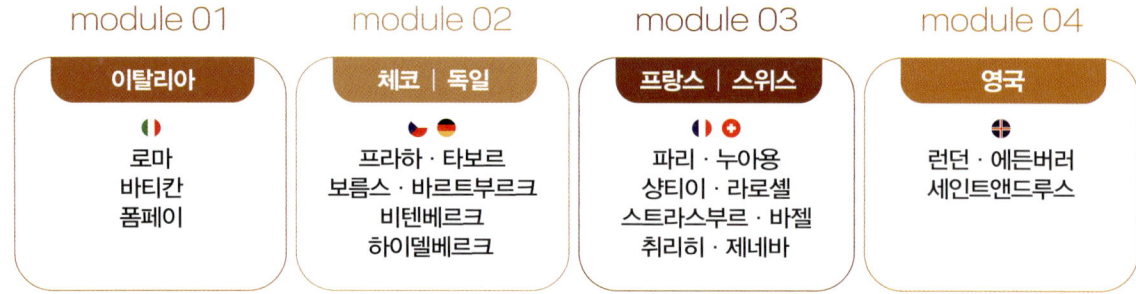

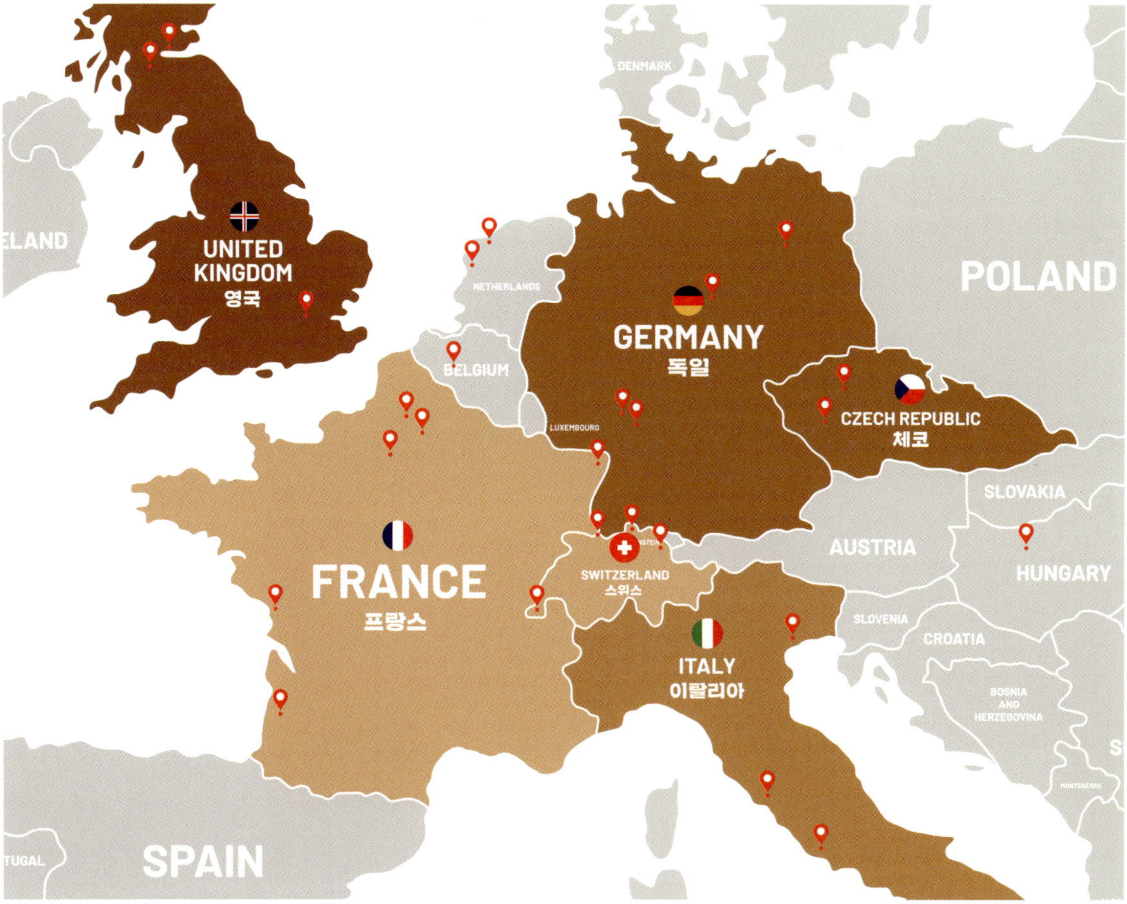

각각의 모듈에 대한 설명을 해 보자. 지역에 관해서는 module 01에서 module 04까지 도시별로, 지역별로 자세히 살필 것이고, 여기서는 해당 모듈이 종교개혁지 탐방이라는 큰 목적을 이루는 데 어떤 의미를 갖는지만 간단히 소개하겠다.

"종교개혁지 답사인데 이탈리아에 왜 가야 하나? 거기서 무슨 종교개혁이 있었다고…" 이렇게 반문하는 분이 계실 것이다. 종교개혁지 답사에서 빠뜨리기 쉬운 지역이 이곳인데, 필자는 강력하게 권하는 지역이다. 왜냐하면 🇮🇹 이탈리아를 봐야 종교개혁 '이전에' 어떤 모습이었는지를 알 수 있기 때문이다. 말하자면 '비포 애프터'이다. 종교개혁이란 중세 교회의 잘못을 고쳤다는 것인데, 무엇을 어떻게 고쳤다는 것인지를 현장감 있게 알기 위해서 이탈리아(특히 로마 바티칸)는 꼭 가 보는 것이 좋다. 아울러 로마가 어떤 모습이었는지 더 잘 이해하기 위해 로마 밑에 있는 폼페이 유적에도 다녀오면 좋겠다.

🇨🇿 체코와 🇩🇪 독일은 초기 종교개혁과 관련해서 가야 하는 지역이다. 유명한 종교개혁자 얀 후스가 활동했던 체코, 그리고 그보다 약 120년 뒤에 활동했던 마르틴 루터의 독일 지역은 종교개혁의 모판과도 같은 곳이다. 특히 루터는 유럽에서 정치 문화적으로도 영향력이 커서, 비텐베르크에 있는 루터 하우스 등의 박물관은 규모도 대단히 크고 전시물도 충실한 편이다. 그 밖에도 여러 작은 도시에 루터 관련된 정보들이 흩어져 있어서, 단체 버스로 이동하는 편이 시간 절약에 좋다.

🇫🇷 프랑스와 🇨🇭 스위스는 루터 이후 칼뱅을 중심으로 한 개혁파 종교개혁이 활발했던 지역이다. 기존 종교개혁지 답사 상품들은 주로 루터에게 집중해서 독일 지역을 돌아다니곤 하지만, 사실 프랑스와 스위스야말로 종교개혁지 탐방의 중심지가 되어야 한다고 본다. 특히 이 지역은 체코나 독일에 비해, 유럽 여행의 맛을 제대로 느낄 수 있다는 장점이 있다. 물론 그에 반해 쑥쑥 늘어나는 여행비는 우리를 힘들게 하지만 말이다. ^^

🇬🇧 영국은 유럽 대륙과 물리적으로 떨어져 있다는 점 때문에 동선을 잡기 어려워서 주요 답사 코스에서 배제되기 쉽다. 따로 항공권을 끊어서 비행기로 건너가야 하고, 육로로 가더라도 도버 해협의 지하로 뚫린 터널을 이용해야 해서 아주 비싼 기차를 타야 하기 때문이다. 그러나 한국 교회의 최대 교파가 장로교회이고, 장로교회를 탄생시킨 곳이 스코틀랜드라는 점을 생각한다면, 영국은 뺄래야 뺄 수 없는 답사 지역이다. 여행 그 자체로도 정말 매력적인 곳이고, 무엇보다 우리에게 '비교적' 친숙한 영어를 쓰는 국가라서, 좀 더 심화된 답사 경험이 가능한 곳이라 하겠다.

이 네 지역을 모듈로 삼아서, **한 번의 답사에서 그중에 1개 또는 2개의 모듈을 선택적으로 다녀오는 것**이 적당할 것이다. 여유가 있다면 모듈 3개까지 묶어도 되기는 하지만, 결국 일정에 쫓기게 되고, 한 번에 얻는 지식이 너무 많아 봤자 좋을 것이 없으므로 비추. (머리에 남지도 않는다!) 단체 여행으로서는 기간이 길어질수록 무리다. 더구나 4개 모듈 모두를 한 번에 다녀오겠다는 생각은 그야말로 만용이다. 강력히 반대한다. 그런 건 개인적으로 다녀오시길! ^^

※ 물론 하나의 모듈에 제시한 모든 도시를 반드시 다 포함해야만 한다는 무슨 법이 있는 것은 아니니, 몇 군데를 빼고 코스를 넓게 잡아서 3~4개 모듈에 속한 지역을 두루 돌아보는 방법도 가능은 하다. 하지만 이렇게 할 경우 동선이 길어지는 것이 문제다. 너무 많은 시간을 길에서 보내게 되며, 교통비도 따라서 치솟는다. 유럽이 쪼끄매 보여도, 드넓은 대륙이다. 차만 타고 다니다 올 것이 아니라면 욕심을 조금 버리고, 나중에 언젠가 한 번은 더 기회가 있겠지 생각하며 1~2개 모듈에 집중하는 것이 좋겠다.

모든 유적지에 다 가겠다는 욕심을 버리고 핵심만 간추리는 지혜도 필요하다. 시간을 최대한 여유롭게 내서 여행하는 동안 잘 먹고 잘 쉬자. 몸이 피곤하면 아무리 위대한 이야기를 들어 봤자 머리에도 가슴에도 잘 남지 않는다. 오히려 종교개혁에 정이 떨어지는 역효과가 난다. ^^; 종교개혁의 다양한 유산을 알게 모르게 그들의 문화로 이어받은 현대 유럽 사회를 경험하는 것도 중요하다. 노천 카페에 앉아 티타임을 즐기면서 현지인들의 삶을 구경하는 것도 종교개혁지 탐방에 포함되는 일이다.

04 **응용**하기

두 개의 모듈을 골라서
자유 여행 동선을 만들어 보자

앞에서 제시한 코스를 활용해서, 샘플 동선을 하나 소개한다. 대부분은 가장 유명한 종교개혁자 '루터'를 고려해서 독일부터 코스를 짜곤 한다. 그러나 이 책에서는 조금 다른 접근을 해 볼 것이다. 개인차가 있겠지만, 필자의 경험으로 독일 지역은 다른 곳에 비해 여행 그 자체로서의 재미는 덜한 편이다. 아무리 답사 여행이라 해도, **여행이라는 게 재미가 있어야지** 공부만 한다고 되나. 그런 면에서 이 샘플은 수많은 선택지 중의 하나일 뿐이지만, 필자 나름대로 **재미와 감동 두 마리 토끼를 다 잡아 보려는 시도**라고 봐 주시면 좋겠다.

기본적으로 유럽은 어느 도시로 들어가서 어느 도시로 나오느냐가 중요하다. 인/아웃 도시가 같으면 가장 깔끔하겠지만, 달라도 전혀 상관이 없고 오히려 동선을 자유롭게 짤 수 있는 기회가 된다. **샘플 동선은 독일 프랑크푸르트 인, 런던 아웃 코스**이다. 독일 항공도 가능하고 영국 항공도 가능하고, 국적기(대한 항공이나 아시아나 항공) 연계 항공편도 많다.

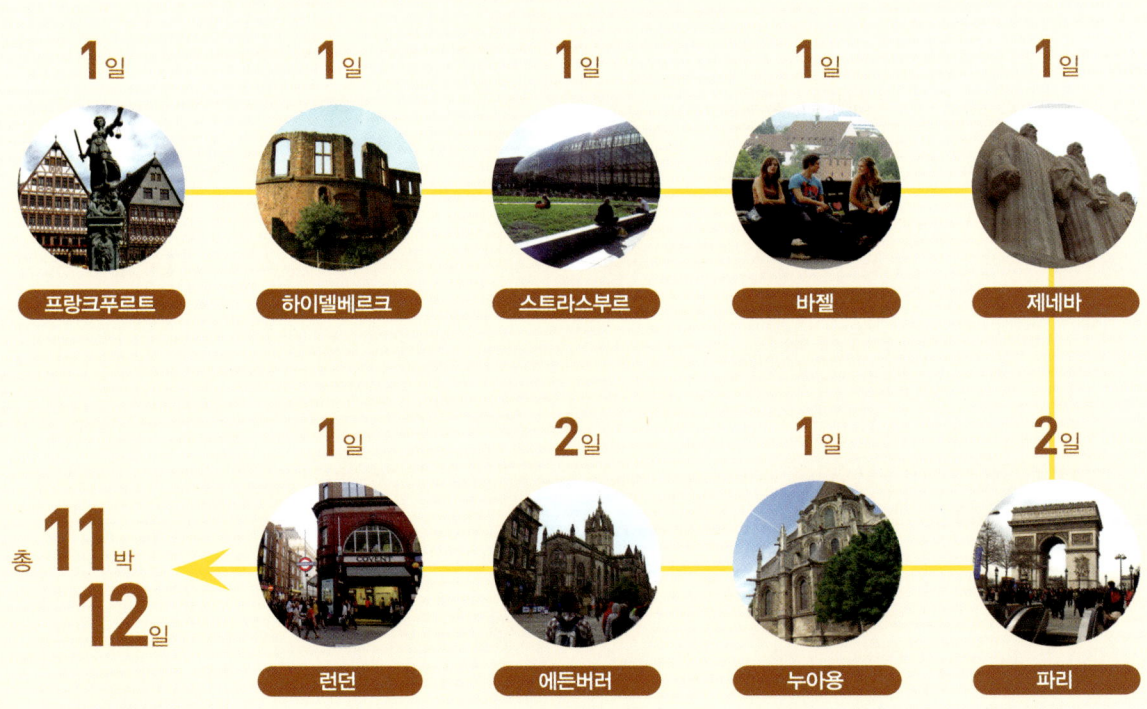

프랑크푸르트 1일 – 하이델베르크 1일 – 스트라스부르 1일 – 바젤 1일 – 제네바 1일 – 파리 2일 – 누아용 1일 – 에든버러 2일 – 런던 1일. 역순으로 도는 것도 가능하지만, 이 순서가 종교개혁의 역사에 따른 시간 순서로 더 자연스럽다. **영국의 종교개혁이 시기적으로 가장 늦게 일어났다는 점을 기억**하시면 되겠다.

이렇게 하면 총 11박 12일

2주 내로(주일 한 번 빠지고) 다녀오기에 딱 좋다. **시간적 여유가 더 있는 경우 파리나 에든버러, 런던 중에서 하루 이틀씩 늘이면 된다.** 개인적으로는 에든버러에서 시간을 늘여서 세인트앤드루스를 하루 방문하거나, 런던에서 박물관을 차분히 둘러보기를 권한다. (런던의 박물관은 대부분 무료 입장이다!) 또는 파리에서 기차를 이용해 라로셸을 당일치기로 다녀오는 것도 멋진 경험이다. 필자는 라로셸을 1박 2일로 다녀왔는데, 정말 꿈만 같은 시간이었다. 다만, 위그노에 관한 공부를 좀 하고 가야 한다. 라로셸과 관련한 글에서 자세한 정보를 적도록 하겠다.

상세 일정 소개

첫날 프랑크푸르트는 실제로는 그냥 비행기로 도착해서 숙소 찾아 들어가서 자는 일정이다. 둘째 날은 어차피 시차 때문에 새벽에 깨니까 아침 일찍 이동을 시작하자. 이동 수단에 따라 다르겠지만, **하이델베르크에 가기 전에 보름스에도 잠시 들를 수 있다.** 그리고 하이델베르크를 답사한 뒤 거기서 잔다. 셋째 날은 스트라스부르로 이동해서 당일치기로 답사하고, 잠은 바젤로 이동해서 잔다. 스트라스부르에서 일정이 늘어지지 않는 한 그렇게 하는 게 좋다. 이유는 스트라스부르 숙소가 대체로 비싸기 때문이다. **바젤 중앙역 남쪽에 YMCA 호스텔이 가격 대비 괜찮다.** 이곳을 이틀 예약해서 도착 후 바로 취침하고, 다음 날 하루를 바젤 답사에 투자한 뒤 밤에는 또 거기서 잔다. 그리고 다음 날 제네바로 이동하는 것이 편리하고 경제적이다. (제네바 숙소가 또 엄청 비싸므로!) 여행 중에 동일 숙소에서 이틀 이상 묵으면 중간에 빨래도 할 수 있고 여러모로 편리하다. 여기까지 여행의 전반부가 끝난다.

후반부로 갈수록 흥미진진

여행은 점진적인 재미가 있어야 한다. 하루하루 지날수록 더 좋은 효과를 주도록 동선을 짜보자. **제네바 답사의 꽃은 종교개혁 박물관이다.** 이곳을 보려고 여기까지 왔다. 이곳 입장료, 생 피에르 교회당 종탑 입장료, 그리고 지하 고고학 박물관 티켓까지 포함해서 3in1 할인되므로 함께 구매하는 것이 좋다. 일반 여행지라면 중요도가 낮지만, 종교개혁지 답사자에게는 의미가 깊은 장소들이 있다. 체력이 허락한다면 종탑에 올라가서 **제네바 구도심과 레만 호수의 경치를 보자.** 파리에서 에펠 탑을 관광하기보다, 오히려 **노트르담 사원을 자세히 살펴보길 추천한다.** 종교개혁지 답사이므로. 평범한 길거리일지라도 그곳이 **앙리 4세의 암살 장소**였음을 안다면 색다른 기분이 들 것이고, 기존에 알던 지식도 더욱 생생해지는 느낌일 것이다. 파리 근교 누아용은 칼뱅 생가 말고는 잘 알려지지 않았지만, 공부를 열심히 하고 가면 온종일 볼 것이 많다. 에든버러와 런던은 이번 여행의 '정점'이다. 특히 에든버러의 존 녹스 하우스와 런던의 웨스트민스터 사원은 무조건 가야 한다.

교통편은 주로 **버스 대절** 혹은 **기차**를 이용하게 될 것이고,
[파리 ⋯ 에든버러]는 **저가 항공**,
[에든버러 ⋯ 런던]은 **기차**가 좋겠다.

이렇게 하면 이동 수단도 다양하게 경험하게 된다.

01

첫 번째 도시 | **로마**

고대, 중세, 현재를
마을버스처럼 오가는
타임머신

앞에서 종교개혁지 탐방으로 유럽을 어떻게 둘러볼 것인지, 아래 표와 같이 **4개 모듈**, **20개 도시**를 소개했다. 앞으로 이 도시들을 중심으로 글을 쓰려고 한다. 이미 강조했듯이, 이 지역에 왜(WHY) 가야 하는지, 가서 무엇(WHAT)을 볼 것인지, 어떻게(HOW) 돌아보면 좋을지를 중심으로 소개한다. 종교개혁과 관련하여 만약 여러분이 생각한 도시가 목록에 없어 의아하다면, 그것은 필자가 안 가 봤거나, 잘 모르거나, 중요도가 낮다고 판단한 까닭이니 양해를 부탁드린다.

이탈리아

로마
바티칸
폼페이

체코 | 독일

프라하 · 타보르
보름스 · 바르트부르크
비텐베르크
하이델베르크

프랑스 | 스위스

파리 · 누아용
샹티이 · 라로셸
스트라스부르 · 바젤
취리히 · 제네바

영국

런던 · 에든버러
세인트앤드루스

첫 순서는 '로마'(Rome)이다. 로마와 바티칸을 묶어 세 장에서 이어 가도록 하겠다. 보통 로마는 '종교개혁지 답사' 상품에서 빠지는 코스이다. 거기엔 두 가지 이유가 있다. 우선 로마는 주로 종교개혁의 대상이었지, 유명한 종교개혁자의 활동 무대가 아니었다. 또 하나의 이유는 아무래도 이탈리아의 지리적 위치가 남쪽에 치우쳐 있다는 점이겠다. 알프스산맥 남쪽으로 한참을 내려가야 하는데, 이러면 주요 종교개혁지 탐방 동선에서 너무 벗어난다. 이동 거리의 증가는 곧바로 시간과 돈에 직결된 문제라서, 코스에 포함하기 어려운 게 사실이다.

'그럼에도 불구하고', 우리는 로마에 가 봐야 한다. 로마는 유럽의 시작이자, 유럽 여행의 시작이고, 종교개혁의 시작이기도 하다. 루터가 기존 교회의 문제점을 인식한 결정타도 로마에서의 경험이었다. 1511년에 로마를 여행하면서 목격한 교회의 모습이 루터의 심장에 종교개혁의 불을 지폈다. 종교개혁 이전의 교회가 어떠했는지, 정말로 종교개혁이 필요한 상태였는지, 종교개혁이 무엇을 개혁했다는 것인지를 직접 몸으로 느끼기 위해 로마부터 가 보자.

로마는 생각보다 작은 도시다. 웬만한 곳은 다 걸어갈 수 있다. 아래 지도는 필자가 단 3일간 돌아다닌 장소를 표시한 것이다. 볼 것이 어마어마하게 많아 보이지만, 죄다 근처에 몰려 있어서 도보로 답사하기 좋다. 물론, 사소한(?) 문제가 있긴 하다. 평면적 지도만 보고 가서는 큰코다치는 것이, 울퉁불퉁 언덕으로 이루어진 도시라서 욕심껏 걷다 보면 뜻밖에 **체력전**이 된다. **로마는 일곱 '언덕'으로 이루어진 도시임을 기억하자.** 동선을 잘 짜는 것이 중요하다.

지도를 보면 빨간 점(가볼 곳)들이 엄청 많아서 어지럽다. 하지만 다 해 봐야 **3일이면 된다.** 중요한 장소들을 시대별로 정리해서 아래 세 코스로 추천할 수 있겠다.

> **Tip**
>
> **01. 고대 로마 유적 3종 세트** ❶ 팔라티노 언덕 ❷ 포로 로마노 ❸ 콜로세움
>
> **02. 중세 로마의 위세 느껴 보기** ❶ 바티칸 미술관 ❷ 시스티나 성당 ❸ 베드로 대성당 ❹ 바티칸 광장
> ❺ 산탄젤로 ❻ 산타 마리아 성당 ❼ 나보나 광장 ❽ 아고네 성당
> ❾ 산타고스티노 성당 ❿ 피오리 광장(식사 및 휴식)
> ⓫ 산 루이지 데이 프란체시 성당 ⓬ 판테온 ⓭ Tazza D'oro 커피
>
> **03. 주요 관광지에서 근/현대 로마 즐기기** ❶ 스페인 계단 ❷ 트레비 분수 ❸ 트라스테베레 ❹ 진실의 입 등

위 순서는 시대순이다. 어느 하나 빼놓을 수 없을 만큼 멋진 곳이다. 만약 로마에서 3일을 보낼 수 있다면 걱정이 없지만, 실제로 탐방 코스를 짜다 보면 하루나 이틀만 머물고 떠나야 할 것이다. 그럴 때는 눈물을 머금고 일부를 포기해야 하는데, 종교개혁지 탐방이라면 **Tip 02**에 우선적으로 집중해야 한다.

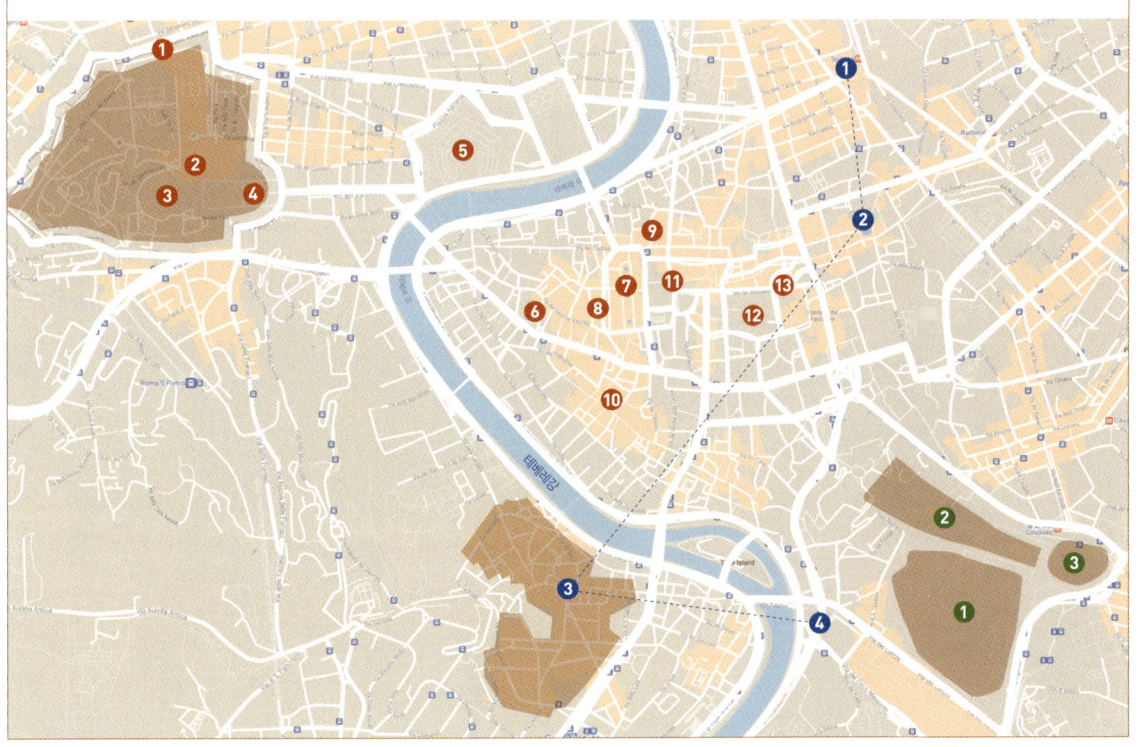

**로마 답사는 거대한 고대 로마의 흔적들을
하나씩 마주하는 것으로부터 시작해 보자**

　우선 로마라고 하면 머릿속에 저절로 떠오르는 건축물이 있을 것이다. 바로 콜로세움이다. 그런데 콜로세움의 매력은 내부에 들어가야 비로소 알 수 있다. 온 세상 사람들이 콜로세움을 보려고 로마로 몰려들어서 줄을 길게 서기 때문에 입장하기가 쉽지 않다. 성수기에는 티켓을 사는 데만 1시간씩 줄을 서기도 한다. 여기서 '꿀팁'이 필요하다. 콜로세움에서 줄을 서지 말고, 조금 떨어진 곳에 있는 팔라티노 언덕 매표소로 가자. 그곳은 덜 복잡하다. 거기서 고대 유적 3종의 티켓을 세트로 사서, **팔라티노 언덕 》 포로 로마노 》 콜로세움** 순으로 답사하자. 조성된 시기를 봐도 이 순서가 맞는 데다가, 이렇게 하면 효율적으로 시간을 쓸 수 있다. 빨리 보면 3시간 정도에도 볼 수 있으므로 아침 일찍 움직여서 오전에 끝내자.

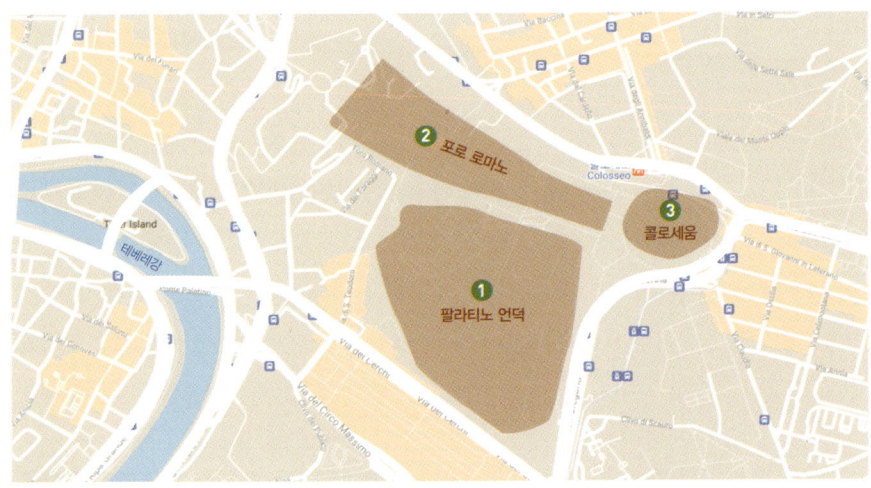

 ❶ 팔라티노 언덕   ❷ 포로 로마노    ❸ 콜로세움

● 포로 로마노의 서쪽 입구에서 내려다본 모습. 거대한 로마 제국의 중심지였다.

로마의 시작, 팔라티노 언덕

팔라티노 언덕 매표소를 통과하는 순간, 우리는 2천 년을 거슬러 고대 로마로 순간 이동을 하게 된다. 배경지식이 없는 사람은 물론, 있었던 사람도 **이곳을 처음 보면 십중팔구 깜짝 놀라게 된다.** 2천 년 전의 로마라고 하면 고작 2~3층 규모의 건물이 많고 듬성듬성 콜로세움처럼 거대한 랜드마크를 몇 개 지은 정도겠지 상상하던 것이 여기서 다 무너진다. 이곳은 옥타비아누스 황제의 거대한 궁전 터와 관공서, 그리고 시민들을 위한 공공시설물 지구가 밀집해 있던, **고대 도시의 '다운타운'**이었던 것이다.

● 팔라티노 언덕의 비탈을 끼고 웅장하게 세워진 고층 빌딩들의 거대한 골격과 기단을 보면서 깜짝 놀랐다.

이곳은 구석구석을 다 다니기엔 너무 넓은 지역이니, 주요 동선만 따라서 답사하자. 다만, **이곳에 있는 박물관에는 꼭 들어가자(무료 입장).** 고대 도시 로마에 대한 여러분의 상상력의 폭을 열 배 스무 배 확장시켜 줄 것이다. 또 이곳에서 보여 주는 자료들을 잘 봐 두면 다음 코스 '포로 로마노'에서 크게 도움이 될 것이다. 언덕 끝까지 올라가면 탁 트인 전망대가 나오는데, 그곳에서는 아래로 펼쳐진 포로

● 박물관에 들어가면 고대 로마의 이 지역이 원래 어떤 모습이었을지를 상상할 수 있도록 도와주는 짧막한 컴퓨터 그래픽 영상을 시청할 수 있다. (영상 화면 촬영) 이 건물은 로마 초대 황제 아우구스투스가 기거하던 황제의 궁. 우측 공간은 공공 영역으로 두고, 황제가 시민들의 의견을 가까이에서 청취하고자 했다.

로마노의 전경이 한눈에 들어온다. 대략 분위기를 파악하고 아래로 내려가자.

포로 로마노(Foro ROMANO): 고대 도시 로마의 '광화문 광장'

포로 로마노의 '포로 **Foro**'라는 말은 광장(Forum)이란 뜻이다. 로마 시대 당시엔 신전 제단을 중심으로 터를 닦아 사람들이 모였고, 그 주변에 목욕탕을 비롯한 상업 시설이 즐비했다. 갑자기 진지하게 목욕탕이라고 하니까 우스워 보이지만, 목욕탕은 당시 대표적인 커뮤니케이션의 장이었다. 라디오나 TV가 없던 시절에는 중요한 회의가 필요하거나 시민들에게 뭔가를 알릴 때 이 광장을 이용해야 했다.

● 언덕에서 내려다본 포로 로마노

　　로마 신전을 기준으로 또 다른 신전, 공회당, 목욕탕, 마켓 등이 이 광장에 들어서 있다. 인근의 기념품 숍에서 팔고 있는 복원도를 보면, 이곳 광장과 주위 골목들은 사람들이 비를 맞지 않도록 아케이드(Arcade)를 얹은 모습이다. **오늘날 비슷한 장소로는 삼성동 코엑스나 여의도 IFC몰**을 생각하면 되겠다.

　　이곳을 다닐 때는 '상상력'이 좀 필요하다. 팔라티노 언덕의 박물관에서 본 것을 최대한 활용해서 이곳의 건물들이 원래 어떤 모습이었을지를 그려 보자. 타임머신이 따로 없다. 다만, 스스로 상상력이 부족하다고 느껴질 정도로 뭐가 뭔지 모르겠다 싶은 사람은 이곳에서 너무 많은 시간을 소비하지는 말자. 다음 코스 '폼페이'에 가서 더욱 잘 보존된 유적을 보면서 보충하면 된다.

유대를 멸망시킨 티투스 황제의 개선문이다. (근처에 있는 콘스탄티누스 개선문과 혼동하지 말자!) 눈썰미가 좋은 사람은 여기서 쓸쓸한 패배자로 묘사된 유대인들의 모습을 확인할 수 있을 것이다. 드넓은 세계를 지배했던 로마는 정복한 지역의 종교와 문화를 인정해 주면서 흡수·통합하는 정책을 썼다. 로마가 수많은 신들을 인정하고 함께 모시게 되었던 이유도 그것과 관련된다. 그런데 **유대는 이런 흡수·통합 정책에 따르지 않았으니,** 로마의 통치자들에게는 골칫거리였을 것이다.

- 포로 로마노에서 볼 수 있는 개선문

- 폐허만 남은 동상의 일부. 발가락 사이즈를 보면서 인물의 전체를 상상하면 원래 크기가 얼마나 거대했을지 가늠할 수 있다. 도시 곳곳에 이런 동상들을 세워 웅장함을 과시했을 것이다.

원형 경기장, 콜로세움(Colosseum)

콜로세움은 우리에게 이미 잘 알려져 있다. 엔터테인먼트(entertainment)를 향한 로마 사람들의 저 대단한 집념의 결과물이 바로 이 **경이로운 건축물**이다.

이곳은 밖에서 봐도 충분히 멋있지만, **진정한 매력은 내부에 들어가 봐야 느낄 수 있다.** 기가 질릴 정도로 늘어선 줄 때문에 입장을 포기하는 경우가 있는데, 앞에서 티켓을 미리 구매한 우리는 걱정이 없으니 꼭 들어가자. 그러면 밖에서 볼 때는 못 느꼈던 입체적인 구조가 느껴지면서 만감이 교차할 것이다.

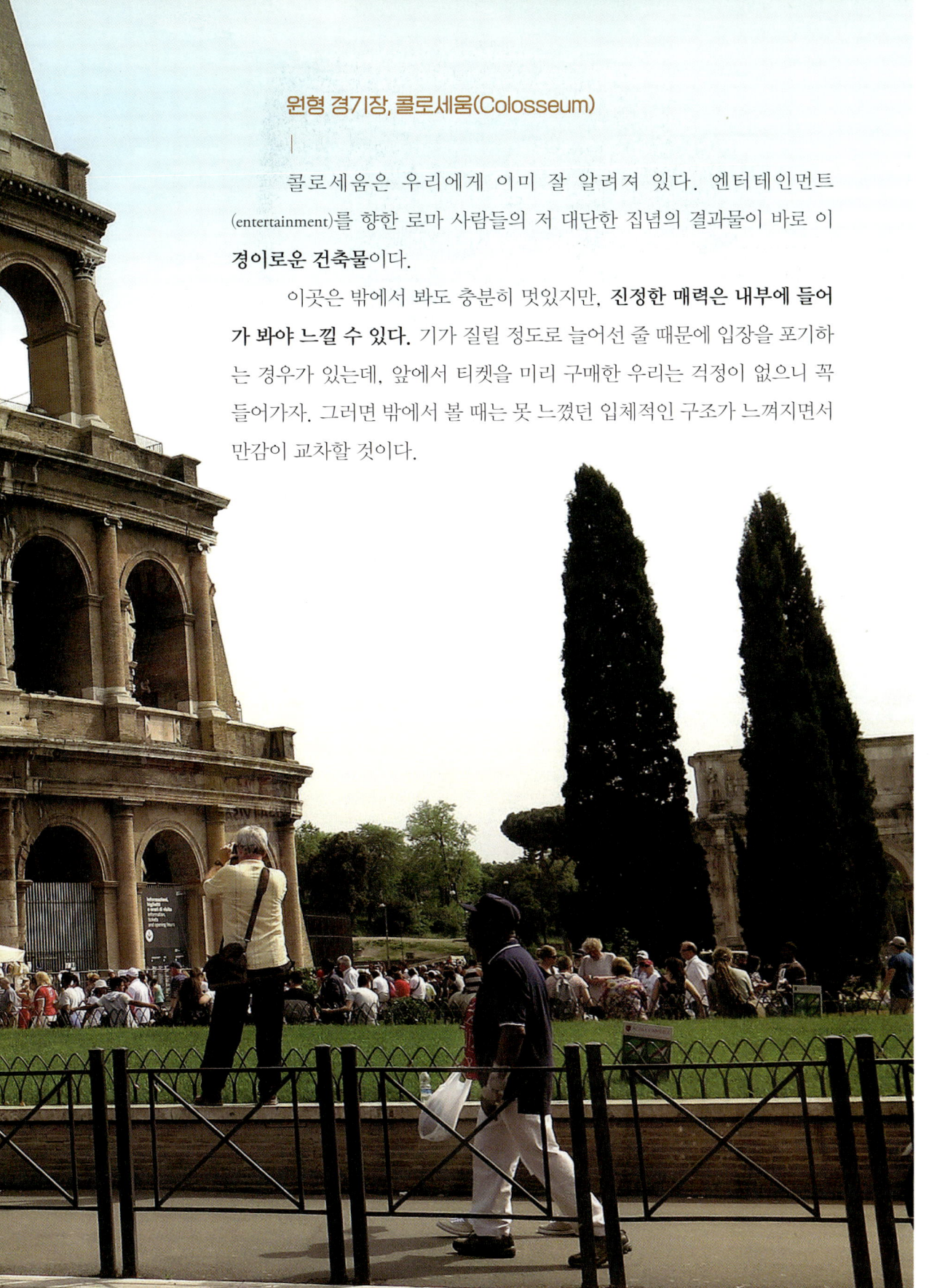

● 관중들의 함성을 듣고 공포에 떨며 지하실에서 대기하고 있었을 사람들을 생각해 본다.

자, 로마에는 놀라운 고대의 유적들이 훨씬 더 많이 있지만, 우리의 관심은 종교개혁지 탐방이므로 발걸음을 재촉해야 한다. **포로 로마노와 콜로세움**을 구경할 땐 **상상력**이 필요하다.

상상력의 밑그림을 그릴 수 있도록, 여행 전에 **로마 관련 다큐멘터리 영상들**을 보고 오는 것을 **추천**한다.

스페셜 탐방 로마 구도심

신전이냐 교회냐

: 판테온, 아고스티노, 그리고 누오바 성당

판테온(Pantheon, 만신전)

로마 구도심의 꼬불꼬불한 골목을 걷다가 갑자기 확 넓어지는 광장에서 관광객의 시야를 사로잡는 **거무튀튀한 건축물. 거대한 통조림통(?)처럼 보인다.** 여기가 바로 판테온. '판(모든) 테온(신)'은 이름 그대로 모든 신을 모셨다는 뜻을 가진 로마 신전이다. 그들은 혹시 자신들이 빠뜨리고 예배하지 못한 신이 있어 저주를 받을까 봐, 모든 신에게 한 방에 예배할 수 있는 종합 선물 세트 공간을 만든 셈이다. 그런데 로마가 기독교를 국교로 삼은 뒤 이 공간은 교회당으로 바뀌었다.

원래 기독교는 건물 자체에 큰 의미를 두지 않는다. **기독교에 성전은 불필요하다.** 그리스도의 죽으심과 부활하심으로 이제 우리에게는 제사도, 제물도, 사제도, 성막도, 성전도 필요 없게 되었다. 오늘날 교회가 사용하는 교회당 건물은 성도가 함께 모이고, 거기서 말씀을 선포하고, 공부하는 데 도움을 주는 용도이지, 신을 모시고 사제들이 거주하는 신전과는 완전히 다른 것이다.

그런데 교회가 잘못된 교리로 부패하면서 다시 이런 건물을 신성시하기 시작했다. 성인들의 유골을 모아 두거나 그림과 조각들을 그리거나 세워 두고 그것들 앞에서 기도한다. 유명하고 권세 있는 사람들은 성당 안에 자기만의 예배실을 만들고, 죽으면 그곳에 묻힌다. 건물 이름에 템플(신전) 또는 성당이라는 명칭을 붙인다. **이 모든 것은 잘못된 교리에 따른 결과물이다.**

판테온도 그런 역사를 거쳤다. 고대 로마 신전의 모양을 거의 그대로 유지하고 있는 판테온은 이방 종교와 기독교, 로마 가톨릭과 개신교의 교리 차이가 건물의 형태에 얼마나 큰 간격을 만들어 내는지를 확연하게 보여 준다.

● 판테온 내부 모습

거대하고 육중한 철문을 지나 판테온에 입장하면, 내부 공간은 완벽한 구형을 이루고 있다. 천장의 중앙엔 둥그런 채광창이 하나 뚫려 있다. 건물 내부의 상승 기류 때문에 이 채광창으로 비가 들이치지 않아서 신비함을 더했다고 하는데, 사실 한국의 장맛비처럼 억수로 퍼부으면 꼭 그렇지도 않을 듯하다. ^^ 어쨌든 이 창을 통해 강렬한 햇빛이 내리쏟아져 신전 내벽을 비추는 모습은 신비로움을 더해 주었다. 고대 세계에서 기둥 하나 없이 그저 동그란 모형의 돔만으로 건물을 만들었다는 것 자체가 지금 기준으로 봐도 엄청난 기술이라고 한다.

이곳에서는 **해마다 5월이 되면 특별한 행사**를 한다. 미사가 끝난 후, 천장 구멍을 통해 다량의 장미 꽃잎이 흩뿌려져 내린다. **물론 무슨 기적이 일어난 것이 아니다. 천장 위에서 알바들이 장미 꽃잎을 엄청나게 삽으로 푸고 있다.** ^_^ 장미는 마리아를 상징한다. 찬란한 햇빛과 함께 쏟아지는 꽃잎을 두 손과 얼굴과 온몸으로 맞으며, 신자들은 마리아의 은총(?)을 한껏 느끼는 모양이다.

재미있는 퍼포먼스(performance)지만, 생각할수록 우습고, 한심하고, 안타까운 일이기도 하다. **말씀이 밝히 드러나면 군더더기는 사라지는 법이다.** 반대로 건물이 화려해질수록, 예식이 정교하고 복잡할수록, 교회는 본래의 순수성에서 멀어진다.

세 곳의 성당을 더 보면서 중세 교회를 좀 더 느껴 보자. 시간이 없으면 셋 중 하나만 봐도 된다. 판테온에서 더 가까운 곳은 아고스티노 성당이다.

아고스티노 성당(Sant'Agostino)

나보나 광장 북쪽에는 '세상에서 가장 아름다운 도서관'이라는 별명이 붙은 '안젤리카 도서관'이 있다. 보통은 그곳에 많이들 방문한다. 그러나 그 바로 옆에는 사람들이 별로 주목하지 않는 **'아고스티노 성당'**이 있다. **웅장하지만 심플한 외관의 석조 건물**이다. 겉모습이 주는 첫인상이 워낙 수수하고 평범해서 관광객의 눈길을 끌 수 없었을 것이다. 하지만 자세히 살펴보면 건물 외벽에는 과거에 액자도 걸리고 채색도 되었을 법한 **심상치 않은 흔적들**이 보인다. (사실, 로마의 유적들 대부분은 굳이 관광객의 눈길을 끌려는 시도를 할 필요가 없다는 점이 진짜 매력이긴 하다.)

아무튼, 겉모습은 그러하나 막상 문을 열고 들어가면 별세계가 펼쳐진다. **내부 장식은 화려하기 그지없다.** 커다란 장미 창(rose window)에 배치된 채색 유리(stained grass)를 통해 마치 조명처럼 햇빛이 들어온다. 그 조명이 비치는 곳곳에 서 있는 진귀해 보이는 핑크빛, 옥빛 대리석 조

● 소박해 보이는 아고스티노 성당, 하지만 내부에 반전이 있다.

각상들은 마치 그 안쪽에 핏줄이 있고 실제로 뜨거운 피가 흐를 것처럼 생생해서 금방이라도 살아 움직일 듯하다. 황금빛이 영롱한 예배실, 천장의 간접 조명 효과, 대리석에 박혀 있던 보석의 흔적들에도 주목해 보자. 이곳은 **반종교개혁(counter-reformation) 시기의 흐름**을 그대로 보여 주고 있다.

　　반종교개혁 운동이란 무엇일까? 16세기에 종교개혁이 한창 진행되면서, 드디어 그토록 굳건해 보이던 로마 가톨릭 세계가 무너질 것처럼 보였다. 이런 시기에 종교개혁자들이 제기했던 본질적인 문제에 답하고 겸비했다면 얼마나 좋았을까. 로마 가톨릭은 트렌트 종교회의를 열어 전혀 엉뚱한 결론을 내린다. 본질적인 문제는 덮어 버리고, 종교개혁 사상을 교회의 적으로 규정했다. 다른 한편으로는 로욜라를 통해 예수회를 창시하여 청빈(淸貧)과 구휼(救恤)을 중시하면서 교회와 성직 계급에 대한 호감을 다시 불러일으킨다. 거기에 감각적인 자극으로 신자의 종교심을 북돋워 준다. 바로, '예술'을 적극 활용해서 말이다.

산 루이지 데이 프란체시 성당 (San Luigi dei Francesi)

　　여기서는 제단 입구를 둘러싼 휘장을 보자. 쉽게 믿기 어렵겠지만, 돌로 만든 조각품이다. 가까이 가서 만져 보기 전까지는 믿기지 않았다. 단단한 돌을 가지고 저렇게 표현할 수 있다니….

● 마치 천으로 된 휘장처럼 조각하고 색깔을 입힌 제단 입구 장식

● 돈을 넣어야 볼 수 있는 진품

또 하나 재미있는 것은 예배실 앞에 놓인 **기계 장치**(위의 왼쪽 사진)이다. 기둥 사이사이에 마련된 예배실마다 성화가 그려져 있는데, 마침 **저 동전을 넣는 기계는 거장 카라바조의 작품 앞에 설치되어 있었다.** 처음에 필자는 그림이 잘 보이지 않아서 그런가 보다 했는데, 옆에서 다른 관광객이 저 기계 장치에 동전을 집어넣으니 불이 환하게 켜지면서 작품의 계조가 살아났다. 예배실을 장식하는 종교적인 기능과 함께, 명화 감상을 쉽게 할 수 있도록 만든 장치였다. 과거나 지금이나 **종교 행위와 매매 행위가 동시에 일어나는 공간이랄까?** ^^; 참 많은 생각이 들게 한다. (* 작품의 보호와 보존을 위한 저광도 정책일 수는 있겠다.)

누오바 성당
(Santa Maria in Vallicella)

정식 명칭은 **산타 마리아 인 발리첼라**이다. 그냥 길거리에 덩그러니 서 있는 성당이라 별 기대 없이 들어갔다가 여기서도 그만 입이 벌어질 것이다. **로마에서는 구할 수 없다는 붉은색의 값비싼 대리석과 태피스트리, 황금색을 비롯한 형형색색의 명화와 살아 움직이는 듯 정교한 조각상들로 한껏 치장된 곳이다.**

● 명화로 가득한 거대한 미술관과도 같은 누오바 성당. 기둥 옆 고해 성사소의 숫자도 단연 많은 곳이다.

성당 바깥과 안쪽의 대비가 매우 강렬하다. 으리으리한 실내 디자인에 감각적으로 압도당하는 기분이 들 것이다. 카라바조의 명화 <그리스도의 매장>도 이곳에 있었다. 박물관에서 군중 가운데 멀찍이서 감상하던 것과 성당에서 조용히 감상하는 것은 또 다른 느낌이었다. 필자와 같이 사전 정보 없이 방문한 관광객들을 위해서, 각 예배실마다 붙어 있는 벽화들이 사실은 얼마나 유명한 작품들인지를(그것도 무려 15~16세기에 그려진!) 자랑스럽게 소개하는 안내판까지 비치되어 있었다.

중세 교회는 성속 이원론을 신봉했고, 당시 사회는 하늘의 것에만 전적으로 헌신하는 것만을 가치 있게 여겼다. 대다수 신자들의 평범한 일상을 부정한 것으로 평가 절하했고, 따

● 인물들이 살아 움직이는 듯한 조각과 그림들. 종교적 감흥을 극대화시켜 주는 장치로서 예술이 활용됐다.

라서 삶의 여러 문제를 해결할 능력도 잃어 갔다. 예술 역시 종교만을 위해 존재했다. 대중의 삶은 다루지 않았다. 로마 성당의 예술 작품들은 그런 세계관을 반영했다. 반면에 종교개혁자들은 인간의 타락도 인정했지만, 자연, 학문, 예술, 경제, 여행, 음악, 과학, 건축, 보건, 복지, 이방 세계까지 아우르는 모든 창조 세계와 피조물 가운데 하나님 나라를 이루시는 성령님의 사역을 또한 인정했다. 이로써 신자들은 소명 의식을 갖고 자기 자신과 이웃의 삶을 소중하게 대하는 일상을 회복할 수 있었다.

예술은 좋은 것이다. 종교개혁은 중세 예술을 모두 부정한 것이 아니었다. 종교와 예술 간의 관계를 '분별'하고자 했던 것이다. 강요된 무지 속에서 온갖 신비주의에 빠져 있던 신자들, 특권 의식에 사로잡힌 성직자들의 횡포 아래 노예처럼 살던 신자들에게, 그리스도인으로서의 참 자유를 안겨 준 것이 종교개혁이었다.

로마에서 중세 교회의 위세는 이 정도 보면 충분할 듯하다. 이제 우리는 과거 기독교 역사와 서양 권력의 정점에 있었던 교황, 그들이 거주했던 바티칸 시티로 발걸음을 옮겨 볼 참이다.

QUICK TIPS

쉬어 가기

로마 여행 꿀팁 10가지

로마 탐방을 마쳤다. 이제 바티칸 시티와 폼페이에 가 볼 참인데, 그 전에 로마에서 자유 시간을 갖게 될 경우를 고려해서 몇 가지 **여행 팁**을 짚어 보자.

꿀팁 1 어떤 숙소를 구하느냐 하는 것은 여행에서 엄청나게 중요하다. 로마 중심지의 숙소는 유럽의 다른 도시에 비해 덜 비싼 편이므로 관광지 바로 근처에서 구하자. (나보나 광장 근처가 좋겠다.) 이렇게 하면 이동 시간을 절약할 수 있어서 어디든 일찍 도착할 수 있고, 일찍 도착하면 매표소 앞에서 줄 서는 시간도 줄일 수 있고, 그렇게 하루 관광을 일찍 마치면 저녁 시간도 여유롭게 즐길 수 있다(꿀팁6 참조). 물론 언덕이 많은 로마에서 도보로 이동하느라 소모되는 체력도 최대한 지킬 수 있다.

꿀팁 2 숙소 구하기는 Booking.com 같은 글로벌 서비스를 이용하면 안전하고 편리하다. 여행 일정에 변동이 예상되더라도, '무료 취소'가 되는 숙소 중에서 골라 두면 안심이다. 로마의 숙소는 호텔보다는 아파트먼트 형태나 BnB 형태가 저렴하다. 당연한 소리지만, 3개월 이전에 검색하면 좋은 방이 많다. 그러나 닥쳐서 찾게 되면 마음에 들면서도 저렴한 숙소를 구하기가 쉽지 않다. 숙박비는 옵션에 따라 천차만별인데, 몇 가지 항목이 중요하다. 가장 큰 것은 '객실 내부에 전용 욕실이 있는가'이다. 당연히, 있으면 편하다. 그 밖에는 조식이 포함인가 불포함인가에 따라 다르고, 침대가 트윈인가 더블인가, (렌터카가 있을 경우) 주차장이 있는가 등도 체크할 필요가 있다. 그 외에는 거의 전적으로 '지리적 위치'에 따라 달라진다고 보면 되겠다. 개인적으로는 24시간 인포데스크를 운영하는 곳을 선택하라고 권하고 싶다.

Booking.com: 호텔: 로마. 지금
Booking.com BV [NL] | https://www.booking.com/
Booking.com
천구 추천하고 용돈벌기
내 숙소 등록
Hui-sang Hwang
개인
숙소 예약
항공권
렌터카
공항 택시
로마
여행해야 할 이유 3가지: 역사, 고대 유적, 기념물
한편의 대하 드라마를 연상시키는 역사의 도시. 고대 검투사들이 삶과 영광을 위해 싸웠던 거대한 원형 경기장 콜로세움과 대양의 신 오케아노스의 광휘가 서린 트레비 분수는 물론, 매사에 열정을 가지고 임하며 '즐거운 인생(la dolce vita)'을 꿈꾸는 일반 시민들의 삶 속에도 드라마가 살아있습니다. 로톤다 광장(Piazza della Rotonda)의 … 더 보기
지도로 보기
검색
여행지/숙소 이름:
로마
체크인 날짜
2019년 3월 11일 (월)
체크아웃 날짜
2019년 3월 12일 (화)
1박 선택
성인 2명
동반 아동 없음
객실 1개
출장입니다
검색
지도 표시
로마
Roma
Map data ©2019 Google
필터링 기준:
내 예산
₩0 - ₩63,000 (1박) 460
₩63,000 - ₩120,000 (1박) 1318
₩120,000 - ₩190,000 (1박)
₩190,000 - ₩250,000 (1박) 335
₩250,000 + (1박) 259
인기 필터
주차장
테르미니 역 85
조식 포함 469
로마: 검색된 숙소 737개 - 254개 스마트 특가도 함께!
저희가 추천하는 숙소
요금(낮은 순)
후기 평점 + 요금 순
성급
성급 + 요금 순
.genius
조식 포함
토레 아르헨티나 룰레 - 레지덴제 디 차르메
최고 9.2
즉시 예약, 결제는 숙소에서!
대부분의 객실 무료 취소 가능
₩148,198
예약 가능 옵션 보기
조식 포함
베토자 호텔 마시모 다제글리오(Bettoja Hotel Massimo d'Azeglio)
매우 좋음 8.3
₩180,940
객실 선택
St. Peter Apartment
최고 9.2
객실 매진!

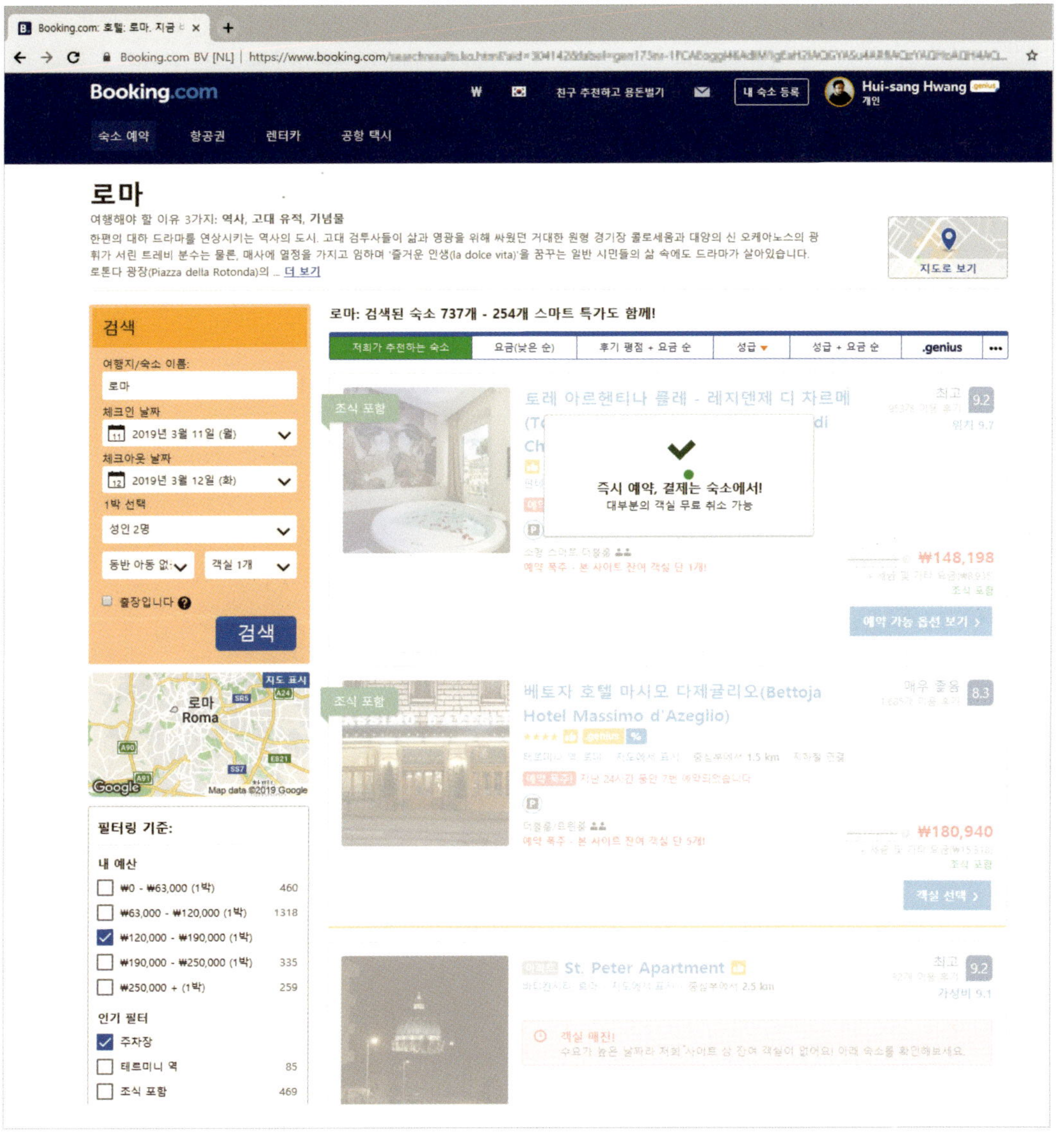

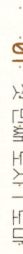

꿀팁 3 버스와 트램(tram) 승차권으로 1회 승차권 외에도 1일 패스와 3일 패스를 파는데, 언뜻 보면 더 싸다는 느낌을 줄 것이다. 하지만 여행자에겐 꼭 그렇지도 않다. 대부분 걸어 다니면 되므로 보통 하루에 두 번(왕복) 탈까 말까 하는 것이 전부다. 하루에 다섯 번 이상 탈 것이 확실시되지 않는다면 그냥 1회권 10장 묶음을 사서 두셋이 나눠 쓰면 딱이다. 게다가 요즘은 웬만한 거리는 우버(택시 중개 앱)를 이용하면 되므로 로마에서 짧은 일정에 많은 것을 봐야 할 경우 시간을 절약할 수 있다는 장점을 생각할 때 우버는 가장 좋은 교통수단이 될 수 있다.

● 1회권 승차권의 모습. 디자인은 시간이 지나면 바뀔 수 있다.

꿀팁 4 판테온은 꼭 가 보자. 종교개혁 이전의 로마 가톨릭 성당 건축이 로마 신전들의 영향을 받았음을 극명히 보여 주는 장소이다. 그리고 판테온 북동쪽 골목으로 조금 걸어 들어가면 곧바로 유명한 커피숍 Tazza D'oro 간판이 눈에 들어온다. 사람이 워낙 많아서 찾기 쉬울 것이다. 이곳 에스프레소 맛이 참 좋다. 카운터에서 주문을 한 다음, 주문표를 바에 들고 가면 바리스타들이 커피를 만들어 준다. 참고로 필자는 샤케라토를 주문해 봤다. 고소하고 달콤 쌉쌀한 커피 맛. 역시 명불허전이었다.

● 에스프레소에 대한 이탈리아인들의 자부심을 확인할 수 있는 커피숍 Tazza D'oro

꿀팁 5 나보나 광장은 로마 관광지 중에서 가장 다채로운 곳이라 할 수 있다. 이곳에서 쉬면서 사진도 많이 찍자. 숙소를 이곳 근처로 잡았다면 낮뿐만 아니라 저녁에도 한번 나와 보자. 그런데 나보나 광장이 크고 볼거리가 많긴 하지만, 식당은 근처에 있는 피오리 광장을 이용하자. 평일 낮에는 매일 장이 서고, 주위에 저렴한 카페나 식당이 많다.

꿀팁 6 유럽 관광지는 오후부터 슬슬 움직이며 피크 타임은 저녁이다. 그러므로 일정을 짤 때 오전에는 주로 차분하게 박물관이나 성당을 보고, 오후에는 광장이나 카페, 유적지 등을 보자. 트레비 분수나 스페인 계단 같은 로마의 유명한 관광지들은 저녁에 들르는 것이 좋다. 식사를 해야 한다면 바로 근처는 피하고 골목으로 조금 들어가서 찾자. 저렴하면서도 맛있는 식당이 많다.

● 나보나 광장

꿀팁 7 로마는 야경 투어도 좋다. 야경 투어를 도와주는 상품도 있다. 그런데 밤에 돌아다니기가 체력적으로 부담될 경우 다른 선택지도 있다. 로마의 어디선가는 매일 저녁 음악회가 공짜

● 저렴한 가격에 콘서트를 즐겨 보는 것도 추천한다.

로(혹은 저렴한 입장료로) 열리고 있을 확률이 높다. 미리 정보를 검색해서 일정에 넣어 두면 하루의 마무리가 Eleganza하고 여행의 만족도가 확 올라갈 것이다. ^^

꿀팁 8

이탈리아의 주메뉴는 피자와 파스타. 한국에서도 흔한 요리라고 생각하겠지만, 로마에서 먹는 것은 다르다. 강 건너 트라스테베레처럼 주요 관광지에서 조금 떨어진 동네로 건너가서 평범한 식당에 들어가 '까르보나라' 같은 평범한 메뉴를 시켜서 먹어 보자. 지금까지 한국에서 크림소스와 함께 비벼 먹던 그것은 결코 까르보나라가 아니었다는 충격적인 사실을 깨닫게 될 것이다.

● 관광지에서 조금 떨어진 식당들을 일부러 찾아가면, 이탈리아 고유의 음식 맛을 즐길 수 있다.

※ 추천 맛집: 구글 맵에서 트라스테베레에 있는 Aristocampo를 검색. 메뉴판에 까르보나라가 없어도, 종업원에게 웃는 낯으로 잘 부탁하면 쿨하게 만들어 줄 것이다.

꿀팁 9 어딜 가든지 중간에 쉴 때는 주위에 있는 저렴한 카페에 들러서 에스프레소를 한 잔씩 하자. 그러면서 화장실도 함께 이용하면 좋다. 로마의 커피는 기본적으로 에스프레소 잔에 나오는데, 보통은 설탕을 넣어서 녹이지 않고 세 번에 나눠 마신다. 첫 모금은 쓰고 둘째 모금은 적당하고 마지막은 달다. 이렇게 마시는 커피는 여행 중 피로를 풀어 주고, 무엇보다도 굉장히 맛있다.

꿀팁 10 덤으로, 로마는 초대 교회사의 무대이기도 하다. 초대 교회의 역사는 로마 제국의 역사와 반드시 함께 봐야 한다. 로마에 가면 종교개혁사뿐만 아니라 교회사 전반을 두루 이해하기에 매우 좋다. 미리 관련 정보를 습득하고 여행하면 좋겠다. 종교개혁지 탐방이라고 해서 무조건 성당만 다니고 박물관만 다닐 필요는 없다. 역사의 모든 현장은 그곳의 현재를 있게 한 과거를 함께 품는다. 시간의 흐름 속에서 그 역사가 펼쳐진 장소는 지워지지 않고 그 자리에 서서 현재를 누적시킨다. 그래서 역사란 중첩 시제의 과거인 셈이다. 우리는 여행 덕분에 '미래'에도 '과거'를 '현재'로 삼을 수 있다. 이것은 '내가 어디서 와서 어디로 가는가?'에 대한 질문에 답을 준다. 남이 만들어 놓은 코스를 그저 따라가는 탐방보다는, 그곳에서 살짝 비켜 서서 그 주위에서 오늘을 살고 있는 사람들의 모습을, 그리고 그 자리를 여행하는 사람들의 모습을 잠시 관찰하는 것도 탐방의 중요한 부분일 것이다.

● 아고스티노 성당 바로 옆에 위치한 안젤리카 도서관. 고문서를 소장하고 있고, 아름다운 도서관으로 유명하다.

두 번째 도시
|
바티칸 시티

애증의 바티칸

　　바티칸을 보기 위해 가장 편리하고 적당한 방법은 무엇일까? 그냥 개인적으로 티켓 끊고 들어가서 돌아다녀도 상관은 없지만, **숙련된 현지 가이드의 도움을 받는 것이 속 편하다.** 어디든 그렇겠지만 바티칸은 특히 더 그러하다. 한국인이 운영하는 현지 투어 상품이 많이 있으니 그걸 활용하는 것을 추천한다. 바티칸에 하루를 다 투자하더라도, 그 어마어마하고 방대한 양의 정보를 우리가 죄다 예습하기란 어려운 일. 보고 느끼고 해석해야 할 예술품들이 너무도 많은데, 거기에 연결된 화가, 의뢰인, 상징들, 시대적 배경, 화법 등등 온갖 전문적인 정보들을 소화하려면 엄두가 나지 않을 것이다. **효율적으로 하자.** 여행 일정이 정해지면 곧바로 해당 날짜에 바티칸 투어 상품을 인터넷 예매하자. 필자에게 추천하라면 '**유로 자전거 나라 투어**'를 권하

Vatican City

겠다. 소속된 가이드들이 열정적이고, 수준도 꽤 높다. 그러나 이런 상품을 이용하지 않고 개인 자격으로 움직인다 하더라도, 교과서에서나 보던 작품들과 그 현장을 직접 만나는 그 자체로 충분히 의미 있는 답사가 될 것이다.

바티칸 시티 입장하기

투어 상품을 이용하지 않고 스스로 움직이는 경우, **바티칸 국경을 넘어 입장하는 티켓을 한국에서 미리 사 두면 편리하다.** 이곳도 아침 일찍부터 줄을 서기 때문이다. 사람도 많지만, 보안 검색대를 통과해야 해서 시간이 걸린다. 성수기에는 두 시간을 기다린 사람도 있다고 하니, 웬만하면 여행 일정을 확실히 정하고 그에 맞춰서 티켓을 예매하자.

일반적으로 관광 상품을 이용하면 입구에서 가까운 미술관(중세 회화관)부터 보게 되는데, **개인 자격으로 입장했더라도 건너뛰지 말고 꼭 들어가 볼 것을 추천한다.** 살면서 레오나르도 다 빈치, 라파엘로, 카라바조 등 거장의 작품을 코앞에서 제대로 만날 엄청난 기회다. 필자는 감수성이 별로 풍부한 사람도 아닌데, 이 그림 앞에서 너무도 감동한 나머지 **나도 모르게 눈물이 고일 정도**였다.

● 바티칸에서 만날 수 있는 명화들

● 예술 작품들을 감상하면서 당시 로마 교황청이 가진 권세가 어느 정도였을지 가늠해 보자.

솔방울 정원, 조각 정원, 지도의 방, 서명의 방

교황 율리우스 2세가 모아 둔 엄청난 석상과 조각상들이 정원 곳곳에 빼곡히 서 있다. 교과서에서만 보던 다비드상과 라오콘, 토루소 등을 볼 수 있는데, 조각가들의 실력에 경탄이 절로 나올 것이다. 교황들은 종교개혁의 소용돌이를 보면서도 반성하는 것이 아니라 오히려 예술을 동원한 선전을 통해 위세를 떨치고 싶어 했다. 그 결과는 참혹하고 씁쓸했다. 이런 호화로운 장식을 위해 막대한 비용이 소모됐을 것이고 이런 비용을 모으기 위해 부자들의 후원금을 받았다지만, 그 돈이 결국 어디서 왔을까….

이어서 본격적인 박물관 투어가 시작되는데, 복도를 따라 여러 종류의 방을 하나씩 지나가면서 관람을 하도록 되어 있다. 지도의 방에 가 보면 화려한 천장에 기가 질릴 정도이다. 전 세계에 있는 로마 가톨릭 소속 성당들의 위치를 지도에 나타냈다고 한다.

● 미켈란젤로의 시스티나 성당 제단 벽화. 가이드의 설명을 참조해도 좋고, 바티칸 방문 전에 유튜브 영상 해설 콘텐츠 등을 가지고 예습하고 가면 감상의 즐거움이 더해질 것이다. (CC – Paulo Valdivieso)

시스티나 성당(Sistina)

교황이 직접 미사를 집전하는 성당이고, 교황을 선출할 때 사용되는 예배실이다. 촬영도 못하고, 떠들면 혼(?)난다. 관광객이 웅성거리다 보면 소음이 커지는데, 지키고 서 있던 사제 한 명이 근엄한 목소리로 'Silence!'라고 외치면 순식간에 조용해지곤 했다. 이곳에서 유명한 것은 당연히 미켈란젤로의 천장화와 제단화이다.

사실 하나하나 소개할 때마다 설명을 덧붙이고 싶지만 매번 그렇게 하면 이 책의 목적을 잃게 된다. 따라서 시스티나 성당에 대한 더 이상의 자세한 설명은 생략한다. 현장 가이드의 설명에 몰입하시라!

● '천지 창조'로 유명한 시스티나 성당의 천장화. 고개를 꺾어 올려다보면 인물들이 살아 움직이는 듯하다.

쿠폴라(Cupola)에서 천국의 열쇠를 확인하기

시스티나 성당을 빠져나오면 투어가 종료된다. 필자의 추천 코스는 **베드로 대성당 관람 전에 먼저 성당 꼭대기 쿠폴라에 오르는 것**이다. (쿠폴라 입장 시간에 제한이 있어서 쿠폴라 먼저 보고 대성당을 나중에 보는 것이 좋다.) 물론 체력이 좀 필요하다. **500개 넘는 계단**이 기다리고 있다. 리프트를 타고 가면 200개 정도만 오르면 되는데(유료) 그것도 쉽지는 않다. 갈수록 좁아지는 복도와 계단을 빙글빙글 돌며 허리를 한쪽으로 꺾으면서 올라가야 한다. 그래도 꾸역꾸역 오르다 보면, 계단은 끝이 난다.

쿠폴라 꼭대기에 도착하면 내려다보이는 바티칸 광장을 꼭 사진으로 찍자. 구글 맵에서 베드로 대성당과 바티칸 광장을 위에서 내려다보면 **광장은 천국의 열쇠 구멍** 같고, 성당은 거기에 꽂혀 있는 열쇠 손잡이처럼 보인다. 그것을 직접 확인해 보자.

● 쿠폴라에 오르면 바티칸 시티의 전체 풍경을 내려다볼 수 있다.

천국의 열쇠는 천국 문을 열고 닫는 권세로서 그리스도께서 사도들의 모임에 주신 것이다. 그리고 그것은 오늘날 교회의 치리권으로 이어진다. 하지만 로마 국교화 이후, 대형화/계급화된 교회는 복음보다는 세속 권력을 추구하게 되었고, 그런 자들이 교회의 주류가 되면서 교회는 당연하게도 부패했다. 당시 교회는 이 시스템을 유지하기 위해 성경을 왜곡해서 천국의 열쇠를 그리스도께서 '베드로 개인'에게 주셨다고 해석했고, 그 베드로를 1대 교황으로 삼아 그 후계자들에게 천국의 열쇠가 전수되고 있다고 설명했다. 그리고 베드로의 순교지이자 무덤이라고 알려진 자리에 성당을 세우고, **교황을 성직자들 중에서 최고의 권위를 가진 존재로 만들었다.** 세월이 흘러 교회의 권위가 실추되었을 때, 이런 시스템과 사상을 유지하고자 교회가 했던 일이 바로 세계에서 가장 큰 성당, 열쇠 모양의 베드로 대성당 증축 사업이었다. (그리고 이 사업에 면벌부 판매 대금이 들어갔다는 것은 충분히 추론 가능한 이야기다.)

● 공중에서 내려다보면 천국의 열쇠 모양이 제대로 드러난다.

● 미켈란젤로의 걸작, 피에타상

애증의 베드로 대성당

쿠폴라에서 내려와 베드로 대성당 내부를 구경하자. 종교개혁의 불씨를 당긴 엄청난 규모의 대성당은 정말 **거.대.하.다!** 크기도 놀랍지만, 그 큰 공간의 구석구석을 메운 온갖 조각상과 아름다운 장식에 넋을 잃고 구경하게 될 것이다. 기계도 공구도 발전하지 못했던 수백 년 전에 이런 건축물을 지었다니…. 이게 다 사람 손으로 만들어졌다는 것이 믿어지지 않을 만큼 경이롭다.

● 수많은 관람객들의 발길이 이어지는 베드로 대성당

성당의 맨 앞쪽, 높이 솟은 제단 위 천장을 장식하는 창문에서는 이탈리아 특유의 강렬한 햇살이 쏟아져 들어온다. 이 빛은 성당 내부의 어두운 공간을 서치라이트처럼 밝힌다. 그러면 관람객들은 그 빛 속을 거닐며 신비감마저 경험한다. 세속의 삶에서 성스러운 성당 내부에 들어섰을 때, 그 차이를 감각적으로 느끼게 해 주는, 성속 이원론에 입각한 놀라운 건축 설계이다. 뿐만 아니다. 성당 구석구석에 마련된 채플실에는 르네상스 시대 최고의 걸작품인 조각상과 벽화들이 여러분을 맞이하고(?) 있다. 미켈란젤로가 직접 조각한 피에타도 바로 이곳에 있다.

성경 말씀 없이 종교심을 끌어내기 위해서는 무엇을 해야 했을까. 이 문제 앞에서 인류가 할 수 있는 최고의 노력을 다 쏟은 결과물이 바로 이곳, 베드로 대성당이다.

금은 채색으로 번쩍거리고, 영험하다 믿었던 성인들과 천사의 형상들이 온통 정신을 휘감아 버리는 이런 공간에서 신자가 어떻게 하나님의 말씀과 그리스도의 규례에 집중할 수 있을까? 과거엔 대다수 신자들이 문맹이었기 때문에 그림과 형상을 사용할 수밖에 없었다고 변명한다 치자. 하지만 당시 종교개혁자들은 그런 현실 앞에서 오직 말씀으로 돌아가고자 오히려 글을 가르치면서 싸웠다.

화려한 문명을 경험하고 자라난 우리 현대인들조차 압도될 정도로 놀라운 로마 바티칸의 위세 앞에서, 그 속에 공교히 비치된 성상과 성화들 앞에서, 중세의 신자들이 느꼈을 그런 카타르시스를 은혜요 신앙이라고 속여 왔던 중세 교회의 강력한 권세 앞에서, 오직 말씀을 가지고 저항한 자들이 있었다. 그리고 그 싸움에 기꺼이 동참했던 수많은 신자들이 있었다.

세월이 흘러 21세기가 되었지만, 역사는 야속하게도 반복되고 있다. 오늘날에도 이렇게 '만들어진 종교심'을 끌어내려고 한국 교회는 지금 얼마나 많은 돈을 쓰고 있는지 모른다. 어지러이 공중파 뉴스를 타고 있는 타락하고 부패한 한국 교회의 현실을 볼 때, 종교개혁자들의 후손을 자처하는 우리로서는 부끄러움에 몸서리칠 수밖에 없다. 이는 우리가 중세 교회로 자진해서 돌아갔던 탓이다. '오직 말씀'만으로 충분하지 못해서 그 헛헛함을 채우기 위해 깨진 독에 물 붓듯 말씀 대신 채워 넣은 종교적 군더더기들을 거절하는 것, 그것이 우리 시대의 '우리 몫의 종교개혁'이 아닐까.

우리가 종교개혁지 탐방의 첫 순서로 로마를 선택하고, 특별히 이곳 바티칸을 경험해 봐야 하는 이유는 바로 이런 고민들을 가슴 깊숙한 곳으로부터 끌어내기 위함이겠다.

세 번째 도시 | **폼페이**

살아 돌아온 고대 도시 폼페이

　　　　　사실 **폼페이는 종교개혁지 탐방과는 좀 거리가 있다.** 그래서 필자가 폼페이를 선정한 이유를 조금 변명하고 싶다. 굳이 구분하자면 종교개혁이 아니라 초대 교회사 탐방지로 묶어야 맞다. 예수님 당시의 로마 제국이 실제로 어떤 모습이었는지를 이해하기 위해 폼페이 유적만큼 좋은 탐방지가 또 있을까? 소위 '성지 순례'라고 부르는 초대 교회사 탐방을 별도로 계획하시는 분이라면 폼페이는 그쪽 일정에 넣고 여기서는 건너뛰어도 무방하겠다.

그러나 **현실적으로 보자.** 여행이란 결국 시간과 공간의 한계 속에서 인체가 물리적으로 이동하는 것이다. 이스라엘과 터키 중심으로 돌아가는 일정에 갑자기 바다 건너 폼페이를 넣자고 하면, 그쪽 일정이 꼬여 버린다. 그래서 **기왕 로마까지 온 김에 하루쯤 투자해서 들를 만한 코스가 바로 폼페이**다. 다만 교통이 문제인데, 요즘은 로마에서 폼페이를 거쳐 소렌토 지역에 있는 아름다운 지중해 해변 마을들을 둘러보고 유람선(하절기)도 타 볼 수 있는 당일치기 투어 상품들이 굉장히 잘 나와 있다. **보통은 폼페이, 포지타노, 아말피, 살레르노 등을 묶어서 가고, 하절기에는 지중해 유람선도 탄다.** 우리도 그걸 이용해 보자.

토막상식

화산재가 보존해 준 고대 도시 폼페이

폼페이는 로마 남쪽, 현 나폴리 근처에 있다. 지중해 중심부에 위치하여 유럽, 아프리카, 아시아 3개 대륙과 활발하게 교류하던 천혜의 국제 무역 항구 도시였다. 그러던 폼페이는 베수비오 화산 폭발로 말미암아 말 그대로 지상에서 '사라졌다'. 4미터 높이의 화산재가 한순간에 도시를 뒤덮었다. 엄청난 사건이었다. 그러나 이미 벌어진, 누구도 돌이킬 수 없는 일. 사람들은 오랜 세월 그 지역을 완전히 잊고 살았다. 그랬던 폼페이를 다시 발굴하기 시작했을 때, 사람들은 그렇게 순식간에 쌓였던 화산재 '덕분에' 찬란했던 고대 로마 도시가 당시 모습과 흔적들, 즉 건물뿐만 아니라 생활 풍습을 짐작할 수 있는 수많은 가재도구, 심지어 사람들과 애완 동물의 형체까지도 고스란히 간직한 채로, 땅속에 보존되고 있었음을 알게 되었다. 화산재에 묻힌 사람들은 오랜 시간이 흐르며 분해되어 흙으로 돌아갔으나, 그 사체가 있던 부근은 그대로 텅 빈 공간으로 남았다. 그곳의 위치를 탐색해서 좁은 구멍을 뚫고 석고액을 부어 넣으면 어떻게 될까. 그 빈 공간이 일종의 거푸집이 되어, 화산 폭발 당시 죽어 갔던 생명들의 형체대로 고스란히 석고상으로 굳어서 우리 눈앞에 드러난다. 고대 로마에 대해 현대인이 지금처럼 많은 것을 알게 된 것은 폼페이 발굴에 그 공을 돌려야 한다. 생각할수록 경이로운 일이다.

포지타노에서 아말피까지
유람선을 타고 지중해를 즐기는 코스는
폼페이 답사와 함께할 수 있는
멋진 경험이다.

로마에서 아침 일찍 출발해서 버스로 두 시간 남짓 달리면 저 유명한 '**베수비오 화산**'이 보인다. 그리 높지도 않고 겉으로는 지극히 평범해 보이지만, 저 산이 폭발하여 한때 융성하던 지중해의 항구 도시 하나가 통째로 사라졌고, 그 안에 살던 수많은 사람도 함께 사라지고 말았다. 그러한 역사적 사실을 떠올리면 스산한 느낌이 든다. 잠시 후 폼페이에 도착하면 **매표소 앞에서 반드시 화장실을 다녀온 후 입장하자.** 내부는 모든 장소가 다 2천 년 고대의 유적지라서 갈 만한 화장실도 없고, 또 구경하다 보면 화장실 갈 정신도 없을 것이다.

● 버스 차창 밖으로 움푹 꺼진 분화구가 있는 산이 보이면 목적지에 거의 다다른 것을 알 수 있다.

항구와 도로

매표소에서 진입하면서 왼쪽을 보면 벌써 고대 도시로 한걸음 내디딘 기분이 들 것이다. 여기서 보이는 곳은 원래 항구였다. 2천 년이 흘러 지금은 해안선이 멀리 물러갔지만, 과거에는 이 지점까지 바닷물이 들어왔다. 배를 정박할 때 밧줄을 묶는 볼라드(bollard) 역할을 했던 돌 구조물 흔적이 그대로 남아 있다. 주위를 둘러보면서 이 근처까지 바닷물이 들어오는 상상을 해 보았다. 배가 도착해서 항구에 정박하면, 사람들이 몰려와서 진귀한 물건을 사고, 또 자신들의 상품을 앞다퉈 팔았을 것이다. 항구에서 도심까지는 커다란 직선 도로를 깔아서 물류 운송을 신속하게 할 수 있도록 했다.

북적북적 활기찬 부두의 모습을 상상하며 길을 걷다 보면 내가 무심코 걷는 지금 이 길이 고대 제국 로마의 도로라는 생각에 새삼 깜짝 놀라게 된다. 평평한 돌을 보도블록처럼 깔아서 만든 로마의 도로들은 현대의 건설 기술과 비교해도 기본 구성 요소가 비슷할 정도로 큰 차이가 없는 최첨단 수준이다. 우선 로마의 도로는 인도와 차도가 구분된다. 마차가 다니는 차도는 인도보다 높이가 낮아서 보행자들과 마차가 서로 피해를 주지 않도록 만들어졌다. 또 차도의 단면도로 볼 때, 중심부를 가장자리보다 살짝 높이 설계했다. 비가 오면 양 끝의 배수로로 물이 신속하게 빠져나가도록 한 것이다.

도로 중간에는 징검다리처럼 넓적한 돌들이 놓여 있는데, 이것은 놀랍게도 비가 올 때 편리하게 사용할 수 있는 횡단보도였다. 그렇다면 마차가 쌩쌩 달리는 도로 한가운데 이런 돌이 있어도

● 해안선이 높았던 과거에, 배가 정박했던 흔적이 남아 있는 폼페이

● 마차 바퀴 자국

문제가 없었을까? 이것은 마차 바퀴 사이의 거리(바퀴 축의 길이)와 도로 폭이 규격화되었음을 의미한다. 신호등만 없다 뿐이지 현대 도심 교통의 기본을 갖춘 고대 도시 폼페이였다. 이러한 규격화와 표준 설계는 도시 인프라의 입장에서 부가 가치를 창출한다. 상품을 운송할 때 폼페이 규격에 맞는 교통수단만을 이용해야 했을 것이고, 이런 교통 시스템은 폼페이의 수익 모델이기도 했다. 오늘날 허브 공항이나 국제 항구의 물류 시스템을 연상하게 하는 내용이다.

차도에는 일정한 간격을 두고 하얀 돌멩이들이 박혀 있다. 놀랍게도 야광석이다. 전기가 없던 당시에 밤거리 통행을 유도해 주는 시설물이다. 캄캄한 영화관에 설치되어 비상구를 안내하는 LED 조명을 생각해 보자! 따로 횃불 조명을 밤새 설치/운영하지 않아도, 달빛에 반사된 야광석은 행인의 안전을 지켜 주고 방향을 지시해 준다. 그 밖에도 주정차 구역을 따로 표시해 둔 작은 홈, 점토판에 채색된 그림을 그려서 현재 위치를 알려 주는 안내 표지판, 횡단보도나 교차로 부근에서 보도블록의 높이를 살짝 낮추어 통행에 불편함을 줄이려 했던 섬세함 등을 관찰하다 보면, 로마라는 도시가 지금과 크게 다르지 않았다는 느낌에 경탄을 금치 못할 것이다.

● 마차 바퀴가 피해 갈 수 있도록 규격화되어 있다.

포럼과 공공 목욕탕

고대 도시 폼페이의 핵심부라 할 수 있는 포럼(Forum)을 볼 차례다. 로마에서 답사했던 '포로 로마노(혹은 포룸 로마눔)'의 그 '포로(foro)'이다. 규모가 좀 되는 도시마다 이런 시설이 있었다. 포럼은 길쭉한 직사각형의 광장이며 양쪽 끝에는 신전이 있고, 그 사이에는 행정과 사법 기능을 담당하는 공공 기관, 즉 평의회, 원로원, 재판정 등의 바실리카 건물이 배치되어 있었다. 포럼 주위에 남

아 있는 **돌기둥 유적들**은 그곳에 원래 아케이드(Arcade)가 있었음을 알게 해 준다. 이런 기둥은 아치 형태의 지붕을 이고 있기 때문에 사람들이 비를 맞지 않으면서 마치 실내처럼 그곳에 있는 신전과 공공 기관, 그리고 그곳에 입점한 상점들, 각종 편의 시설을 쉽게 이용할 수 있었다. 시민들은 이곳에서 종교 의식과 함께 정치에 관한 정보들도 공유했다. 이렇게 **탄탄한 도시 시스템**이 갖춰져 있었기에 로마가 전 유럽과 아시아에 걸쳐 대제국을 이루고, 또한 그것을 통치할 수 있었던 것이 아닐까.

폼페이도 그저 폐허가 된 유적지 중 하나에 불과할 거라 여겼던 필자의 예상을 다 깨버린 것은, 그곳의 보존 상태가 너무나도 좋았기 때문이다. 로마에서 보던 것은 세월의 흔적 속에서 닳고 낡아 버린 바닥돌 정도였다면 – 그래서 상상력이 많이 필요했다면 – 이곳의 유적들은 심지어 지붕까지도 고스란히 보존된 경우가 있을 정도로 생생했다. **지붕이 보존**되었으니 그 내부 공간이 더더욱 잘 보존되었음은 두말할 것도 없다.

● 사도들과 초대 교부들이 활동했을 로마 제국과 로마의 도시들이 어떠했을지, 정치, 경제, 사회, 문화에 대해 구체적으로 상상할 수 있게 만들어 주는 도시, 폼페이.

이런 사례 중에 특히 인상 깊었던 것은 공공 목욕탕 건물이었다. 로마는 물을 잘 다스렸던 국가로 유명했다. 그들은 시내 곳곳과 저택들, 공공 시설물과 광장 분수에 수도 시설을 잘 갖추고 있었는데, 이를 활용하는 시설물 또한 대단했다. 목욕탕 건물은 목욕물의 온기와 훈훈한 공기를 보존하기 위해 두 겹의 벽으로 시공되었다. 벽과 벽 사이에 공간이 있어서 **건물 자체가 보온통 역할**을 했다. 이중 구조의 아치형 지붕은 화산재가 무겁게 내리눌렀을 때에도 무너지지 않고 원형 그대로 보존되는 데도 큰 역할을 했다.

그 밖에도 아치형 지붕은 더욱 놀라운 기능을 품고 있었다. 천장에 응결된 수증기가 식어서 고객의 머리 위로 떨어지는 불쾌함을 막기 위해, **가장자리로 자연스럽게 물방울이 흘러내리도록 설계**되었다! **마사지용 침대**, 옷걸이와 개인 로커(locker), 채색된 그림, 자연 채광 및 수증기 배출을 동시에 담당하면서도 프라이버시를 지켜 주는 굴뚝형 창문 등…. 감각적이고 세밀하게 고려된 시설들을 보면서 해 아래 새 것이 없음을 다시금 느꼈다.

● 흡사 한국의 대중목욕탕을 연상시키는 로마의 목욕탕 시설들. 물방울이 머리 위에서 떨어지는 것을 방지하기 위한 천장 구조와 마사지용 침대를 보며 어쩐지 친숙한 기분이 들었다.

목욕탕 밖으로 나오자 마치 필자 자신이 고대 로마로 돌아가서 목욕을 마치고 나온 듯한 기분이 들었다. 자, 목욕을 마친 뒤에 무엇을 해야 하나? 우리 투어를 인솔하던 가이드가 웃으며 말했다. "자~ 여러분, 목욕을 마치시니, 목이 마르고 배도 살짝 고프시죠?" 적극 공감하면서 그가 가리킨 곳을 바라보니, 웬 와인 바처럼 생긴 유적지가 보인다. 개운하게 목욕한 후 밖으로 나서면 딱 보이는 상점이 **기다란 와인 바와 화덕을 갖춘 간이 레스토랑 유적**이라니! 감탄하다 못해 실없는 웃음이 터져 나온다. 이 정도로 고객의 필요를 섬세하게 파악하고 입점 설계를 했다는 것은 상업이 고도로 발달했을 때 나타나는 결과물일 것이다.

폼페이 유적은 매우 광활해서 온종일 봐도 다 못 본다고 한다. 당일치기로 다녀가는 답사객들은 애초에 욕심을 버리는 것이 좋겠다. 현관 출입구 바닥에 'Welcome'이란 뜻의 'HAVE'라는 글자가 야광석으로 꾸며져 있는 것을 보고, 실내 분수와 정원까지 갖춘 부유층 저택을 구경하고, 거리마다 붙어 있는 그림 간판들과 당시의 채색이 남아 있는 벽화들, 공직에 입후보한 정치인들의 선전물들, 수많은 질그릇과 도구들, 그리고 폼페이를 유명하게 만든 저 석고로 되살아난 폼페이 사람들과 동물들의 형상까지 자세히 관찰하면서, 참 많은 생각을 하게 되었다.

● 목욕탕 앞에서 손님을 기다리는 오늘날의 스낵바와 같은 시설. 손님들로 북적였을 과거 로마 시내가 머릿속에 떠오른다.

● 도시 깊숙한 곳까지 바닷물이 찰랑이고 배들이 묶여 있었던 옛 해안선의 흔적

● 화산 폭발과 함께 쏟아진 엄청난 화산재로 말미암아 희생당한 동물과 사람들의 화석은 극히 일부만 볼 수 있다.

어쩌면 이곳 폼페이에 한 번 와 보는 것은, 우리에게 단지 **과거의 역사가 켜켜이 쌓인 유적지를 만나는 것 그 이상의 진한 경험**이 아닐까 싶다. 모든 인생의 시작과 끝, 그리고 그 인생의 너머까지를 추구하면서 살아가는 우리들에게, 로마 제국의 흥과 망, 성과 쇠를 한꺼번에 보여 주는 폼페이 유적은, 이후 필자가 유럽 여행 코스에서 반드시 추천하는 여행지 중 하나가 되었다.

이렇게 해서 이탈리아 지역의 모든 탐방을 마쳤다. 이제 다음 모듈로 넘어가자. 우리의 행선지는 **초기 종교개혁자 얀 후스가 활동했던 체코와 이후에 등장한 루터의 독일**로 이어진다.

● 부유층 저택에 들어서면 입구에 적혀 있는 환영 문구와 벽화로 꾸며진 실내 장식을 구경할 수 있다. (사진 맨 아래) 포도주통을 운반했던 곳을 의미하는 벽 간판. 이처럼 폼페이는 로마 시대에 번성했던 항구 도시의 생활상을 고스란히 간직하고 있다.

04

네 번째 도시 | **프라하**

Praha

얀 후스, 그리고 케플러의 도시

지금까지 이탈리아를 누볐다. 종교개혁 이전의 교회가 어떠했는지, 탐방의 배경 지식을 얻은 셈이다. 이제 본격적인 종교개혁의 현장으로 우리의 발걸음을 재촉해 보자. 시간순으로 보면 그 첫걸음은 프라하가 적절하겠다.

프라하. 이름만 들어도 막 비행기 표가 사고 싶어지는 도시. 프라하가 얼마나 여행하기 좋은 곳인지는 TV 매체나 인터넷 블로그에 올라오는 무수한 여행기를 통해 대부분 짐작하실 것이다. 아름다운 도시 프라하에서 종교개혁의 행적까지 따라갈 수 있다니, 얼마나 멋진 일인가. 프라하 관광의 핵심 두 줄기는 각각 블타바강(몰다우강) 동쪽과 서쪽에 있다. 하나는 카를교에서 프라하성의 야경을 보는 것이고, 다른 하나는 그 프라하성에 올라가는 것이다.

맨 먼저 가 봐야 할 곳은 뭐니 뭐니 해도 카를교이다. 다만 다리에는 과장을 좀 보태서 '관광객 반 소매치기 반'이 있으므로, 소지품에 주의하면서 다리 곳곳에 서 있는 시커먼 조각상들을 살펴보자. 그리고 다리를 건너 프라하 성으로 이동하면 되는데, 종교개혁지 탐방 팀이라면 성에 올라가서 다음의 두 가지를 놓치지 않고 보면 된다.

● 프라하는 카를교에서 바라보는 프라하성 야경이 유명하다. 오른쪽 사진은 성 위에서 내려다보는 프라하 전경이다.

성 비투스 대성당과 옛 왕궁 건물

프라하성은 높은 언덕 위에 있다. 유럽에서 이 정도면 꽤 높은 언덕이다. 다시 내려올 땐 걷더라도, 올라갈 땐 힘드니까 '트램'을 이용하자. 프라하성에 들어가기 전에 검색대를 통과한다. 이곳에 대통령 집무실이 있어서 그렇다. 가방을 열어서 보여 주어야 한다. 근위병들이 지키고 있는 입구를 지나면, 일반 관광객들은 동상에서 기념 촬영을 하고 곧장 성 비투스 대성당으로 발걸음을 돌리는데, 우리는 먼저 볼 곳이 있다. **프라하의 '옛 왕궁' 건물**이다. 이곳은 **'1618년 프라하 창문 투척 사건'의 현장**이다. 신교 귀족들이 종교개혁을 탄압하던 황제에게 항의하는 과정에서 황제의 신료들과 비서관을 창밖으로 내던진 유명한 사건이다. 이렇게 말하면 낯설게 들리겠지만, 다음 그림을 보면 언제 어디선가 한 번쯤 본 듯한 느낌이 들 것이다.

다행히 죽은 사람은 없었지만(세 사람이 떨어졌는데 기적적으로 살았음) 당시 귀족 사회에서 이것은 '충분히 과격한 행동'이었고, 이 일을 계기로 어마어마한 신교도 탄압이 촉발되고 만다. 블타바강이 보이는 정원 쪽으로 나가서 왼쪽을 보면 건물의 툭 튀어나온 부분이 보인다. (아래 지도 참조) 이곳 3층 창문에서 아래로 떨어졌다고 하니, 직접 보면서 그 높이를 가늠해 보자.

• 당시의 급박했던 모습을 잘 알 수 있는 그림이다.

• 창문 투척 사건의 현장을 찾아가려면 이 지도의 도움을 받자.

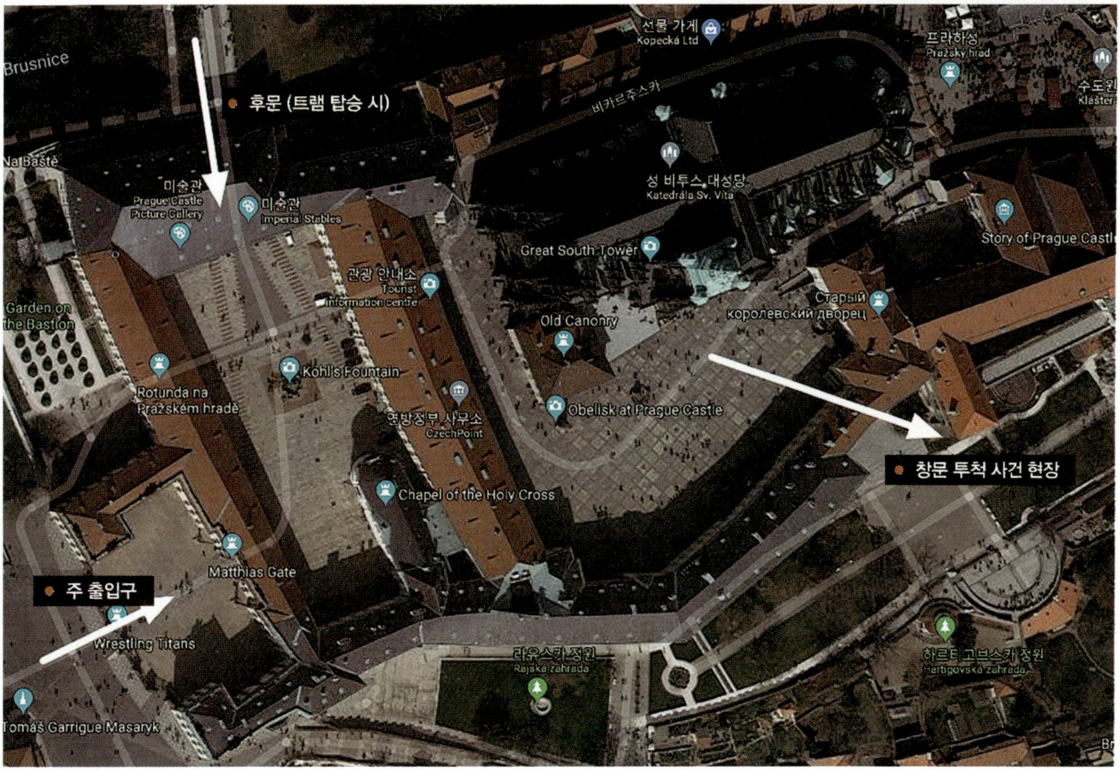

● 화려한 스테인드글라스와 정교한 조각 작품들이 가득한 성당 내부

다음은 대성당이다. '어느 도시에 가든지 대성당을 보는데 또 대성당이야?' 하면서 다소 식상하게 느낄 수 있는데, 그래도 여기는 가 보는 것이 좋겠다. 중세 교회의 그야말로 '금빛 찬란한' 장식으로 가득한 성당을 볼 수 있다. 성당 외부는 웅장한 규모 탓에 카메라 화각을 잡기 어려울 정도다. 이 어마어마한 성당이 지어지기까지 천 년이 넘는 세월이 흘렀다고 한다.

그런데 자세히 보면 뭔가 좀 어색한 구석이 많다. 급조된 듯한 성인들의 무덤도 그렇고. 무엇보다 한쪽에 프라하 전경이 조각된 목판이 있는데, 자세히 보면 카를교에서 아까 봤던 그 조각상들이 없다. 즉, 카를교는 원래 그저 평범한 다리였던 것. 그 조각상들은 후대 로마 가톨릭 교회의 영향으로 덧붙여진 성상들이었다. 1555년 아우크스부르크 화의의 결과, 신성 로마 제국은 각 제후들이 자기 영지의 종교를 결정할 수 있다는 원칙을 확립했다. 제후가 믿는 신앙을 백성들은 따라야 했다. 그렇게 해서 한 세대에 걸친 종교개혁의 열풍이 잠잠해질 것으로 기대했겠지만, 신자의 양심을 단순하고 기계적인 구획 정리로 억압할 수 있을까? 역사는 그 뒤로 그렇게 분할된 지역 간의 갈등까지 겹쳐 오히려 더 크고 완악한 전쟁의 소용돌이로 흘러 들어가고 만다. 프라하도 그런 역사를 거쳤다.

어느 곳보다 일찍 타올랐던 프라하의 종교개혁 횃불

보통 종교개혁의 시작을 그냥 '루터의 95개조 반박문'이라고 본다면, 그 이전에도, 그리고 그 이후에도, 수많은 종교개혁자와 그 종교개혁의 정신에 동참했던 신앙인들이 유럽 전역에 존재했다. 그중에서도 프라하에 왔으면 꼭 만나야 할 두 인물이 있다. 아니, 사실 종교개혁지 탐방으로 프라하라는 도시를 찾는 이유가 바로 이 두 인물 때문이다.

먼저 언급할 인물은 얀 후스(Jan Hus, 1369-1415). 그는 루터보다 100년 전에 활동한 초기 종교개혁자이다. 그는 십자군 전쟁의 말기에, 아직도 그런 허무맹랑한 전쟁의 광풍에 빠져 있는 교회의 지도자들과 그들의 부패를 지적하고, 면벌부(면죄부) 판매를 비판하는 등 개혁 운동을 했다. 당연히 교회는 그를 압박했고, 급기야 조작된 증거들을 제시하면서 재판에서 부당하게 판결하여 결국 화형에 처하고 말았다. 물론 후스의 희생이 결코 헛되지 않았음을, 후대의 우리는 잘 알고 있다.

프라하성의 위용을 뒤로하고 언덕을 내려와 강을 건너서, **후스가 처음으로 설교하였다는 베들레헴 교회당**(The Bethlehem Chapel)을 가 보자. 프라하의 인기 관광지 '하벨 시장' 근처에 '매달린 지그문트 프로이트 동상'이라는 관광 포인트가 있는데, 베들레헴 교회당도 바로 그 근처에 있다.

다만 안타까운 것은 이 건물이 지금은 어느 대학의 소유로 되어 있어서 대학에서 행사가 있거나 학생들 모임만 있어도 우선적으로 사용되기 때문에, 번번이 관광객 입장을 제한한다는 것이다. 즉, 미리 협조를 구하지 않고 여행하는 답사 팀으로서는, 최악의 경우 건물 외벽만 구경하고 발

● 후스가 설교했던 베들레헴 교회당. 큰길 쪽에서 본 모습이다.

걸음을 돌이키는 때도 있겠다. (필자가 갔을 때 하필 그런 상황이었다.) 그래서 – 앞에서도 강조했지만 – 미리 전화로 확인하고 일정을 잡자. 문의를 해 봤는데도 어쩔 수 없다면 모를까, 최소한의 노력은 해 보자는 것이다. 노력을 했는데도 가 볼 수 없었다면, 마지막 방법이 있다. 아쉬운 대로 구글 스트리트를 이용하자. 내부를 360도로 볼 수 있도록 구글에서 친절하게도 사진을 찍어 두었다. (QR 코드 참고)

구시가 광장(Old Town Square)에 있는 후스 동상

보통 이곳은 관광객들이 시계탑을 보러 가는 곳이다. 시계탑을 보고, 광장을 구경하고, 광장 주위에 있는 카페에서 커피 한 잔씩을 한 뒤에 이동하는 패턴이다. 우리는 커피도 중요하지만 일단 발걸음을 빨리 옮겨 광장 한가운데 있는 거대한 종교개혁 기념

● 구시가 광장은 언제나 관광객으로 붐빈다.

비를 보러 가자.

후스의 개혁과 부당한 죽음은 수많은 보헤미아 사람들에게 충격으로 다가왔고, 후스의 뒤를 이어 개혁과 저항 운동이 일어났다. 그 대표적인 도시가 앞으로 찾아갈 '타보르'이다. 그러므로 후스는 거기서 좀 더 생각하기로 하고 여기서는 프라하에서 만나야 할 두 번째 인물을 소개한다.

프라하에서 종교개혁의 정신을 품고 살았던 과학자, 케플러

보통 '종교개혁과 프라하'라고 하면 오직 후스만 떠올리기 쉽다. 그런데 프라하에서 꼭 소개하고 싶은 사람은 요하네스 케플러(Johannes Kepler, 1571-1630)이다. 케플러라니? 어디서 많이 들어 본 이름이다. 그렇다. 당신의 머릿속에 떠오른 바로 그 사람, 과학 시간에 배운 그 사람, 맞다. 행성 운동 법칙을 발견한 바로 그 사람. 사실 엄밀히 말하면 케플러는 종교개혁자는 아니다. 그러나 종교개혁 신앙을 받아들인 한 명의 신자로서 당대의 그 시절을 온몸으로 살아갔던 사람 중 하나이다. 케플러는 원래 목사가 되려고 신학을 공부하던 사람이다. 그러나 그는 프라하에서 대략 12년 정도 사는 동안 궁정 학자로 일하면서 본격적으로 그의 은사를 펼쳤다.

● 요하네스 케플러

그는 시대로 따지면 루터가 죽고 칼뱅도 죽고 난 바로 뒤에 태어난 사람으로서 흔히 말하는 16세기 초반 루터와 칼뱅의 종교개혁 '다음 세대'라고 할 수 있다. 이 시기에는 앞선 시대의 종교개혁과는 분위기와 진행 양상이 조금 달라진다. 처음엔 구교와 신교가 서로의 주장을 펼쳐 나가면서 대립했다. 그러다가 한 세대가 흐른 뒤에는 신교 안에서도 루터파와 개혁파가 나뉘어 좌충우돌 갈등을 빚게 된다. 하지만 다시 한 세대가 흐르고, 케플러가 살던 시대에 이르러서는 어느 정도 갈등을 해결하는 기술(?)이 생긴다. 나라별로 지역별로 교파를 나눠서, 알아서들 살자는 것이다. 즉, 그 지방의 영주가 구교를 선택하는가 신교를 선택하는가에 따라, 그의 영역에 속한 모든 백성이 해당 종교를 갖게 되는 식이다. 이렇게 되면 남의 지역은 건드리지 않고 자기 지역만 신경 쓰면 되므로, 큰 분쟁은 사라진다. 다만, 어떤 사람이 자기는 신교인데 구교의 지역에 살고 있으면, 이제 그 사람의 '양심'은 문제를 겪을 것이다.

그런 상황이 닥치면 사람들은 어떻게 행동할까. **세 가지 선택지**가 있을 수 있겠다.

01. 자기 믿음을 분명히 드러내며 불이익과 처벌을 감수하거나
02. 자신의 진심을 감추면서 타협하고 살거나
03. 아예 자신의 믿음대로 살 수 있는 지역이나 국가로 이주(망명)하거나 (03은 극소수만 가능한 일)

아마, 대부분의 사람들은 **02**를 택할 것이다. 그러나 그런 상황 속에서 케플러의 삶을 들여다보면 매우 놀랍다. 그는 그가 가진 능력과 지식으로 얼마든지 떵떵거리는 삶을 살 수 있었음에도 불구하고 – 그런 기회가 수없이 주어짐에도 불구하고 – **01**을 택한다. 대세를 따라야만 성공할 수 있는데도, 이 사람은 어느 교파를 막론하고 자신이 믿고 따르는 바에 어긋나는 신앙을 강요할 때, 단호히 저항했다.

자문해 보자. 만약 내가 종교개혁의 시대에 태어나서 케플러처럼 그런 상황에 처한다면 어떻게 살아가게 될까. 단지 신앙을 고백하는 문제로 취직도 안 되고 각종 불이익을 받으며 살아가야 한다면 어떤 기분일까. 자기 양심을 반하는 상황 속에서, 내가 조금 양보하고 타협하면 부귀영화가 보장되고 앞날이 펼쳐짐에도 불구하고, 그보다는 하나님 앞에서 자기 양심을 지키고 불이익을 감수할 수 있겠는가. 결코 쉽게 볼 수 없는 문제다. 실제로 케플러는 그 후로도 교회와 마찰한 탓에 고생을 거듭하며 여생을 보낸다.

케플러의 고생스러운 인생 외에도 프라하에서 또 하나 생각할 만한 것은 **'신앙과 학문', 혹은 '과학과 종교'라는 주제**이다. 마치 서로 대척점에 있는 듯한 이 주제들을 신자는 과연 어떻게 다루는 것이 바람직할까? 종교개혁이란 결국 르네상스의 결과물들과 연결이 된다고 말할 수 있는데, 케플러는 하나님이 창조하신 세계를 하나님이 주신 선물인 '이성'으로 탐구하면서 하나님을 찬양하려 했던 사람이다. 즉, 과학이라는 학문의 세계에 종사하면서 하나님의 창조 질서를 추적했던 것이다. 오늘날

한국 교회의 신자들은 이 주제 앞에서 단편적이고 초보적인 이해만을 갖고 있지는 않나 반성해 보자. 케플러 같은 종교개혁 시대의 인물을 통해 우리는 좀 도전을 받아야 한다.

    케플러의 박물관이 프라하 관광의 중심부 '카를교' 바로 근처에 있다. 비록 규모는 작지만, 종교개혁지 탐방의 한 코스로 이곳을 직접 가 보고, 케플러와 그의 삶에 대해 – 그리고 우리의 삶에 대해 – 깊이 생각해 보는 시간을 갖는다면 참 멋진 일이겠다. 그런데 최근 정보에 따르면 이 박물관이 폐쇄되었다고 한다. 안타까운 일이다. 조만간 프라하시에서 다른 더 의미 있는 장소를 찾아서 더 좋은 박물관을 열어 줄 것을 기대한다.

Tip

이와 관련하여, 프라하에 가기 전에 읽으면 좋을 책을 하나 소개한다.
성영은의 《케플러, 신앙의 빛으로 우주의 신비를 밝히다》라는 책이다.
케플러의 생애와 업적, 그리고 일반 신자였던 그가 신앙 안에서 어떻게 과학이라는 학문을 바라보고 실천했는지를 감동적으로 배울 수 있는 좋은 책이다. 적극 추천한다.

05 Tabor

다섯 번째 도시 | **타보르**

후스파 박물관과
얀 쥐시카 장군 요새

프라하에서 남쪽으로 1시간쯤 차로 달리면 타보르(Tábor)라는 작은 도시가 나온다. 이곳은 얀 후스의 종교개혁을 이어받은 **저항 세력이 군사적 목적으로 건설한 요새 도시**이다. 요새라고 해서 뭔가 막 성벽과 무기가 많을 것을 상상하고 갔는데, 지극히 평범하고 조용한 마을이다. 흔히 어떤 조용한 마을을 묘사할 때 '시간이 멈춘 것 같은'이라는 표현을 쓰는데, 이곳은 진짜로 중세 시대 그대로 멈춘 듯한 고즈넉하고 예쁜 마을이다. 참고로 '타보르'는 성경에 나오는 다볼산(변화산)과 같은 지명이다. 자, 우리가 이곳에 왜 가 봐야 할까.

보헤미아 지역 신자들의 항전과 개혁 운동

얀 후스는 '오직 성경'의 원리에 따라, 로마 교회가 훼손한 교리, 예배 의식을 개혁하고자 했다. 교황의 수위권조차 무효라고 주장했던 그는 로마 교회 편에 선 황제에게 불려가 허무하게 화형을 당하고 만다. 그렇게 개혁의 목소리를 짓밟아 버리면 될 거라고 생각했던 자들은 그날 밤 모든 것이 끝난 것으로 알고 잠들었을 것이다. 그러나 이 소식을 들은 수많은 양심은 격분하였고, 오히려 더욱 크고 체계적인 저항이 일어났다. 그 중심지가 바로 타보르였다.

당시로서는 당연하게도 타보르는 도시 전체가 반역자로 몰리고 만다. 이제 그들은 황제와 교회의 권세에 반대하는 저항군이 될 수밖에 없었다. 신앙과 양심의 자유를 위해 거짓과 속임수에 타협할 수 없었던 신앙인들은 끝이 빤히 보이는 싸움에도 물러설 수 없었다. **제국 전체 vs 도시 하나의 싸움**은 누가 봐도 결말이 정해진 듯했다. 그들은 자신들에게 닥친 상황을 세상의 종말과 재림 예수의 날로 받아들이고 '다볼산'에 요새를 구축하고 전쟁을 준비했다. 이들을 이끈 지도자는 얀 쥐시카 (Jan Žižka, 1360?–1424) 장군….

- 인쇄술이 발달되기도 전인 15세기 당시, 후스의 죽음을 막기 위해 무려 430여 명의 귀족들이 항명서를 만들고 각 가문의 인장을 매달아 보냈다. (이 항명서는 제네바의 종교개혁 박물관에 사본으로 전시되어 있다.)

자, 무슨 드라마 시놉시스처럼 읽히지만, 문제는 우리가 쥐시카 장군은커녕 후스에 대해서도, 그를 따랐던 수백 명의 보헤미안 귀족들에 대해서도, 보헤미아가 어떤 지방인지에 대해서도 도통 아는 바가 없다는 점이다. 하지만 우리의 부족한 지식을 채워 줄 박물관이 도시의 심장부에 마련되어 있다.

- (위) 체코를 다스린 역대 왕들에 관련된 역사를 통해 체코인들이 얼마나 굴곡진 삶을 살았는지 알 수 있다. (아래) 타보르인들의 영웅, 얀 쥐시카 장군의 동상.

타보르에 왔으면 반드시 후스파 박물관 투어를 해야 한다. 무려 1878년에 설립된 오래된 박물관이지만, 관람을 시작하면 감탄이 절로 날 것이다. 박물관이라는 공간은 어떤 콘텐츠를 얼마나 유효하게 전달하느냐가 핵심인데, 이곳은 필자가 경험한 유럽의 역사 박물관 중에서도 탁월한 축에 속한다. 스토리텔링, 전시 공간 배치, 컬러, 조명, 시청각 효과 등 종합적인 전시 기획이 수준급이다. 또한 유럽의 종교개혁 박물관들이 대개 그 지역 종교 지도자의 생애에 초점을 맞춘다면, 이 박물관은 종교개혁 정신을 따랐던 귀족, 장군, 민초들의 삶을 들여다보게 해 준다는 점에서 관람할 가치가 있다.

박물관 입구에 들어서면, 상징적인 커다란 나무통과 그림 한 점이 걸려 있다. 타보르인들은 자신들의 전 재산을 이 통에 쏟아부었다. 공동 소유와 평등한 삶을 구현하고자 시도한 것이다. 그들의 이런 극단적 행동은 후스가 가르치려 했던 본질과는 크게 상관이 없는 것이었다. 사유 재산을 모아서 공유하는 모습은 초대 교회 교인들이 잠시 그랬던 것인바, 모든 시대 모든 지역에서 보편적으로 행할 원칙은 아니다. 그럼에도 불구하고, 당시, 어쩌면 홀몸으로 온 유럽에 대항해야 했던 타보르인들은 극도의 탄압을 겪으면서 성경이 말하는 종말의 때가 임박했다고 생각하기에 이런 선택을 했을 수 있다. 이런 공동체를 형성하는 분파들은 보통 그들을 이끄는 리더가 신비주의자인 경우가 많다. 그러다 보니 내실이 약하고, 내부 분열로 자멸하거나 외부의 파상 공격에 쉽게 무너지곤 한다. (실제로 이런 급진적 체제는 훗날 타보르인들에게 어려움으로 작용한다.)

그럼에도 불구하고 황제군에 대한 타보르의 저항력은 남달랐다. 얀 쥐시카 장군은 한 번도 황제군과의 전투에서 패하지 않았다. 황제군의 단조로운 전법 앞에, 타보르인들은 땅속에 묻어 둔 방어 무기로 기마병을 잡고, 손수레를 개조하여 대포를 탑재한 이동식 전차를 만들어 적군을 압도했다. 지형지물을 활용한 게릴라전, 포로들을 정중히 대하는 심리전 등을 활용하여 승리를 거두었다.

● 후스파 교회의 제단화 한가운데에 포도주 잔이 그려져 있다. 얀 후스는 성찬 시에 성도들에게 떡과 포도주를 모두 나누어 줄 것(이종 배찬)을 주장했다. 지금의 개신교회에서 이런 성찬 예식은 당연한 이야기지만, 당시 성도들은 화체설을 따르는 로마 가톨릭의 지도 하에서 포도주를 마실 수 없었다. 성경 말씀이 가르치는 대로 예배 의식을 고치려는 시도는 죽음을 의미했다. 역사를 알고 보면, 이 제단화에 그려진 포도주 잔은 매우 의미심장하다.

● 초기 종교개혁의 흔적들. 이 박물관에서 관람객들은 후스파 교회에서 사용된 공동기도서와 같은 예전서, 찬송, 그리고 이종 배찬에 관련된 전시물을 확인할 수 있다. 종교개혁 역사 초기, 세상을 호령하던 로마 가톨릭의 위협 속에도 후스파 교회가 상당한 수준으로 종교개혁을 진행시켰음을 알 수 있다.

물론, 최종적인 전쟁은 결국 황제군의 승리로 끝난다. 물량의 차이를 버틸 수 없었던 것. 30년 전쟁 후 합스부르크 왕가의 지배를 받으면서 체코는 철저히 로마 가톨릭화 됐지만, 그 와중에도 타보르의 저항 정신은 계속해서 항쟁의 역사를 써 왔다. 수백 년이 지난 지금 타보르 지역에 사는 사람들은 자신들을 '체코인'이 아닌 '타보르인'이라 부른다. 그만큼 그들은 자신들의 저항 역사를 자랑스럽게 여긴다.

● 당시 전투 장면을 재현해 둔 모형들. 타보르인들은 전문 군인들이 아닌 농업 종사자들에 불과했음에도 쥐시카 장군의 신출귀몰한 전략과 전술에 따라 황제군을 상대로 백전백승을 거두었다. 여성들 역시 치마를 입은 채로 용감하게 싸우는 모습이 인상적이다.

박물관 관람을 마치면 끝이 아니다. 이제부터는 공사 현장에서 쓰는 '안전모'를 쓰고, 좁은 계단을 통해 지하로 내려가게 된다. 지하실에 일종의 '카타콤'이 있다고 한다. 어떤 곳일까? 고립된 타보르가 전쟁을 치르면서 살아남기 위해 고안한 것이다. 그들은 지하 암반을 긁어내서 공간을 만들고 노약자를 보호했다. 일종의 지하 대피 시설이다. 동굴처럼 뚫린 지하 시설은 꽤 넓어서 도시의 여러 건물을 지하 통로로 연결하고 있다. 직접 내려가 보니, 높이는 낮지만 사람이 지나다니기에 충분한 크기의 통로가 개미굴처럼 이리저리 꼬불꼬불 이어지고 있었다.

● 어떻게 이런 곳에서 살았을까 싶지만 나름대로 구획을 나눠서 질서 정연하게 배치되어 있다.

그 안에는 동물 농장에서 산후조리원까지 제법 사람이 살아갈 만하게 웬만한 시설을 갖추고 있었다. 온도가 일정하게 유지되어서 여름엔 시원하고 겨울엔 따뜻하게 보낼 수 있었다고 한다. 곡괭이 같은 도구로 이 동굴을 파고 손수레로 파낸 돌을 옮기는 그림에서, 카타콤을 건설하기 위해 **얼마나 많은 희생이 있었을지** 짐작이 간다.

지하 동굴을 한참 걸으면 출구가 보인다. 지상으로 올라와 보면 깜짝 놀랄 것이다. 박물관 입구가 저 멀리 광장 건너편에 보일 것이다. 이렇게 멀리까지 지하로 연결되어 있었던 것이다. 관광객에게 공개된 코스 외에도 수없이 많은 통로가 이 산 아래에 건설되어 있다 하니, 타보르인들의 **저항의지가 얼마나 강렬했는지** 알 만하다.

우리는 후스에 대해서는 들어봤지만 그 가르침을 따라 초기 종교개혁의 분위기를 형성했던 타보르에 대해서는 너무도 몰랐다. 만약 그 시절에 **인쇄술이 더 발전했다면 역사는 어떻게 흘렀을까.** 후스의 가르침이 조금 더 일찍 퍼졌더라면 루터의 개혁이 몇십 년 더 당겨지지 않았을까…. 지하 동굴과 적막한 골목길을 걸으며 생각에 잠겨 보자.

- 아쉽게도 박물관의 전시물들은 체코어로만 적혀 있어서 알아보기 힘들다. 하지만 '**구글 렌즈**'라는 스마트폰 앱을 사용하면 어느 정도 이해할 수 있는 수준까지 번역이 되니 활용해 보자.

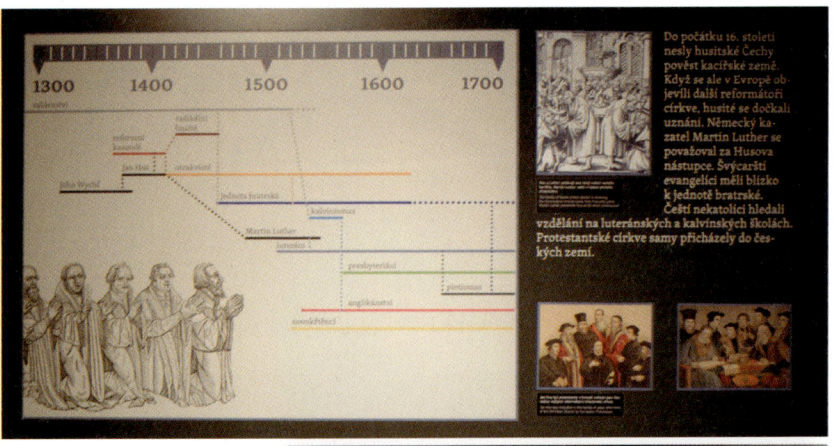

※ 프라하와 타보르 여행을 준비할 때, 프라하에서 제공하는 여행 정보 웹사이트를 참조해도 좋겠다.
www.prague.eu/en

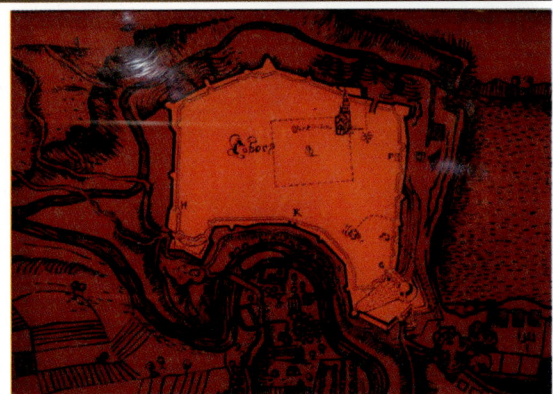

06

여섯 번째 도시 | **비텐베르크**

Wittenberg

루터의 도시 '비텐베르크'

체코를 떠나, 100년의 시간을 훌쩍 뛰어넘어, 지금부터는 루터의 흔적을 만나러 간다. 그런데 시작부터 난관에 부딪힌다. 루터의 행적은 독일 전역에 걸쳐 있다. 넓어도 너무 넓다. 그것도 대도시 중심으로 굵직굵직하게 있는 것이 아니라, 여러 작은 도시에 흩어져 있다. 그만큼 루터의 활약이 왕성했다는 뜻이긴 한데, 그러다 보니 여행자 입장에선 곤란하다. 답사 동선을 잡기가 쉽지 않다. 특히 주요 지점들이 동에서 서로 길게 늘어서 있어서, 출발지에 따라 동에서 서로 가거나 서에서 동으로 가면서 작은 도시와 마을을 수시로 들러야 한다. 그래서 독일 지역 종교개혁지 탐방은 렌터카를 이용하거나 투어 버스를 이용하곤 한다.

필자도 한번 패키지 투어에 참가한 적이 있다. 그런데 여기에 문제가 좀 있다. 독일은 생각보다 넓은 나라인데, 작은 도시와 시골 마을을 연결하다 보니 길도 '아우토반'이 아니다. 도로를 따라 다음 도시가 나올 때까지 꼼짝없이 차에 실려 가면서, 무슨 '로드 무비'라도 찍는 기분이 든다. 루터라는 인물 하나에 이렇게까지 집중해야 하나 싶어진다. 특히 10~15일 정도의 일정으로 유럽에 왔다면, 이 코스는 결코 들어서면 안 되는 길이다. 게다가 그렇게 해서 찾아가는 장소들에도 문제가 좀 있다. 루터가 태어난 곳, 첫 세례를 받은 곳, 수도사가 된 곳, 수도사가 되어서 첫 미사를 집례한 곳,

마지막 설교를 한 곳, 죽은 곳 등등…. 우리가 이런 곳을 꼭 다 가 봐야 할까? 마치 로마 가톨릭에서 떠받드는 성자의 일대기를 따라가는 성지 순례를 연상시킨다. 종교개혁지 탐방이 꼭 그런 식일 필요가 있을까? 그렇게 접근하는 것이 무슨 유익이 있을까? 아니, 모든 것을 다 떠나서, **과연 그런 여행이 '재미'가 있을까?**

필자는 정말 중요한 도시 세 곳만 고르고, 나머지는 과감히 건너뛸 것을 제안한다. 물론 중간에 동선이 맞아서 – 그것도 너무 잘 맞아서 – 잠깐 들렀다 가면 되는 동네라면 모를까, 굳이 루터의 모든 인생을 다 되짚어 가느라 시간과 체력을 쓸 필요는 없다. 그래서 필자가 고른 세 도시는 비텐베르크, 보름스, 그리고 바르트부르크이다.

지도를 보자. 각각의 도시는 거리가 다소 떨어져 있다.

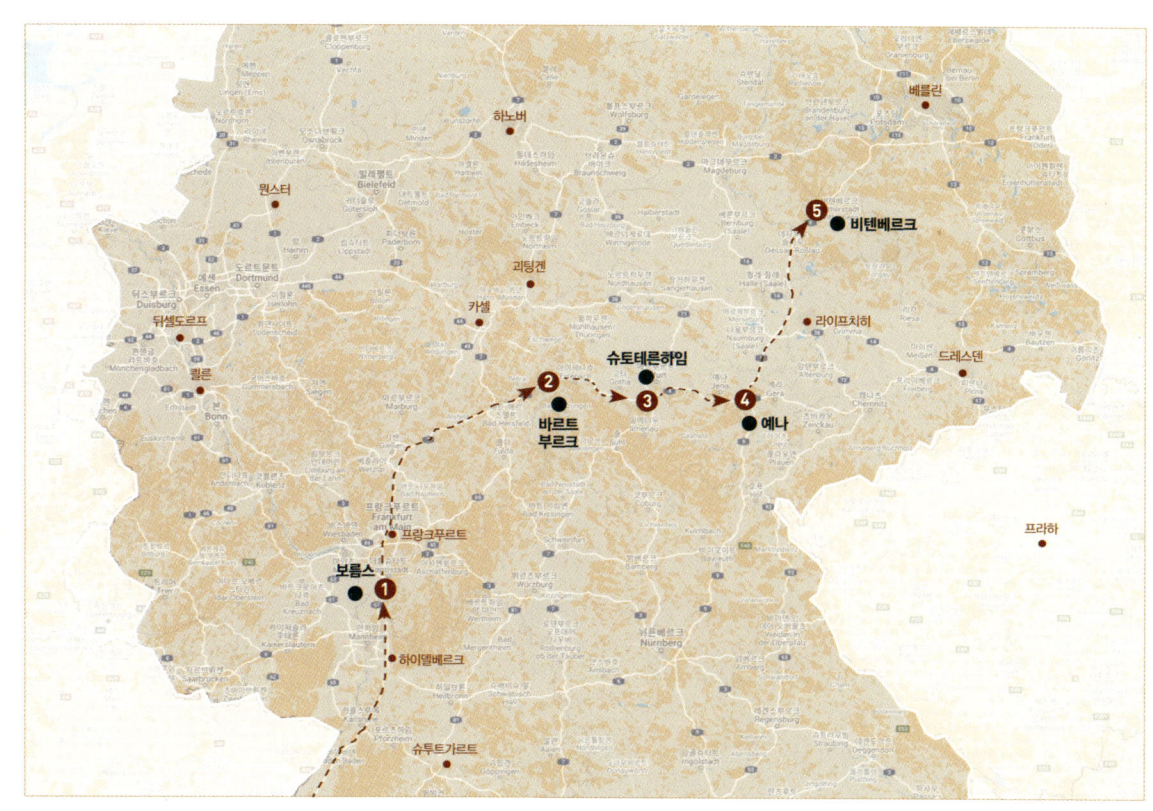

● 루터의 발자취는 독일 전역에 흩어져 있다. 위 지도는 그중에서도 중요도가 높다고 생각해서 이 책에 소개한 지역만 표시한 것이다.

루터의 종교개혁과 관련된 도시를 '시간순'으로 나열하면 **비텐베르크 ⇢ 보름스 ⇢ 바르트부르크 ⇢ 다시, 비텐베르크**이다. 처음에 95개조 반박문을 발표한 곳이 비텐베르크이고, 그 때문에 황제의 종교 회의에 반강제로 불려 갔던 곳이 보름스이며, 그곳에서 무사히 빠져나와 숨어 지내던 곳이 바르트부르크이다. 그런데 여행자 입장에서 동선을 짜려고 보면, 바르트부르크가 중간에 끼어 있어서 문제다. 왔다 갔다 하는 것은 소모적이므로, '공간순'으로 **보름스 ⇢ 바르트부르크 ⇢ 비텐베르크** 순으로 움직이거나 혹은 그 역순으로 움직여야 한다. 실제 여행 동선과 다르더라도, 본 책은 시간순으로 비텐베르크부터 진행하겠다.

비텐베르크의 루터 하우스

루터의 95개조 반박문이 발표되었던 그 유명한 비텐베르크. 필자가 찾아갔을 때는 마침 루터의 종교개혁 500주년이었던 2017년도였다. 전 세계에서 수많은 개신교 관광객이 이곳을 방문했다. 그래서 비텐베르크도 수년 전부터 이때를 위해 만반의 준비를 했다. 도시 전체가 관광 수입으로 한몫 잡으려고 벼르고 벼르는 모습이었다. 루터의 행적을 관광지로 잘 만들어 두었고, 학생들의 수학여행이나 교육 코스로도 활용하고 있었다. 필자가 이곳에 갔을 때, 길목마다 한국인 답사 팀을 만날 수 있었다.

● 루터 하우스는 이 도시에서 가장 큰 관광지 중 하나이다.

도시 전체가 마치 루터의 유적지인 것처럼 포장되고 있지만, 사실 꼭 가 봐야 할 곳은 몇 군데에 불과하다. 가장 먼저 가 볼 곳은 루터 하우스이다. 루터 하우스는 **루터가 살던 집을 박물관으로 꾸민 것이다.** 루터와 그의 부인 카타리나 폰 보라가

● 필자가 갔을 때는 꽃단장(?)이 한창이었다.

결혼 선물로 받은 건물이자, 이 가정의 생계를 위해 기숙 학원 비슷하게 운영되던 곳이었다고 한다. 그런데 규모가 상당하다. 카타리나가 얼마나 고생했을지 상상해 보자. ^0^;

입장하면 곧바로 화장실과 **기념품 숍**을 만난다. 만화 캐릭터로 재탄생한 루터 입간판을 보면서 '준비 많이 했네'라는 생각이 들었다. 이곳에는 루터에 관한 책과 팸플릿이 전시되어 있는데, 제법 규모도 있고 체계적이다. 다른 곳에서 보기 힘든 고서들을 보관한 서가도 있고, 공공 금고, 십계명을 설명한 그림, 루터의 아내 '카타리나 폰 보라'에 관한 그림도 몇 점 보인다.

박물관은 두 개의 건물이 이어져 있으며, 여러 층과 여러 방에 전시물이 가득하다. 당황하지 말고 차근차근 살펴보자. 각 방마다 특징이 있다. 루터의 생활상, 루터의 종교개혁 스토리 등이 삽화로 담긴 포스터와 저서들을 살펴보자. 농민 운동 진압에 사용된 무기, 개혁자들의 저서, 루터와 가족들의 초상화, 지인들이 모여 탁상 담화를 나누었던 기다란 테이블이 있는 방도 유심히 살펴보자. 전시물 하나하나에 갖가지 재미있는 일화들이 숨어 있다.

사실, 어디든지 박물관이라는 공간은 그저 아는 만큼 보인다. **최소한 한 권의 루터 전기는 읽고 답사를 떠나자.** (IVP에서 나온 《처음 만나는 루터》라는 책을 추천한다.) 참고로 루터의 전기를 보면, 가장으로서 가족들과 늘 함께하려는 루터의 모습과 그의 부인 카타리나 폰 보라의 이야기가 빠지지 않는다. 평등하면서도 질서 있는, 분업과 조화가 잘 이루어지는 성숙한 부부의 관계는 오늘까지도 존경받는 요인이다. 루터 하우스에서 그런 모습을 더욱 느낄 수 있다.

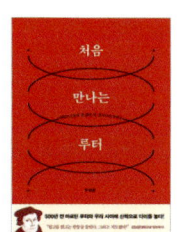

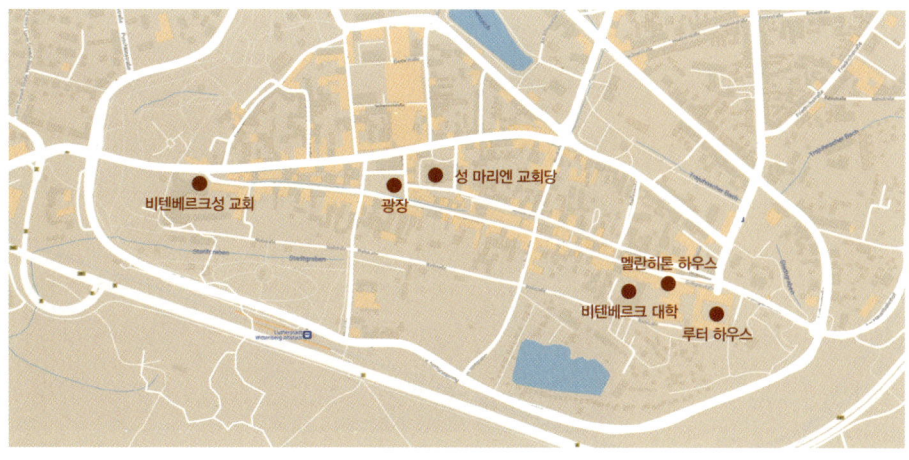

● Collegienstraße 길을 따라 직진하면 주요 답사 지점을 빠짐없이 챙길 수 있다.

 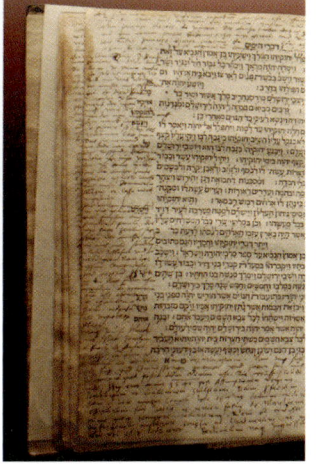

● 위에서 시계 방향으로, 루터의 아내 카타리나 폰 보라, 루터의 종교개혁을 가능케 한 인쇄기, 면벌부 상자, 성경 번역 작업물, 루카스 크라나흐가 그린 '십계명', 루터의 저작물들이 전시된 방.

● 탁상 담화가 이루어졌을 탁자가 놓인 방. 루터는 아내 카타리나 폰 보라와 자녀들, 혹은 손님들과 대화하기를 즐겨했다. 특히 탁상 담화에서 이루어진 신학적 논의들은 기록으로 남겨져 출판물의 기초가 되었다.

비텐베르크 대학, 멜란히톤 하우스

지도를 보면, 도시 중심부의 길 하나를 두고 가 봐야 할 곳들이 모여 있다. 루터 하우스에서부터 걸어서 이동하면 된다.

비텐베르크 대성당으로 가는 길에 당시 루터가 일했던 비텐베르크 대학이 있다. 루터 하우스에서 멀지 않다. 비텐베르크 대학은 프리드리히 3세가 독일에서 세 번째로 세운 대학으로, 개신교 신자들을 육성하는 데 큰 역할을 했다. 대학 건물 바닥에 독일 대학이 지어진 순서를 표시하는 동판이 설치되어 있다. 대학 이름과 설립연도(1502)만 깔끔하게 적혀 있어서 은은하고 멋져 보였다. 너무 적나라하지 않고 품격이 있다. 역사적인 정보를 전달하는 표식이나 조형물을 만들고 공간에 배치하는 운영의 묘와 관련해서도 비텐베르크에서 배울 점이 많다. 역시 가까운 곳에 멜란히톤 하우스도 눈에 띈다. 멜란히톤은 루터의 조력자였다.

● 왼쪽부터
멜란히톤 하우스,
비텐베르크 대학 건물,
바닥의 기념 동판.

● 대학 거리.
이 길에 루터 하우스, 비텐베르크 대학, 멜란히톤 하우스가 모여 있다.

성 마리엔 교회당

조금 더 걸으면, 루터와 멜란히톤 동상이 서 있는 광장이 나온다. 보통 유럽에서는 도시 중심에 있는 광장에 시장이 열리므로, 이곳에서 간단한 요기를 해도 좋다. 광장 근처에 성 마리엔 교회당이 있다. 루터의 동역자 요하네스 부겐하겐(Johannes Bugenhagen, 1485-1558)이 오랜 세월 목회했던 교회다. 그의 아내 폰 보라와 이곳에서 결혼했고, 그의 자녀들이 세례받는 모습도 그림으로 남아 있다. 루터의 절친이자 지지자였던 당대 최고의 화가 '루카스 크라나흐'가 그린 제단화라고 한다. 성상과 성화도 교육적 차원에서 미신을 제거한 내용이라면 수용해 주었던 초기 개혁 시대에, 루카스 크라나흐는 자신의 그림 실력을 교회를 위해 아낌없이 발휘할 수 있었다.

여러 작품 중에서도 예수 그리스도의 성만찬 장면을 패러디한 그림에 눈길이 갈 것이다. 이 그림을 자세히 보면, 당당한 종교개혁자로서 온 세계 앞에 우뚝 섰던 루터이지만, 한편으로는 연약한 한 인간으로서 아무도 알아주지 못하는 스트레스를 안고 살아갔던 인물이었음도 짐작하게 된다. 아마 화가가 루터의 절친이었기에 이런 그림이 가능하지 않았을까 싶다. 그리스도의 품에 안긴 **루터의 표정이 한없이 편안해 보인다.** 그렇다. 그도 힘들었을 것이다. 신자가 이 생에서 탁월한 은사로 존재감을 빛내고 막강한 영향력을 끼치는 것에만 관심을 갖는 자세는 복음과 인생의 깊이를 절반만 아는 것이라 할 수 있다. 지위와 책임의 고하를 막론하고, 신자의 삶은 연단으로 가득 차 있다. 따라서 이 땅에서 신자의 삶은 여러모로 피곤하며, 참된 안식은 오직 주님께만 있다. 주께서 속히 오시기를, 새 하늘과 새 땅이 속히 도래하기를, 그래서 참 평안이 우리에게 주어지기를 매일 앙망할 뿐이다.

※ 주의: 아무리 관광지라고는 하지만 엄연히 실제 운영되는 교회다. 조용히 둘러보는 것은 기본 예절이고, 사진을 찍을 때는 관리인에게 먼저 양해를 구하자. 2유로 정도 기부하면, 굳어 있던 관리인의 표정이 활짝 개면서 마음 편하게 둘러볼 수 있다.

● 성 마리엔 교회당의 모습들. 루카스 크라나흐가 그린 제단화가 유명해서 이 그림을 보러 들어오는 관광객이 더러 있다.

비텐베르크성 교회당

루터와 멜란히톤 동상이 있는 비텐베르크 광장을 지나 조금 더 걸으면, 드디어 95개조 반박문이 설치된 비텐베르크성 교회당을 만나게 된다. 1517년 10월 31일, 루터가 95개조 논제를 발표했다는 그곳이다. 그 당시 게시판 역할을 하던 교회당 문(본서 108쪽 사진 참조)은, 지금은 아예 95개 논제를 기록해 둔 청동문으로 바뀌어 있었다. 루터는 중세 교회의 사제 신분으로서 로마서 강해를 하면서 복음을 깨닫게 된 사람이다. 인간의 노력으로 죄 문제가 해결되는 것이 아니라 구원은 오직 하나님 은혜의 선물이라는 것을, 뒤늦게 비로소 성경을 연구하면서 알게 되었던 것이다. 그는 진정한 복음을 발견하고 당시의 관행이었던 면벌부 판매가 부당함을 알리기 위해 그 유명한 95개조 반박문을 썼다. 첫 줄에 회개하라는 말로

● 비텐베르크성 교회당 내부

시작하면서, 돈 주고 면벌부를 사는 행위가 아니라 **실제로 우리의 삶을 바꾸는 것은 진정한 회개라고 하였다.** 교회당 문에 붙었던 것이 정말로 역사적 사실이었는지 그 여부는 중요하지 않다. 분명한 것은 그가 던졌던 메시지가 온 유럽의 양심을 깨우고 흔들었다는 사실이다.

교회당 내부에는 루터의 무덤과 그의 조력자 멜란히톤의 묘가 나란히 있다. 칼뱅이라면 어땠을까. 칼뱅은 물론, 후대의 종교개혁자들은 대부분 예배당 안에 묻히는 것을 거절했다. 뿐만 아니라 이곳은 루터파 교회당답게 조각상과 그림들로 화려하게 장식되어 있다. 초기 종교개혁의 한계를 보여 주는 느낌이 든다. 다만 이들은 로마 가톨릭의 성상이나 성화와는 개념상 차이가 있다. 그림은 신화나 미신을 제거하고 성경 속 이야기를 풀어냈다. 설교단을 중심으로 교회당 양 옆 기둥에 세워진 조각상과 동상은 로마 가톨릭처럼 천사나 성모 마리아가 아니라 당시 유명한 종교개혁자들이다. 이 교회당을 꾸미는 데에도 루터의 친구 '루카스 크라나흐'가 크게 기여했다고 한다.

이처럼 비텐베르크는 처음부터 끝까지 루터의 도시였다. 루터는 직장과 교회에 가까운 곳에 살면서 엄청난 업무를 감당했었다. 당연히 그런 루터를 바라보는 '또 다른 시선들'도 있었다. 이제 우리는 루터의 목숨이 경각에 달렸던, 바로 그 두려운 순간으로 들어가 보려 한다.

일곱 번째 도시 | **보름스**

보름스, "내가 여기 섰나이다!"

앞 장에서 설명했듯이, 독일 여행 동선을 짤 때는 동에서 서로, 혹은 서에서 동으로 가는 것이 합리적이다. 즉, 베를린에서 가까운 비텐베르크에서 출발해서 바르트부르크를 거쳐 보름스로 가거나, 거꾸로 프랑스나 스위스 쪽에서 가까운 보름스에서 출발해서 비텐베르크 쪽으로 이동하는 동선이 되겠다. 다만 이 글은 편의상 루터의 생애를 따라 시간순으로 쓰고 있다.

보름스

보름스는 대도시 프랑크푸르트에서 가깝지만, 인구 8만이 조금 넘는 작고 조용한 도시다. 이곳은 95개 논제로 개혁의 소용돌이에 휘말린 루터가 카를 5세에게 불려 가 목숨을 걸고 자신의 신앙

을 굽히지 않았던 역사의 현장이다. 당시엔 위풍당당한 주요 행정 도시였지만, 지금은 조용한 소도시일 뿐이다. **보름스에 도착하면** 가장 먼저 시내 중심부 광장에 있는 **루터의 종교개혁 기념 동상을 찾아가자.**

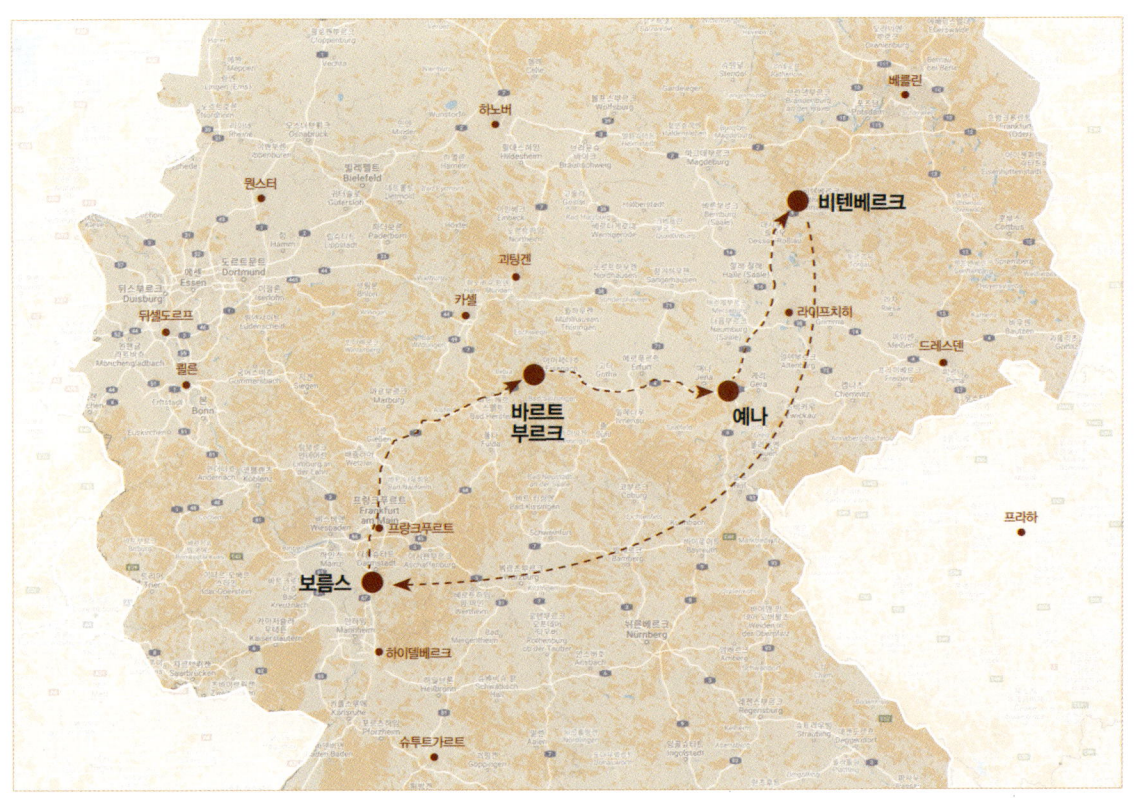

보름스는 독일 서쪽 끝부분에 위치해 있다. 하지만 대도시 프랑크푸르트와 가까워서 접근성은 나쁘지 않다. 그 밖에도 이 책에서 소개하는 하이델베르크와 프랑스 국경 쪽에 있는 스트라스부르도 가까운 편이다. 유럽에서는 국경 이동이 자유로운 편이므로 거리만 멀지 않다면 다른 국가라고 하더라도 여행 동선에 포함시킬 수 있다. 그 밖에도 우리나라 관광객들에게 '라인강 유람선'을 타기에 좋은 도시로 알려진 만하임 등의 관광지도 근처에 있으니 동선을 짤 때 고려해 보자.

루터 광장의 기념비는 그 기단까지 하면 꽤 규모가 크다. 루터 한 사람의 동상만 서 있는 것이 아니라, 꽤 여러 종교개혁자의 동상이 함께 모여 있다. (당연하게도) 가운데 우뚝 선 루터의 동상을 중심으로 여러 개혁자의 동상과 명패, 그리고 부조화가 있다. 종교개혁 당시 신교를 지지했던 도시와 주의 이름, 루터를 조력했던 영주와 동료들, 중요한 사건(전투/회의) 등을 오밀조밀하게 배치해 두었다. 특히 네 귀퉁이에 초기 종교개혁자 네 명의 동상이 배치되어 있는데, 영국의 성경 번역자 존 위클리프와 화형 당한 체코의 얀 후스, 그리고 사보나롤라, 피에르 발도가 그 인물들이다.

- 이 기념비에 표현된 모든 종교개혁자를 다 알 필요는 없겠지만, 앞의 글에서 소개했던 후스, 위클리프, 멜란히톤 같은 분들의 이름 정도는 확인하고, 구별해서 기념 사진도 찍어 보자.

루터 광장 (종교개혁 기념비)

재판받은 곳

루터가 재판받는 동안 지지자들이 기도했던 곳

종교개혁 과정을 기록하기 위해 후대 사람들이 만든 이 기념비는 그 자체로 훌륭한 교육 교재가 된다. 유럽이 무언가를 기념하는 방식은 참 교육적이다. 동상이든 상징물이든 그것 하나만 공부해도 전체를 어느 정도 꿸 수 있도록 해 준다. **연역과 귀납의 조화로움**이랄까. 그런 점에서 우리나라의 박물관, 기념관의 수준은 많이 아쉽다. 언젠가는 유럽에서 경험한 수준의 정보 체계를 갖춘 박물관이나 기념관이 한국에도 만들어지기를 꿈꾼다.

이어서 루터가 종교 재판을 받았던 자리로 이동하자. 가까운 곳에 있으니 걸어갈 수 있다. 앞 페이지 왼쪽 아래 제시한 지도를 참고하자. 각각의 장소는 천천히 걸어도 5분 정도면 이동할 수 있다.

루터는 비텐베르크에서 95개조 반박문을 발표하고, 그 후 어떻게 지냈을까? 루터는 놀고 있지 않았다. 95개조 반박문은 좀 더 정확히는 **'95줄로 요약한 논제'**라고 할 수 있는데, "지금부터 이 주제에 대해 토론해 보자!"라는 일종의 제안서와 같은 것이다. 그리고 나서 루터는 더욱 분명하게 교회 개혁과 관련된 글을 잇달아 발표한다. 그의 주장에 동조하고 그의 용기에 감동한 사람들이 루터의 편에 속속 서기 시작했다. 교황청은 결국 루터를 파문하고 루터의 책을 불태웠으며, 루터는 루터대로 교황의 파문 교서를 불태웠다.

이제 루터의 인생은 어떻게 될까? 그야말로 인생 꼬였다. 모두가 루터는 이제 죽은 목숨이라고 말했다. 그때 그 시절, 교황청과 직접 대립한 시골 교수가 어떻게 될 것인지는 예상되는 수순이었다. 결국 제국의 황제가 루터를 호출한다. 바로 이곳 보름스 의회로 말이다.

1521년 보름스 제국 의회

황제는 신변 안전을 보장하겠다고 약속했지만, 루터의 친구들은 다들 루터가 다시는 돌아올 수 없을 거라 예상했다. 그런데 또 다시 기적이 일어난다. 루터가 죽음의 공포를 무릅쓰고 보름스까지 가는 동안 수많은 지지자들이 그에게 격려를 보냈고, 도착지 보름스에는 2천 명이나 되는 환영 인파가 모여 있었다. 루터는 용기를 얻고 그 두려웠던 보름스 의회에서 자신의 주장을 끝내 지킬 수 있다.

"저는 성경에 굴복하며, 제 양심은 말씀 안에 사로잡혀 있으므로, 그 어떤 것도 철회할 수 없고 그러고 싶지도 않다. 양심에 반하는 행동은 안전하지도 건전하지도 않기 때문에, 저도 어쩔 수 없다. 제가 여기 서 있나이다. 하나님, 저를 도우소서. 아멘!" (루터의 최종 변론, 마지막 부분)

이 이야기는 워낙 유명해서 대부분 상식으로 알고 있을 것이니 여기서 자세히 적지는 않겠다.

종교개혁자 루터와 관련된 유적지 개발의 필요성이 대두되면서, 보름스는 루터 관광지로 유명한 도시가 됐다. 당시 보름스 의회가 열렸던 주교 법원과 궁전 건물은 17세기에 파괴되어 흔적도 없이 사라졌지만, 대신 그 자리에는 공원이 들어섰다. 공원 한 켠에 청동 조각상 하나가 있는 것을 어렵지 않게 찾아볼 수 있다. 루터가 회의장에서 고백했던 '내가 여기 섰나이다'라는 명언이 적혔다는 표지판이 바닥에 두드러지게 위치해 있었다. 안내 표지판에는 '여기 황제와 제국 앞에 서다' 정도로 해석될 문구가 적혀 있다. **제국의 황제 앞에서 자신의 소신을 끝까지 굽히지 않**

고 당당하게 밝혔던 루터의 흔적이다. (인터넷에서 최근에 찍힌 이곳 사진을 검색해 보니, 저 바닥에 루터의 신발을 청동으로 만들어서 설치해 둔 것이 보인다. 수백 년 된 유물처럼 생겼지만, 필자가 갔던 2017년 3월까지만 해도 없던 것이다. 보름스시의 관광지 정비 작업이, 귀엽다. ^^)

독일에서 루터의 종교개혁 유적지를 다니면서 느낀 점이 있다. 루터 관련 관광지들이 오랜 세월 개신교인들의 관심을 끌어서 그런지, 루터의 행적에 관한 '이야기'들이 '사실' 그 자체보다는 전설과도 같은 풍문처럼 전해지고 있다는 것이다. 루터가 보름스 의회에서 했다는 기도 역시 사실 여부는 밝혀지지 않았다. 그런 점을 감안해서 여유를 두고 답사에 임하는 것이 좋겠다. 우리가 관심을 두어야 할 것은 따로 있다.

2017년에 한국 교회는 종교개혁 500주년을 맞이해서 관련 행사를 하느라 아주 바빴다. 필자도 종교개혁사 책을 하나 쓴 죄(?)로 여기저기 강사로 불려 다니며 정신이 없었다. 1주일에 2~3번씩 전국을 다녔으니 오죽 바빴을까. 그런데 2018년이 되자, 그 난리 났던 분위기는 안개처럼 싹 사라져 버렸다. 필자도 깊은 허탈감 속에서 한참 괴로웠다. 그 수많은 행사로 한국 교회가 좀 나아졌을까? 하라는 종교개혁은 안 하고 종교개혁 기념 행사만 한 셈이다.

루터의 시절에는 어떠했을까? 95개조 반박문을 붙이고 2년 뒤에 루터는, 그리고 루터의 글을 읽었던 신자들은 무엇을 했을까? 루터는 부지런히 책을 썼고, 신자들은 부지런히 그 책을 읽고 주위에 전파했다. 거대한 제국과 황제와 귀족들과 로마 교황청이 떨었을 정도로 말이다. 지금 한국 교회는 종교개혁을 기념'했다고' 생각할 것이 아니다. 진정 개혁할 것이 무엇인지 겸허히 바라보고 실제로 하나씩 개혁하는 절차를 밟아야 할 때이다. 우리가 숨을 쉬고 살면서 시간이 지나면 저절로, 자동적으로 종교개혁의 후손이 되는 게 아니다. 우리가 해야 할 **우리 몫의 개혁**은 오롯이 우리 앞에 남아 있고, 그것은 – 다른 누가 아닌 – **바로 나 자신이 감당해야** 한다.

08

여덟 번째 도시 | **바르트부르크**

Wartburg

바르트부르크성,
루터를 완벽하게 보호하다!

루터는 이단자로 선언되었지만, 대중은 루터의 편이 되어 있었다. 그러나 위험은 여전했다. 아무리 루터가 인기를 끌었다고는 해도, 당시 교황청은 또 다른 수단이 충분했다. 암살자를 보내거나 거짓 선전으로 사람들을 선동해서 직접 손에 피를 묻히지 않고서도 루터의 신변에 얼마든지 위협을 가할 수 있었다. 이런 상황 속에서 루터는 그냥 무방비 상태로 이리저리 돌아다니고 있었으니, 정치적 계산이 빠른 누군가가 도와주지 않았으면 루터는 정말로 길에서 암살을 당해 죽었을지도 모른다. 다행히 학문과 예술을 사랑하고, 비텐베르크 대학을 설립하고, 종교개혁을 지지하던 작센 지방의 선제후 프리드리히(Friedrich Ⅲ, 1463-1525)가 발 빠르게 움직였다.

놀랍게도 그는 루터를 납치(?)한다. 교황청보다 선수를 쳐서 요원들을 보내어 아무도 찾지 못할 숲속으로 빼돌린다. 물론 루터와는 미리 이야기가 되었다고는 하지만, 어쨌든 극소수만 알도록 진행된 철저한 비밀 작전에 따라 그는 대적자들로부터 숨어 지낼 수 있었다. 루터는 안전한 바르트부르크성에서 연구와 저작 활동에 몰두한다. 특히 독일어 성경 번역 작업은 당시 그가 이루어 낸 대표적인 업적이다. 독일 백성들이 자국어로 성경을 읽을 수 있도록 한 것이다. 이후 수십 년의 독일 종교

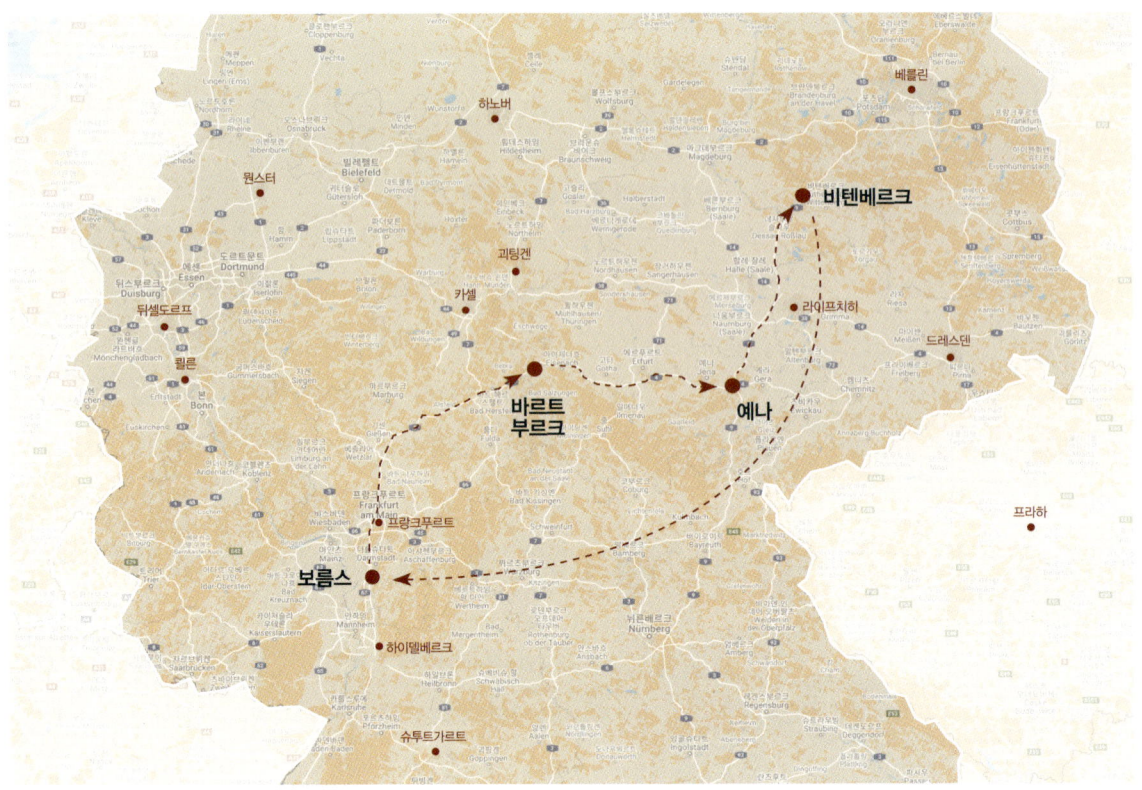

개혁은 바로 여기서 힘을 얻은 것이었다. 그렇다. 성경을 알게 하는 것이 핵심이다. **누구나 성경을 읽을 수 있게 하자는 것**. 그것을 도운 것이 종교개혁이다. 거기서부터 출발한 것이 종교개혁이다.

'바르트부르크'에 가기 위해서는 우선 '아이제나흐'라는 곳으로 가야 한다. 이곳은 음악가 바흐의 생가로 유명해서 종교개혁지 탐방 팀이 아니더라도 꽤 많은 한국 관광객이 들르는 곳이다. 그러나 종교개혁지 탐방에서는 과감히 생략하고 식사 정도만 하고 바로 바르트부르크성으로 가자.

바르트부르크성

루터의 전기를 읽으며 바르트부르크가 어떤 곳일까 상상했던 분들은 이곳을 향해 가는 길부터 설렐 것이다. 필자 역시 그러했다. 다만, 실제로 이곳에 와 보니, 루터가 '숨어' 지냈다기보다는 프리드리히의 무력 덕분에 '보호'받으며 지냈다고 보는 것이 좀 더 옳은 표현인 듯하다.

바르트부르크성은 사방이 탁 트인 언덕 꼭대기에 있다. **언덕 위에 지어진 요새 같은 성**. 마녀

● 바르트부르크성에 오르면 사방을 내려다볼 수 있다.

의 집처럼 깊은 숲속에 숨어 있는 것이 아니다. 오히려 사방팔방 그 지역에서 가장 눈에 '잘 띄는' 곳이다. 계단을 꽤 걸어 올라가면 점점 더 넓은 전망이 눈앞에 펼쳐진다. 나무에서 뿜어져 나오는 향이 가슴을 시원하게 해 준다. 바르트부르크성은 천연의 요새처럼 꼭대기에 우뚝 선 성채를 갖췄고 그 속에 마을들이 구비되어 있는 중간 규모의 성이다. 중세 영화의 전쟁 장면에서 한 번쯤 본 듯한 모습이다. 가파른 계단을 올라 성 입구에 도착하면, 다리처럼 내려오는 육중한 나무 문을 통과하지 않으면 들어갈 수 없도록 설계된 성문을 만난다. 이 성문만 닫아 버리면 곧장 낭떠러지. 루터가 보호받기에 최적의 장소라는 생각이 든다. 든든한 성문 구조를 보니, 혹시 누가 루터를 추적해 오더라도 '보안 검색'에 유리하며, 그 사이에 루터가 도망칠 시간쯤은 충분히 벌어 줄 수 있을 듯했다.

　루터가 이곳에서 돌아다니며 지냈을 거라고 상상하니 구석구석에 눈길을 주지 않을 수 없다. 그러나 본격적인 성 내부 구경은 정해진 시간에 맞춰 내부 안내자의 인솔을 따라다니는 자체 투어 프로그램을 따르게 되어 있다. 종교개혁사와 직접적인 관련이 없지만, 또 유료로 진행되지만, 아주 잘 구성된 프로그램이므로 웬만하면 참가하자. 특이하게도 안내자가 블루투스 스피커를 가지고 다니면서 한 팀씩 인솔한다. 스피커에서는 각국 언어로 녹음된 안내 음성이 각 방마다 나온다. 그래서 떠들거나 사진을 찍어서는 안 된다. 투어 팀이 어느 방에 들어가면 다음 방으로 먼저 나가지 못하도록 인솔자가 문을 잠그고, 다음 방으로 이동하면 다시 문을 잠가서 해당 해설이 끝나기 전까지는 다음 팀이 들어오지 못하도록 막는 방식으로, 철저하게 다른 그룹과 섞이는 것을 통제한다. 그만큼 자기들의 역사를 제대로 집중해서 알리려는 노력과 의지가 엿보인다. 교육 효과는 확실하다. 해설은 주로 바르트부르크성의 역사에 관한 것이었으며, 12세기 이 성의 주인이었던 왕과 여왕에 대한 스토리텔링으로 구성된다.

　성의 역사에 관한 가이드가 끝나자, 우리는 왕족들이 머무는 공간 밖으로 빠져나와 성 입구 쪽에 위치한 조금 더 허름한 건물로 이동했다. 루터가 머물던 곳이었다고 한다. 루터는 바르트부르

● 루터의 집필실. 이곳에서 성경을 번역했다고 한다.

크성에 1년쯤 머물며 신약 성경을 독일어로 번역했다. 루터가 머물면서 성경을 번역했다는 바로 그 방도 들어가 볼 수 있다. 그 방은 생각보다 작고 소박하다. 루터는 이곳에 머물면서 얼마나 깊은 고뇌에 빠졌을까. 이 방에서 잠시 루터에게 감정 이입을 해 보자.

    이렇게 시작된 종교개혁의 흐름은 전 유럽을 휩쓴다. 루터는 새로운 성가집과 교리문답서, 독일어 성경 등을 출간하고 다양한 개혁자들과 협력하는 등 초기 종교개혁의 선봉장으로서 25년간 더 활약한 뒤 세상을 떠난다. 오직 하나님 안에 있는 것이 가장 안전함을 분명히 알고 주어진 삶을 충실히 살다 갔던 루터의 흔적을 추적하다 보면 저절로 그 찬송 가사를 떠올리게 된다. "내 주는 강한 성이요 방패와 병기 되시니 환난에서 우리를 구하여 내시리로다…." 루터를 보호한 것은 바르트부르크성만은 아니었던 것이다.

스페셜 탐방 예나 방문

루터, '예나(Jena)'의 흑곰 여인숙에 출몰하다

종교개혁지 탐방 동선상, 보름스를 보고 바르트부르크를 보고 비텐베르트 쪽으로 가게 된다면 중간에 들를 만한 곳이 있다. 동선에 꼭 맞는 도시가 에르푸르트이다. 이 도시는 우리 종교개혁지 탐방 시리즈에 포함되는 곳은 아니지만, 기왕 지나가는 동선에 있고, 도시 주변에 루터와 관련해서 들러 볼 곳이 두어 군데 있으니, 가볍게 짚고만 가자.

'**에르푸르트**'는 루터의 어린 시절을 집중적으로 살펴볼 수 있는 도시다. 도보로 아우구스티누스 수도원과 수도원 내의 교회를 돌아보자. 루터가 수도사가 되겠다고 결심하고 들어

갔던 수도원은 생각보다 작았고 내부에는 들어갈 수 없었지만, 저 건물 어디엔가 루터가 생활했던 방이 있었을 것이다. 수도원 내 교회는 수도사로서 루터가 예배 드렸던 곳. 돔 광장에서 멀찍이 떨어진 에르푸르트 대성당을 보았다. 루터가 사제 서품을 받았던 곳이라고 하는데 규모가 굉장하다. 다만, 전체적인 종교개혁지 탐방에서 중요도는 낮으니 여기서 시간을 오래 쓰지는 말자. (숙소 정도로 이용하고, 체크인 전후 자투리 시간을 이용해서 돌아다니는 정도면 충분하겠다.)

교통이 자유로운 편이라면 **'슈토테른하임'**이란 곳에 가 보자. 허허벌판이라 이곳에 대중교통으로 가기는 어렵다. 이곳은 벌판 한 가운데 교차로가 있고, 그 근처에 안내 표지판과 루터의 돌이라 불리는 돌기둥만 덩그러니 하나 서 있는 애매한 곳이다. 이곳에서 루터는 눈 앞에 벼락이 떨어지는 것을 보고 무서워서 다급하게 성 안나에게 도와 달라고 기도하며 '수도사가 되겠다'는 서원을 했다는데, 워낙 유명한 이야기라서 이렇게 기념 공원까지 만든 것이다. 하지만 이와 관련해서 너무 여러 '설'이 있어서 어떤 게 정확한지는 모른다. 사실, 확인할 길도 없다.

0. 루터가 벼락을 맞고도 구사일생으로 살았다.
1. 루터가 벼락을 맞을 뻔했다.
    1-1. 루터가 걷던 길 바로 앞에 벼락이 떨어졌다.
    1-2. 루터 바로 앞의 나무가 벼락을 맞았다.
2. 루터와 함께 걷던 친구가 벼락을 맞았다.
    2-1. 벼락을 맞아서 그 친구가 죽었다.
    2-2. 친구가 벼락을 맞아 죽을 뻔했다.
3. 수도사가 되는 것을 아버지가 반대하자 루터가 핑계 삼아 벼락 사건을 이야기한 것이다.
    3-1. 루터가 지어낸 이야기다.
    3-2. 폭풍우 속에서 두려움에 떨었던 실제 사건을 과장한 것이다.
4. 폭풍우 속에서 루터는 평소 지병이었던 간질이 발작하여 죽음의 공포를 느꼈다.
5. 이 모든 것은 후대의 호사가들이 지어낸 이야기다.
6. 슈토테른하임의 진실성?
    6-1. 실제로 벼락이 떨어졌던 장소이다.
    6-2. 대충 그 근처 들판에 돌 하나 세워 놓고 관광 상품화한 것이다.

진실은 저 너머에~

좌우지간, 이 허허벌판까지 누군가는 찾아와서 돌기둥에 페인트로 적힌 '도와줘요, 성 안나! 내가 수도사가 될게요!'라는 문구를 보고 감동받고 기념 사진을 찍는다. 언제나 극적인 스토리는 많은 사람의 관심을 끄는 법. 하지만 우리에게 그닥 중요한 일은 이게 아니다. 오히려 조금 떨어진 곳에 답사 팀이 가 볼 만한 곳이 따로 있다.

예나의 흑곰 여인숙

독일에는 **예나**(jena)라는 도시가 있다. 에르푸르트까지 왔다면 일부러라도 잠시 가볼 만한 곳이다. 종교개혁지 답사 코스의 중간에 위치한 이 작은 도시는 '루터'와 관련이 있다. 루터가 황제와 가톨릭으로부터 신변을 보호하기 위해 신원을 감추고 바르트부르크성에 숨어 지내던 시절, 그때 루터는 우리가 상상하듯 성 안에만 콕 박혀 지냈던 것은 아니었다. 융커라는 이름의 기사로 신분을 위장하고 밖으로 다니기도 했다. 그는 수염을 기르고 마을에 내려와서 사람들이 자신을 어떻게 생각하는지 궁금해서 넌지시 물어보기도 했다고 한다. 심지어 (등잔 밑이 어둡다고) 비텐베르크까지 다녀오기도 했다.

그렇게 오가는 길이 안전할 수는 없었다. 루터는 **신뢰할 만한 숙소**(아지트)가 필요했고, 그래서 그가 단골로 들러서 밥도 먹고 잠도 자고 했던 곳이 바로 예나에 있는 **'흑곰' 여인숙**이었다!

예나 시내 중심부에 있던 흑곰 여인숙. 지금은 그 자리에 호텔이 있다. 호텔 측도 그런 사연을 잘 알기에 호텔 로비에 대형 그림을 설치했는데, 그 그림에는 수염을 기르고 변장한 루터가 사람들과 이야기 나누는 모습이 묘사되어 있다. 그리고 1층 로비 바로 옆 방을 루터를

기념하여 비워 두고 있다. 이 방에 걸려 있는 액자들은 루터가 바르트부르크에서 신원을 감추고 생활하던 시절의 에피소드들을 묘사하고 있다.

흑곰 여인숙에 얽힌 재미나는 이야기도 있다. 비텐베르크에 루터가 뜬다는 소문을 듣고 그곳으로 가다가 우연찮게 예나에서 머무르게 되었던 어느 교수와 제자가, 마침 거기 머물던 변장한 루터를 만났으나 '못 알아본' 사건이다. 루터는 그들에게 신원을 감춘 채 이것저것 물어보다가, 짓궂게도 "루터에 대해 들어봤냐"며 은근히 떠 봤던 것이다. 바르트부르크에 숨어 지내면서 자신이 세상에 얼마나 엄청난 일을 했는지 자못 궁금하기도 했을 것이고, 이제 곧 비텐베르크에 가야 할 텐데, 청중이 얼마나 호의적인지도 알아보고 싶었을 것이다. 교수와 학생이 입에 침이 마르게 루터라는 인물을 칭찬했음은 물론이다. 아마 그날 밤 루터는 흐뭇한 미소를 지으며 꿀잠을 청했을 것이다.

● 호텔 로비에 걸려 있는 그림. 루터가 변장을 하고 평범한 숙박객처럼 손님들과 대화하던 상황을 묘사했다.

● 루터 방문을 기념하는 방

● 방 안에는 루터의 초상화가 걸려있다.

● 흑곰 여인숙의 상징, 흑곰!

　　이 호텔은 홈페이지를 통해 자신들의 '오랜 역사'를 홍보하고 있다. 필자가 '흑곰북스'라는 묘한(?) 이름의 출판사를 처음 설립했을 때, 많은 분들이 그 정체와 유래를 궁금해하셨다. 이는 책날개에 적어 둔 것처럼 칼뱅의《기독교 강요》초판을 찍어 냈던 인쇄소 간판(흑곰 문양)에서 착안한 것이었다. 그러나 몇몇 분들은 예나의 흑곰 여인숙을 떠올렸다며 알려 오셨다. 세상에는 이런 깨알 같은 정보에 관심을 갖는 사람들이 꼭 있다! ^^

· · ·

　　루터에 대해서는 이 정도로 하자. 이제 우리의 시선은 같은 독일 지역인 '하이델베르크'로 향한다. 이곳에서는 또 무엇을 보고 생각해야 할까. 그 존재만으로도 힐링이 되는 **아름다운 도성, 하이델베르크**로 가 보자.

● 루터와 관련된 역사에 자부심마저 느껴지는 호텔 인테리어의 이모저모. 건물 외벽에도 루터가 방문했던 연도를 표시한 동판을 걸어 두었다.

09

아홉 번째 도시 | **하이델베르크**

Heidel berg

하이델베르크성,
교리문답을 잉태하다!

종교개혁 당시 하이델베르크는 같은 독일에 있는 개신교 도시였지만 이곳에서의 종교개혁은 루터의 종교개혁과는 살짝 결이 달랐다. 시대적으로도 한 세대 뒤에 해당한다. 하지만 종교개혁지 탐방에서는 비슷한 동선상에 있기 때문에 한 번 움직일 때 같이 간다.

본격적인 이야기를 하기 전에 여기서 잠깐 '다른 그림 찾기'를 해 보자. 사진 좌측은 2003년에 찍은 것이고 우측은 2017년에 찍은 것이다. 최대한 비슷한 각도로 찍으려 했지만 카메라의 화각이 달라서 차이가 난다. 그러나 15년의 세월이 무색하도록, 달라진 것이 거의 없는 유럽의 도시들…. 부럽기도 하고, 참 여러 생각이 든다. 여러분도 다른 그림 찾기를 해 보시기 바란다. ^^

루터파와 개혁파

이 도시는 같은 종교개혁이긴 하지만, 루터파가 아닌, '개혁파'의 도시라 할 수 있다. 이 부분은 잠깐 상식으로 짚고 넘어가자.

독일의 하이델베르크는 대학으로 유명하다. 아주 오래전부터 이곳은 대학 도시였다. 그만큼 이 도시는 학문의 중심지였다. 당연하게도, 당시 새롭고 진보적인 사상이었던 '종교개혁'의 논의는 주로 이런 학문의 도시에서 활발하게 일어났다. 즉 **하이델베르크는 자유로운 학문의 장**이었다는 것인데, 이 말은 바꿔 생각하면 **다양한 의견이 뒤섞여 혼란스러웠다**는 말도 된다. 같은 종교개혁의 흐름 안에서 루터파, 칼뱅파, 츠빙글리파 등 다양한 입장을 가진 사람들이 모여 있었다. 그러다 보니 무엇이 옳고 그른지에 대해 토론이 활발했다. 어떤 때는 토론이 격해져서 싸움으로 번지기도 했다.

그래도 주거니 받거니 토론이 이루어질 때는 그나마 다행이었다. 문제는 힘의 균형이 무너지면서 발생한다. 1555년 '아우크스부르크 화의'라는 종교 회의의 결과로 로마 가톨릭과 루터파 신교가 정식 종교로 인정되었지만, 칼뱅파 등 좀 더 엄밀한 종교개혁을 추구했던 개혁파는 공식적으로 인정받지 못했다. 이제 같은 개신교 지역에도 긴장감이 돌기 시작했다.

이런 문제 앞에서, 팔츠 지역을 다스리던 **프리드리히 3세**는 신학적 입장을 정리해 줄 필요를 느끼게 된다. 그는 독일 서남부 팔츠 지방의 선제후였는데, 적어도 그가 다스리는 지역 내의 교회가 신학적으로 통합되기를 바랐다. 통치자로서 종교적 논쟁이 사회 갈등으로 번질 것을 우려하기도 했겠지만, 무엇보다도 그는 그 자신부터가 올바른 신앙에 대한 관심이 많았다. 루터의 책을 읽으며 개신교도가 되었고, 거기서 멈추지 않고 칼뱅이나 츠빙글리의 책을 더 구해 읽으면서 균형을 잡으려 했던 귀한 인물이다. 그는 드디어 수소문 끝에 유능한 학자들을 하이델베르크로 불러 모은다.

※ 중세 독일에서 '누가 황제가 될 것이냐'의 문제를 지방 영주들이 모여서 '선거'로 해결하는 제도가 생겼는데, 그렇다고 누구나 선거를 할 수 있는 것은 아니었고 황제를 선출할 수 있는 권한을 가진 영주들이 따로 있었다. 그들을 가리켜 선거를 할 수 있는 제후라고 해서 '선제후(選諸侯)'라고 부른다.

하이델베르크 요리문답(1563)

프리드리히 3세의 후원으로 드디어 훌륭한 학자들이 하이델베르크에 도착한다. 우르시누스와 올레비아누스라는 젊은 학자들이 대표적이다. 이들은 팔츠 지방에서 사용할 교회법과 초신자 및 청소년에게 교리를 가르칠 '교리문답서' 작성에 곧바로 착수한다. 특히 우르시누스는 이미 몇 년 전부터 자신만의 교리문답을 두 개나 만든 경험이 있는 이 분야 전문가였다. 그렇게 전문가의 참여로 만들어진 '하이델베르크 요리문답'은 곧바로 인정되어 프리드리히 3세의 영향권에 속한 모든 학교와 교회에서 청소년들의 의무 교육 교재로 사용되었으며, 주일 오후 장년에게도 설교되었다. 게다가 이 탁월한 교리문답  은 팔츠 지방에만 국한해서 사용된 것이 아니다. 좋은 물건을 알아보는 눈이 있는 법. 출판 즉시 유럽의 여러 나라로 급속히 확산되어, 유럽 전역에서 역사상 가장 대중적으로 보급된 교리문답의 '전설'이 된다. 이 교리문답은 시대를 관통하는 매력이 있기 때문에 오늘날 우리들도 배우는 것이 좋은데, 필자는 교리 학습서 중에서 《**특강 하이델베르크 요리문답**》(흑곰북스)을 추천한다. 읽기도 쉽고, 무엇보다도 하이델베르크 요리문답의 전체 흐름과 역사적 배경을 파악하기 좋게 구성되어 있다.

하이델베르크성

성채에 올라 네카강을 중심으로 길게 뻗은 마을들을 바라보자. 필자는 하이델베르크에 15년 간격으로 두 번 가 봤는데, 크게 달라진 것이 없어서 놀랐다. 다만 전에는 시내에서 하이델베르크성까지 계단을 걸어서 올라갔는데, 최근에 갔을 때는 성 입구 바로 앞에 버스 주차장이 있어서 거기서 하차했다. 편리해진 것은 좋은데 한 걸음씩 계단을 오르던 그 운치를 잃은 듯해서 조금 아쉽다.

● 성벽을 따라 오르면서 내려다보이는 풍경

가이드의 설명도 15년 전과 거의 비슷했다. 아무리 그래도 종교개혁 유적지 답사를 주제로 만든 패키지 여행인데, 이 도시와 성이 종교개혁과 어떤 연관성이 있는지를 설명하면서 하이델베르크 요리문답 이야기가 빠지면 되나. 현지 가이드들이 이 부분을 조금이라도 공부해서 여행자들에게 알려 주면 얼마나 좋을까. 아쉬움이 들었다. (종교개혁에 초점을 맞춘 유적지 답사 코스 개발의 필요성을 절실히 느낀, 또 한 번의 순간이었다. ^^)

● 거대한 맥주 저장고

이곳에는 대부분의 관광객이 꼭 들러 보는 장소가 있다. 맥주 저장고이다. 당시엔 석회질 함량이 높은 물 때문에 맥주를 즐겨 마셨다고 한다. 하이델베르크성에는 집채만 한 초대형 맥주통이 있다. 그래서 이 맥주통을 한 바퀴 돌고 통 위로도 계단을 따라 오르락내리락해 보는 관광 코스가 마련되어 있다. 실제로 보면 대단하긴 하다.

그런데 종교개혁지 탐방 팀이 볼 곳은 오히려 그 저장고로 들어가는 입구에 있다. 저장고 입구에서 오른쪽을 보면 성 내부 벽면에 부착된 왕들의 조각상이 있다. 맥주통보다는 그곳에 관심을 가져 보자. 눈을 크게 뜨고 조각상 근처 이름을 스캔하면, 프리드리히 3세와 그의 아들 요한 카지미어 등 종교개혁 당시 중요한 인물의 조각상이 눈에 걸려들 것이다. 16세기 중반, 이 도시는 로마 가톨릭의 권세에서 벗어나서 종교개혁을 추진할 수 있었다. 당시 종교개혁에서는 루터의 신학이 대세였으나, 마침 스위스 제네바에서 활동하던 칼뱅의 신학이 새롭게 떠오르고 있었다. 이 두 그룹 중 급진적인 부류들의 충돌로 하이델베르크는 적지 않은 내부 분열을 겪기도 했다.

당시는 군주의 신앙 색채에 따라 거주민들의 신앙과 삶이 영향을 받았고 때로는 목숨까지도 위협받곤 하던 시절이었다. 하지만 좋은 군주가 다스리던 시절에는 신교도 사이에서 신사적이면서도 치열한 신학 논쟁이 이루어질 수 있었다. 하이델베르크가 겪은 역사적 시련 덕분에 오늘날의 우리는 좀 더 정밀하고 발전된, 안전한 신앙을 소유할 수 있게 되었다.

● 전쟁의 화마 속에 벽면만 남은 하이델베르크성. 시력이 좋은 사람이라면 벽면에 세워진 조각상 중에 종교개혁에 헌신했던 인물들을 발견할 수 있을 것이다.

● 프리드리히 3세의 셋째 아들, 요한 카지미어. 프리드리히 3세가 사망한 이후, 그가 시도했던 칼뱅주의적 개혁 작업들이 허물어지고 올레비아누스와 우르시누스도 타 지역으로 쫓겨나고 말았다. 카지미어는 파면된 우르시누스를 초청하여 그가 다스리던 노이슈타트 지역에서 활동할 수 있도록 배려했다.

● 팔츠의 선제후 프리드리히 3세(1515–1576). 독일 지역 종교개혁에 중요한 인물로서, 올레비아누스와 우르시누스를 통해 하이델베르크 요리문답을 탄생시킨 지도자이다. 로마 가톨릭의 위협으로부터 망명 온 신교도들도 적극적으로 보호해 주었다.

성령 교회당

하이델베르크성에서 하루 종일 시간을 가져도 좋겠지만, 또 가 봐야 할 곳이 있다. 서둘러 성을 빠져나와, 도시 중심 광장에 있는 '성령 교회당'으로 내려가자. 유럽 사람들은 퇴근 시간이 빠르니, 잘못하면 문을 닫아서 내부를 볼 수 없을지 모른다.

이곳은 그야말로 하이델베르크 종교개혁의 심장부라 할 수 있다. 내부의 단순하고 정갈한 장식은 '개혁된 교회당'의 전형을 보여 준다. 현재 남아 있는 장식물들은 죄다 근현대 이후의 것이다. 사실, 내부에 종교개혁 당시의 흔적이 남아 있을 수가 없다. 그 이유는 '끔찍한 사건' 때문이다. 로마 가톨릭의 프랑스군이 하이델베르크를 점령했을 때, 개신교 신자들을 교회당에 가둬 놓고 불을 지른 사건이 바로 그것이다. 그래서 아쉽게도 종교개혁의 흔적을 느낄 만한 유물이 이 교회당 안에는 남아 있지 않다.

그러나 꼭 눈에 보이는 유물이 있어야 되는 것은 아니다. 우리에게는 하이델베르크 요리문답이라는 유산이 남아 있다. 그리고 하이델베르크의 종교개혁에 관해 더 알고 싶으면《하이델베르크에 온 세 사람과 귀도 드 브레》(성약)라는 책을 보면 된다. 소설 형식으로 되어 있어서 아주 쉽게 읽을 수 있다. 이 책의 제목에 나오는 '세 사람'이 바로 팔츠 선제후 프리드리히 3세, 하이델베르크 요리문답을 주도적으로 작성했던 우르시누스, 그리고 성령 교회에서 목회했던 올레비아누스이다.

● 성령 교회 건물 주변에 기념품을 판매하는 마켓이 형성되어 있다.

마지막으로 한 장의 사진을 더 보자.

성령 교회당 맞은편에 있는 화려한 르네상스 양식의 건물이 예전에도 눈에 띄어 사진에 담았었는데, 이번에 보니 1층에 레스토랑이 들어섰다. 전에는 보이지 않던 안내판이 보여서 살펴보니, 1572년에 프랑스의 위그노(프랑스 지역의 신교도를 지칭하는 말)가 세운 건물이라고 적혀 있다. 1572년이면 성 바르톨로메오 축일의 대학살극 (앙리 4세의 결혼식 당일, 축하객으로 모여든 신교도들을 로마 가톨릭 세력이 학살했던 날)이 벌어진 바로 그해 아닌가. 건물 꼭대기에 새겨진 '하나님께 영광을'이란 문구를 보니 마음이 뭉클하고 애잔하다. 한편으로는 우리가 종교개혁지 탐방을 한다고 다니는 것으로 과연 얼마나 그 시절을 이해하고, 과연 얼마나 종교개혁자들의 그 마음을 짐작할 수 있을까 하는 생각이 들었다.

그래도… 우리는 지금이라도 부지런히 다녀 봐야 한다. 조금이라도 더 알려고, 조금이라도 더 느끼려고 다가가는 발걸음이 지금 우리가 할 수 있는 최선인 셈이다.

10

열 번째 도시 | **파리**

종교개혁자들의 바벨론

우리의 탐방은 드디어 모듈 3번에 접어들었다. 종교개혁지 탐방의 핵심(core) 지역이다. 이 지역들은 비교적 가까이 몰려 있으며, 관광 산업이 발달해서 여행하기도 좋고, 풍광이 아름답고, 선진국이라서 이래저래 배울 점도 많다. 짧은 기간에 종교개혁지 탐방을 하실 분에게는 가장 우선적으로 추천하는 지역이다. 특별히 한국 교회에 강한 영향을 끼친 종교개혁자 장 칼뱅과 그 제자들과 영적 후손들이 활발히 활동했던 도시들. 그래서 우리는 여기서 무려 여덟 지역을 방문한다.

파리. 이 도시의 느낌을 한 문장으로 말하라면 '로마를 뻥튀기해 놓은 듯한 거대 도시'라고 하겠다. 시내 건물들의 양식이 로마처럼 오래된 느낌이면서도 큼직큼직하다. 하긴, 천 년 하고도 오백 년의 세월이 더 흐른 뒤에 지어진 도시이니. 지금 파리의 모습은 19세기 나폴레옹 3세가 집권한 제2 제정 시대에 완성된 것이다. 도로는 재정비해서 넓고 곧게 뻗어 있고, 건물들은 규격화되었다.

이제 이 거대하고 화려한 도시에서 무엇을 찾아다니면 좋을까. 파리에서는 먼저 무엇을 보면 좋을지를 소개하고, 다음으로는 파리 시내 당일치기 추천 코스를 지도와 함께 제시하려 한다.

● 도도히 흐르는 센강과 강 중심에 위치한 시테섬을 중심으로 파리는 발전해 왔다. 위 그림에 나타난 둥그런 구시가지의 기본 형태는 지금까지도 대부분 남아 있다. 역사가 오래된 골목길을 일부러 찾아서 걸어 보는 것도 좋은 답사가 될 것이다.

소르본 대학가 이야기

유럽 대륙의 중심지 파리에도 종교개혁의 바람은 당연히 불어왔다. 하이델베르크 편에서 설명했던 것처럼, 파리의 종교개혁도 대학가에서부터 움텄다. 그래서 종교개혁지 탐방 팀은 파리의 소르본 대학가를 한 번쯤 거닐어 볼 필요가 있다.

유럽의 오래된 대학들은 우리나라처럼 담장으로 둘러친 캠퍼스에 건물이 모여 있는 스타일이 아니다. 단과별로 크고 작은 건물들이 시내 곳곳에 흩어져 있다. 처음엔 건물 한두 채만 사용했겠지만, 사람도 늘고 학과도 늘면서 주변 건물로 조금씩 확장되었던 것이다. 그러니까 중세 때부터 이어져 온 역사가 대학 건물과 캠퍼스는 물론, 도시의 형태에도 영향을 끼친다. 물론 애초에 대도시가 아닌 시골에 설립되었던 대학은 저렴한 땅값 덕분에 잔디가 깔린 넓은 캠퍼스나 정원을 갖추고 시작한 경우도 있다.

소르본 대학은 파리는 물론 유럽 전체에서도 오래된 대학 중 하나이다. 그러나 현재 파리를 방문해서 만날 수 있는 소르본 대학에서는 중세 대학의 느낌은 거의 다 사라졌다고 봐야겠다. 시민혁명을 거친 프랑스는 나폴레옹 때 대학들의 격차를 모두 없애 버렸다고 한다. 즉, 서울대·연고대 등의 대학 서열을 없앴단 소리인데, 어떻게 이런 일이 가능했을까? 방법은 간단했다. 학교 이름을 지우고, 대신에 파리 제1 대학, 제2 대학 이런 식으로 숫자만 붙였다고 한다. 듣고 보니 나름 괜찮은 생각이다. 지구촌 시대에 전 세계와 경쟁하는 마당에 학교 간 경쟁이 무슨 의미가 있는가. 세계를 상대로 움직이는 실력을 갖춰야 남을 돕거나 협력하여 이끄는 일도 제대로 할 수 있을 테니 말이다. 다만, 우리와 같은 답사객들에게는 다소 기운 빠지는 일이 아닐 수 없다. 건물마다 별 특색이 없으니 말이다.

그래도 소르본이라는 현판이 아직 남아 있는 건물이 있다. 대학 건물마다 원래 이름처럼 보이는 라틴어 글자들이 새겨져 있었다. 중세 때 소르본 대학 지구에 사는 사람들을 '라틴어 쓰는 사람들'이라 불렀다고 한다. 그래서 지금도 이 지역은 카르티에 라탱(*Quartier Latin*: 라틴어 지구)으로 불린다.

● 미색의 거대한 석조 건물들이 들어선 소르본 대학 거리

앙리 4세 이야기

이처럼 파리의 대학가를 중심으로 종교개혁의 불길이 타올랐다. 그런데 문제가 있었다. 파리는 하이델베르크와 달랐다. 하이델베르크는 종교개혁에 우호적인 인물이 다스리던 도시였다면, 프랑스는 절대 왕정을 추구하던 대표적인 국가였다. 당연히 왕권과 기존 질서에 위협이 된다고 보였던 종교개혁을 달가워하지 않았다. 그래서 프랑스에서 종교개혁자들은 가장 극심한 탄압을 당했다. 국가 차원에서 이루어지는 체계적이고 위력적인 탄압을 견뎌야만 했던 프랑스의 신교도들을 '위그노'라고 부른다. 그래서 우리는 파리에서 위그노들의 흔적을 찾아다닐 필요가 있다.

물론 모든 지배자가 폭압적인 것은 아니었다. 앙리 4세와 같은 인물은 결이 달랐다. 그는 나바르 왕국의 왕자였다. 나바르 왕국은 신교도를 받아들이고 그들의 피난처가 되어 준 프랑스 곁의 작은 국가였다. 그는 종교개혁자들을 철저히 짓밟았던 카트린 드 메디시스의 딸 마르그리트와 정략결혼을 하게 되었는데, 문제는 그 결혼식 날이 끔찍한 역사의 현장이 되고 만 것이었다. **성 바르톨로메오 학살 사건**. 카트린 드 메디시스는 당시 신구교의 갈등을 일거에 해결할 '상상 가능한 최악의 방식'으로, 결혼식에 참석한 위그노 하객 및 파리의 위그노들을 모두 살육하라는 명령을 내린다. 앙리 4세는 그런 격정의 소용돌이 속에서 삼엄한 왕실의 권력 앞에 무릎을 꿇고 구교도가 되겠다는 서약을 한다.

● 파리에서 가장 유명한 다리, 퐁뇌프. 프랑스인들이 가장 사랑하는 왕, 앙리4세의 기마상이 서 있다.

여기까지만 보면 앙리 4세는 목숨을 건지려고 신념을 버린 비굴한 사람이다. 그런데 역사의 흐름은 참으로 오묘하다. 카트린 드 메디시스의 아들들은 후사가 없거나 빨리 죽어서, 결국 앙리 4세가 왕위를 물려받는다. 앙리 4세는 낭트 칙령을 공포하고서, 신구교 간에 종교의 자유를 선언한다. 정확히는, 국교는 여전히 구교였지만 신교도가 안전하게 거주할 수 있는 지역들을 최대한 할당하여 보호해 주었던 것이다. 대표적인 도시가 나중에 가 볼 '라로셸(La Rochelle)'이다. 이제 프랑스는 지긋지긋한 종교 전쟁을 잠깐 멈추고 평화를 맞이한다. 앙리 4세는 소탈한 매력을 뽐내며 실리적인 개혁 정책을 펼쳐 갔다.

하지만 해피 엔딩은 없었다. 극단적인 구교 세력들은 앙리 4세를 눈엣가시처럼 여겨서 늘 그를 제거하고자 했고, 그는 무려 17차례의 암살 시도를 겪어야 했다. 그러던 어느 날, 파리 시내의 한 골목에서 첩보 작전 같은 활극이 벌어지고 앙리 4세는 결국 암살당하고 만다. 평소 왕의 마차가 지나가던 길목을 마차 사고로 위장해서 막아 놓고, 다른 좁은 골목으로 우회하는 사이에 암살범이 뛰어든 것이다.

그 골목이 어디일까. 종교개혁지 탐방 팀은 파리에 왔으면 적어도 **앙리 4세 암살 사건의 현장** 정도는 찾아가 보는 것이 좋겠다. 지금 앙리 4세가 암살된 현장은 관광객이 무심히 지나치는 카페 골목이다. 사람들은 이곳에서 즐겁게 시간을 보낸다. 하지만 우리가 내용을 알고 나서 그 자리에 간다면, 16세기 역사의 현장에 발을 딛고 서 있다는 사실만으로도 마음이 숙연해질 것이다.

- 비극적인 역사적 현장이었음을 알려 주는 바닥돌(기념석). 세심하게 살펴보지 않으면 자칫 못 보고 지나칠 수 있다. 앙리 4세 암살 사건이 종교개혁과 관련이 있다는 것을 아는 사람이 얼마나 될까? 종교개혁은 유럽인들에게 거의 잊혀진 역사일 테니 말이다.

- 근처 기둥에도 기념비가 있었다. 크기가 작아서 얼른 발견하기 어려운데 눈 좋은 아내가 찾아 줬다.

● 바로 근처에는 이노성 분수(Fontaine des Innocents)가 있다. 이곳도 위그노 학살과 관련해서 유서 깊은 곳이다.

    프랑스를 여행하다 보면 앙리 4세의 흔적이 여기저기 많다. 루브르 박물관에도 그에 대한 기념물이 있고, 퐁뇌프에도 그의 기마상이 있다. **이곳 사람들이 그를 무척 사랑한다는 것**을 느낄 수 있다. 종교적 정체성을 떠나서, **그가 백성들을 사랑했고, 백성이 잘 살도록 노력했던 왕이었다고 믿기 때문일 것**이다. 그가 낭트 칙령을 통해 원했던 것은 무엇일까. 직접적으로는 신교도를 보호하고자 했던 것이지만, 동시에 구교도 국민들 역시 이웃 사랑의 대상으로 잘 섬기려 했던 것이 아닐까.

    역사에 가정이란 없지만, 앙리 4세가 좀 더 오래 살았다면 위그노들의 삶은 어떻게 달라졌을까. 프랑스의 정신은 또 어떻게 달라졌을까. 앙리 4세의 자리에 내가 있었다면 나는 어떤 선택과 결정을 했을까. 신교 신앙을 버린 듯 보였던 그의 선택을 쉽게 비판할 수도 있을 것이다. 하지만 역사를 보면 볼수록, 점차 세상과 인간은 그렇게 쉽게 편 가르고 구분할 수 없다는 걸 깨닫는다.

시테섬의 노트르담 사원, 그리고 안타까운 화재…

　이제 우리는 파리 종교개혁지 답사의 꽃이라 할 수 있는 '노트르담 사원'을 보러 간다. 파리 시내 중심부 센강 한가운데에는 유명한 시테섬이 있다. 그 섬 동편에는 시테섬보다 더 유명한 노트르담 사원이 있다. 사실 이곳도 종교개혁이 직접적으로 일어난 사적지는 아닌데, 종교개혁이 왜 일어났는지를 적나라하게 볼 수 있는 장소이기 때문에 찾아가는 것이다. 노트르담 사원은 파리 관광지의 핵심부이기도 하므로, 어쨌거나 들러 봐야 하는 곳이다.

　그런데 2019년 4월 16일 아침, 충격적인 소식이 들렸다. 파리 노트르담 사원에 화재가 발생해서 많은 부분이 전소되고 첨탑까지도 붕괴되었다는 뉴스였다. 참담했다. 복원을 한다 하더라도, 수백 년의 역사가 켜켜이 쌓인 그 문화재의 느낌까지는 되살릴 수 없을 것이다. 종교개혁지 탐방 시리즈에서 노트르담 사원을 소개하지 않을 수는 없지만, 향후 몇 년간 정상적인 내부 관람은 불가능할 것이 분명하다. 가능한 속히, 그리고 최선을 다하여 복원되기를 바랄 뿐이다.

노트르담(Notre Dame)은 '우리의 성모 마리아'라는 뜻으로, 고유 명사가 아니라 이곳저곳에서 다 사용하는 명칭이다. 그래서 다른 지역과 구분하기 위해 '노트르담 드 파리(Notre Dame de Paris: 파리의 노트르담 사원)'라고 부른다. 시민 혁명 때 분노한 시민들이 건물 상당 부분을 파괴해 버렸지만, 빅토르 위고의 소설 '노트르담의 곱추'가 유명해지면서 예전처럼 다시 복원했다고 한다. 우리나라도 한양 옛터를 복원하기 위해서는 누군가가 좀 더 그럴싸한 소설을 써서 히트를 쳐야 하지 않을까 싶다.

웅장한 스케일의 노트르담 사원 외양을 바라보며 센강 주변을 잠깐 거닐어 보자. 힘을 분산해 주는 지지대이자 빗물을 흘려 보내는 설치물이 악마와 괴물 형상으로 만든 '가고일(gargoyle)'과 함께 절묘하게 어우러진다. 가고일을 가까이서 직접 보면 참으로 기괴하다. 구름이 뒤덮어 해를 가리면 유럽의 석조 건물들은 금세 음침한 기운을 뿜어 낸다. 중세 시대, 무지한 신자들은 이 형상을 보며 잔뜩 움츠러들었다가, 건물 안으로 들어서는 순간 안전지대에 발을 디딘 안도감을 가졌을 것이다. 가고일을 바라보며 **'성속 이원론'**이 주는 참을 수 없는 가벼움을 느낀다. 중세 건물의 익스테리어(exterior)는 신자로 하여금 죄와 저주의 올무에서 도무지 벗어날 수 없게 한다. 이러한 장치들에는 **신자에게 겁을 주어** 반대급부로 **교회의 권위를 부각**시키려는 의도가 담겼다. 이는 구원의 확신을 무너뜨리고 신자의 삶을 무가치하게 만드는 마귀의 달콤하고 강력한 수단이다. 그래서 종교개혁자들은 이 같은 성속 이원론을 극복하고자 성당 건물 내외부의 장식을 제거하고, 신앙고백서와 교리문답을 작성해서 끊임없이 올바른 교리를 가르쳤다.

사원 서쪽 벽

사람들이 드나드는 사원 입구 벽면을 **파사드**(Facade)라고 부른다. 바로 아래쪽 사진을 보자. 중심에 가장 크게 심판 주 그리스도와 천사 미카엘 등이 서 있다. 자비를 구하는 듯 두 손을 모으고 빌고 있는 마리아의 모습도 보인다. 그리스도의 발 아래에는 심판의 그날이 묘사된다. 저울추를 들고 서 있는 천사와 악마가 무엇을 하고 있을까. 천사 편에 서 있는 사람들은 천국에 들어가고, 악마 편에 서 있는 사람들은 포승줄에 매여 지옥으로 끌려간다. 그 아래엔 무덤에서 일어나는 사람들의 형상이 있다.

● 노트르담 사원의 외관은 어느 방향에서 보더라도 감탄을 자아낸다. 사원 앞 각종 행사가 단골로 열리는 널찍한 광장이다.

● 조각상으로 표현하는 신학은 그 의미를 알고 나면 비로소 감탄이 나오지만, 그만큼 오해의 여지도 크고 한계가 있기 마련이다.

윗층 테라스에 서 있는 조각상을 보자. 우울하게 얼굴을 가리고 고개를 숙인 사람의 형상이다. 누가 생각나는가? 그렇다. 선악과를 따먹은 후 잎사귀로 몸을 가리고 서 있는 아담이다. 아담의 반대편 테라스에는 하와 형상이 서 있다. 이런 조각상들을 통해 전달하고자 하는 바가 무엇일까. 중세 교회의 신자들은 성당을 드나들 때마다 **무서운 심판과 종말**을 떠올릴 수밖에 없었다. 죄, 죽음, 지옥의 공포로 말미암아 한껏 위축된 신자들은 속이고 지배하기 쉬운 대상으로 전락한다. 소위 **'우민화 정책'**이다. 건물 한 채 제대로 지어 놓고, 모든 종교 서비스는 사제들이 담당한다. 신자가 할 일은 헌금뿐이다. 지식을 배우지 못한 신자들 입장에서도 이는 참 편하고 좋은 일이다. 돈만 내면 내 구원을 담보해 준다니 얼마나 감사한 일인가. 이런 시스템 뒤편에, 말씀과 복음은 감춰지고 말았던 것이다.

단편적인 지식만 계속 주입하는 교육의 결과는 얼마나 비참한가. 하나님은 성경을 통해 당신의 뜻을 계시하시기 때문에 **신자는 성경을 펼쳐 읽어야만 비로소 하나님을 알 수 있다.** 특별히 설교자는 성경이 말하는 것을 최대한 전하고, 말하지 않는 것에서는 멈추어야 한다. 중세 교회의 고위급 성직자들이 아무도 복음을 몰랐을까? 그건 아니었다고 본다. 다만, 그들은 그 귀한 복음을 자신들만 소유하고 신자들과 공유하지 않았다. 그렇게 방치된 신자들에게는 온갖 잡다한 비복음적 신화와 사상들이 덧씌워지고 만다. 종교 지도자들은 그러한 오류를 수정해 주고 올바른 길로 지도해 주기는커녕, 오히려 그것을 이용해서 자신들이 원하는 세상을 구축했다. **다음은 사원 내부를 보자.**

관광객들로 언제나
발 디딜 틈이 없었던 사원 내부.
앞에서 말한 것처럼,
화재 탓에 내부 관람이
당분간 불가능할 것이고,
내부 구조도
변할 수밖에 없을 것이다.

사원 내부

입장료는 무료였지만 줄을 좀 서야 했다. 성당 한 켠에는 노트르담 성당 건축 발전사를 요약해 둔 팸플릿이 있었고, 다른 한편에는 '기도를 대신 해 주는 촛불' 구입처가 있었다. 헌금을 하라는 문구가 바로 눈에 띄었다. 유럽 어느 나라를 가든지 성당에 들어가면 건물(문화재) 유지를 위해서라도 기부를 요청하는 안내 표지판이 있곤 하는데, 파리의 노트르담에 적혀 있는 문구는 조금 색달랐다.

'헌금은 여러분들의 자발적인 마음에서 우러나와 하는 것입니다.'

꽤 큰 글씨로 적혀 있었다. 시민 혁명의 철퇴를 맞았던 기억 때문일까? 그 어투에 조심스러움이 잔뜩 묻어 있다. 종교심과 경쟁심, 체면 등을 자극해서 어떡하든 헌금을 더 걷어 내려 혈안이 된 한국의 몇몇 교회들이 떠올랐다. 우리는 언제쯤 정신을 차릴까. 신자들은 언제 그 속박에서 벗어날 수 있을까.

성당 내부에는 스테인드글라스와 예수님의 생애를 묘사한 부조 작품, 그리고 성경의 이야기를 표현한 몇 개의 작품들이 더 있었다. 중세 교회는 성경 말씀보다는 이러한 **그림과 조각상을 통한 교육**에 더 신경을 썼다. 이것도 하나의 교육 수단이기는 하나, 신구약 하나님의 말씀이 풍성하게 가르쳐지지 못한다는 단점이 있다. 단편적이고 인상평에 치중하는 지식 위주로 전달될 뿐이고, 상징이나 기호에 집착하는 **신비주의에 빠지기 쉽다.** 이런 분위기는 중세 문화 전반에 영향을 끼쳤다. 중세에는 건축물과 그림에 온갖 기호를 넣었다. 음악, 미술, 조각 등의 예술품과 예식 행위 등에도 억지스러운 상징이 가득 담겼다. 예술 그 자체로는 멋진 일이나 종교적 목적으로 보면 이는 신자들의 신앙과 삶에 선한 역할보다는 불건전한 영향을 더 많이 끼쳤다.

사원 내부 가장 깊숙한 곳에는 노트르담이라는 이름에 걸맞게 성모 마리아 조각상이 있다. 뒤로 돌아가 보면 마리아상 뒤편에 조각상 하나가 누워 있다. 누구일까? 모자와 옷에 화려한 보석이 달려 있었을 텐데, 보석은 누가 다 떼어 가고 보석이 붙었던 자국에 페인트가 칠해졌다. 성당의 가장 알짜(?) 자리에, 그것도 성모 마리아 옷자락 바로 뒤에 무덤을 만들었으니 적어도 엄청난 부자였음에는 틀림없다. 이 석상을 바라보며 마음이 무거워졌다. 우리가 추구하는 바른 신앙이란, 죽어서 이런 곳에 묻히기를 바라는 그런 것은 아닐 터…. 한참을 바라보다 노트르담 사원을 빠져나왔다.

● 내부에 들어서면 어두컴컴한 조명 아래서도 화려함이 느껴진다. 그나저나 이 모든 것을 안타까운 화재 탓에 당분간 볼 수 없다니 아쉽다. 물론 복원을 하겠지만 무척 오래 걸릴 것이고, 빨리 복원된다 하더라도 '제대로' 복원되느냐는 또 다른 문제이니….

● 파리의 노트르담 사원은 화재로 인한 손상을 복원하는 동안 입장이 안 될 수 있다. 그렇다면 파리에서 갈 수 있는 '대체 장소'는 어디일까. 그리 멀지 않은 곳(도보 1.4km)에 성 외스타슈 성당이 있다. 프랑스 발음으로는 '쌩 퇴스타슈'에 가깝다. 파리 시청(Les Halles: 레 알) 역 광장 바로 앞에 있다. 웅장하고 독특한 기둥들이 인상 깊다.

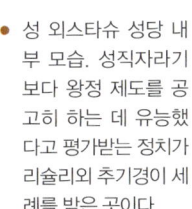

● 성 외스타슈 성당 내부 모습. 성직자라기보다 왕정 제도를 공고히 하는 데 유능했다고 평가받는 정치가 리슐리외 추기경이 세례를 받은 곳이다.

스페셜 탐방 루브르 박물관

루브르 박물관에서 만나는 종교개혁의 역사

파리의 3대 필수 관광지라 하면 '개선문', '에펠탑', 그리고 '루브르 박물관'을 꼽는다. 이 중에서 바쁘고 시간 없는 종교개혁지 탐방 팀이 갈 만한 곳으로 딱 하나를 꼽으라면 **'무조건' 루브르 박물관**이다. 유럽의 다른 박물관들은 주로 과거에 쓰던 거대한 궁전 건물 실내를 개조해서 박물관으로 꾸며 예술품을 전시한다. 그러나 파리의 루브르는 궁전 지하를 파서 거대한 박물관 진입 시설과 부대 시설, 보관실 등을 입체적으로 조성했다. 즉, **박물관 자체가 역사의 현장**이다.

루브르 박물관은 **드농관, 쉴리관, 리슐리외관 총 3관으로 구성**되어 있다. 드농 남작은 나폴레옹의 해외 전쟁을 쫓아다니며 각 나라의 무수한 예술품을 모으고(정확히는 약탈) 분류했던 인물로서 루브르 박물관의 초대 관장을 맡았던 사람이다. 쉴리는 앙리 4세 때 활약했던 재상이며, 리슐리외는 루이 13세 때 권력을 누렸던 추기경이자 재상

이다. 두 재상이 재위 기간에 루브르를 증축하는 사업을 지휘했다. 특히 우리에겐 소설 '삼총사'에 등장하는 악역으로 유명한 리슐리외가 이곳에 이름을 당당히 남겼다.

루브르 박물관의 세 전시관은 각각의 특징이 있다.

드농 전시관	13~18세기 이탈리아 회화, 18세기 말~19세기 초 나폴레옹 시대의 회화 위주
쉴리 전시관	중세, 이집트, 메소포타미아, 그리스 유물 및 17~19세기 프랑스 회화
리슐리외 전시관	공예품, 궁정 예술품, 루벤스의 작품들, 플랑드르, 네덜란드, 독일 등 북유럽 회화

이 중에서 종교개혁과 관련된 곳은 어디일까. 안타깝게도(?) 세 곳 모두이다. 일단 이곳에 들어온 이상, **다리가 아플 수밖에 없을 것**이다. 15~17세기의 종교개혁과 직접 관련된 기간의 이탈리아와 프랑스 작품들은 물론이고, 당대에 활동했던 예술가들과 플랑드르, 네덜란드, 독일 등의 작품도 종교개혁과 떨어뜨려 생각할 수 없기 때문이다.

그러나 만약 **시간이 너무 없다면** — 그런 일은 여행 중에 매우 흔하게 발생하니까 — **리슐리외 전시관에 집중**하자. 이곳에는 이탈리아 화가 루벤스가 〈마리 드 메디시스의 생애〉를 그려 낸 커다란 그림들이 방 하나를 가득 메운 전시관이 있다. 마리 드 메디시스는 바로 '앙리 4세'의 두 번째 아내이다. 앙리 4세가 암살당한 뒤, 마리 드 메디시스는 아직 어린 루이 13세 뒤에서 섭정을 시작한다. 사실 프랑스는 앙리 4세 치하에서도 신구교의 갈등 구조가 여전했고, 가톨릭교도였던 마리 드 메디시스가 사실은 남편의 암살을 지원했다는 설까지 돌았을 정도였으니, 그녀의 섭정은 시작부터 불안했다.

사람들의 눈총이 따가웠던지, 마리 드 메디시스는 이런 그림 연작을 통해 자신의 고상함과 품격을 과시하면서 프랑스 지배의 타당성을 선전(propaganda)하였다. 권력자들이 자신의 비합리적이고 비합법적인 권력 행사를 미화하기 위해 선전과 선동 도구로 예술을 곧잘 사용하지 않던가.

이 그림들은 파란색을 잘 쓰는 전형적인 루벤스 화풍으로, 미술 전공자가 아니라도 딱 보면 어디서 많이 본 듯한 기분이 들 것이다. 로마의 신들이 그녀의 성장을 돕는 장면, 앙리 4세와 결혼하기 위해 프랑스 땅에 발을 내딛는 장면, 앙리 4세에게서 왕권을 상징하는 구슬을 이어받는 장면 등이 정말 눈부신 생동감으로 다가온다.

● 며칠이 걸려도 다 못 볼 엄청난 규모이다. 선택과 집중이 필요하다.

마리 드 메디시스가 과시하고 싶었던 것이 무엇인지가 명백히 드러나 보인다. 그녀의 콤플렉스가 이 그림들을 통해 역설적으로 전달되고 있음을 그녀는 몰랐던 것일까. 루벤스는 이런 낯부끄러운 그림을 너무도 충실하게 잘 그려 냄으로 왕실과 귀족들과 긴밀한 사이를 유지했고, 죽어서도 그 시신이 판테온(Pantheon)에 묻힐 만큼 대접을 잘 받는다. 종교 전쟁으로 수많은 사람들이 죽어 나가던 시기에 평탄하기만 했던 루벤스의 삶. '플란다스의 개' 등에서 접하면서 흠모했던 그 이름이 더 이상 매력적이지 않다.

그나저나 카트린 드 메디시스에게 그렇게 지독하게 당하고도 메디시스 가문의 여인들을 두 번이나 받아들일 수밖에 없던 앙리 4세도 참 딱하다. 그때나 지금이나, 사랑 따위(?)보다는 정략적 이해 관계와 정서를 고려해서 결혼해야 하는 권력자들의 삶은 도대체 어떤 것인지, 그들은 무엇으로 그들의 영혼을 돌보고 보호하는지 무척 궁금하다.

- 유리 피라미드 바깥으로 아름다운 루브르 궁전 건물이 간간이 보인다.

그 밖의 전시물들

　　루브르에는 어마어마한 작품들이 한없이 있다. 종교개혁과 직접적인 관련이 없더라도, 꼭 봐야 할 것들은 보고 나오자. 미켈란젤로의 '죽어 가는 노예' 조각상도 여기에 있다. 율리우스 2세의 무덤 장식으로 쓰기 위해 만들었는데, 무덤 장식치고는 과하게 아름답다. 그 밖에도 차분한 맛이 참 아름다운 보티첼리의 작품들, 낭만주의 화가 제리코의 '메두사의 뗏목' 등도 감상하자. 언제 이러한 명작들을 가까이서 직접 볼 수 있겠는가. 그 유명한 모나리자도 이곳에 있으니, '볼 수 있으면' 보도록 하자. 수많은 관광객들로 2중, 3중 둘러싸여 있어서 가까이 다가가기조차 어렵다. 그 밖에도 루브르에서 꼭 봐야 할 작품들과 그 위치에 대해서는 전문적인 가이드를 참조하자. 시간과 체력이 허락하는 내에서 동선을 잘 짜 보자.

**만약
파리에서
주일을
보내게 된다면?**

루브르 박물관 바로 근처에 마침 위그노들의 명맥이 이어지는 교회가 있다. 여행 중 파리에서 주일을 맞이한다면, 이곳 **'오라투아 드 루브르 개혁교회'**에서 예배를 드리면 어떨까. (파리 오라투아 드 루브르 개혁교회 oratoiredulouvre.fr)

웅장한 석조 건물 안으로 들어가면, 내부 장식은 조촐한 교회가 나온다. 건물 중간 좌측에 높이 올려놓은 강대상을 바라보며 예배 드리는 구조이다. 예배당 입구에 찬송가 책자가 비치되어 있으니 한 권씩 챙겨서 자리에 앉자. 예배당은 작지 않은 규모였는데, 시내 중심부에 있어서 그런지 필자가 갔을 때는 1층 회중석이 거의 다 찼다. 예배는 전체적으로 질서 정연하고 경건하게 진행됐다.

● 홈페이지를 통해 미리 모임 시각 등을 확인하고 방문하자.

- 따로 주보가 없고, 예배 순서는 찬송가 앞에 인쇄되어 붙어 있었다. 오늘 몇 장을 부르는지는 예배당 기둥에 붙어 있는 목판에서 확인할 수 있다. 시편 찬송을 부르는 순서가 되면 앞에서 사회자의 안내가 별도로 없어도 사람들이 기둥에 걸린 팻말을 보고 알아서 해당 장을 펴서 불렀다. 매번 주보를 만드느라 노력과 자원을 소비할 필요가 없는 듯하다.

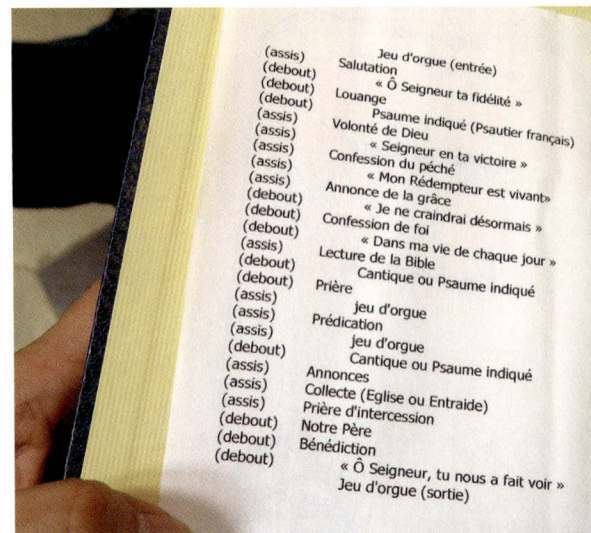

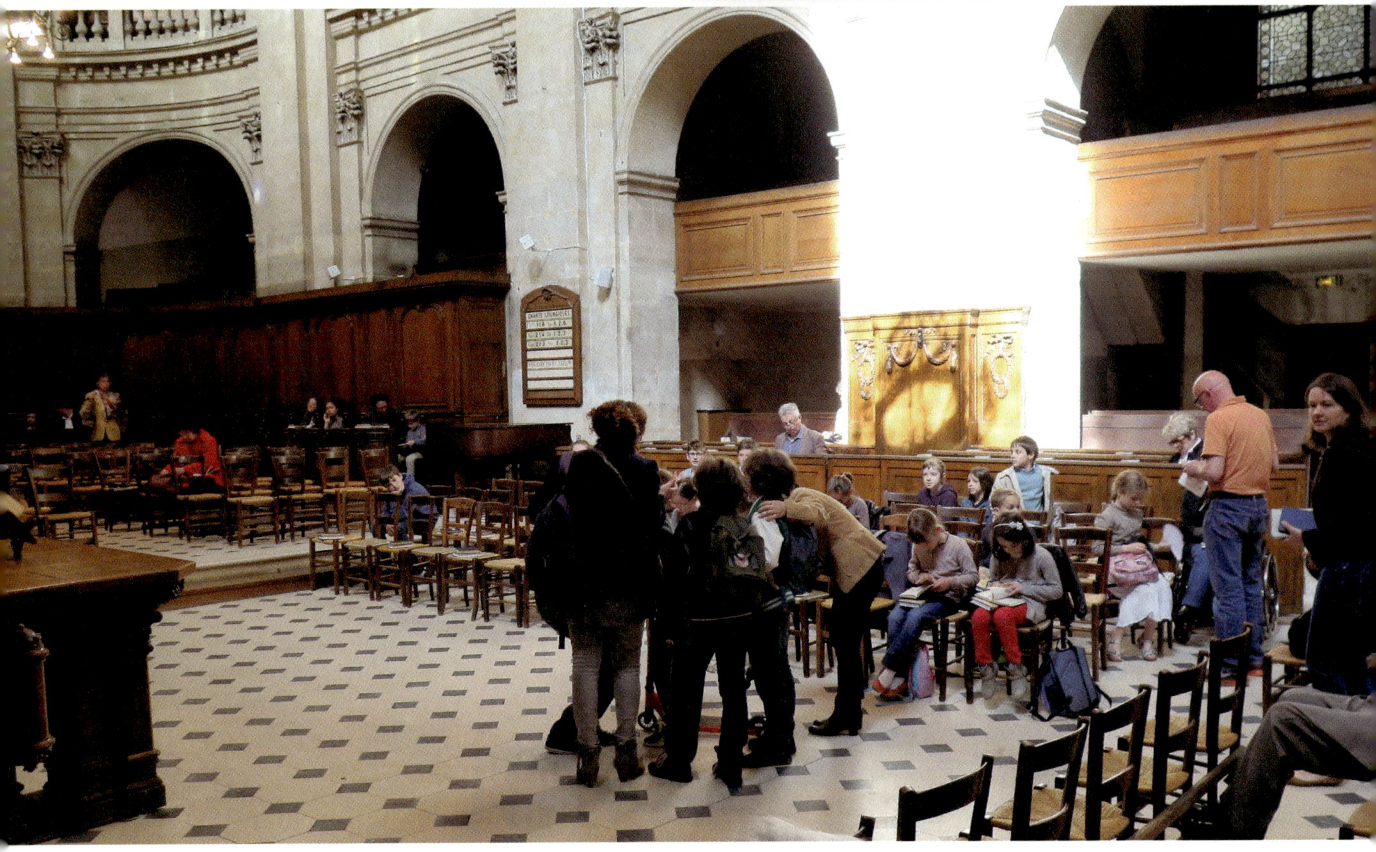

- 강대상 앞쪽은 예배당의 중앙부에 해당하는데, 이 자리에는 어린아이들이 부모와 따로 떨어져 앉았다. 물론 부모와 함께 앉아서 예배를 드리는 아이들도 있었지만, 상당수의 아이들이 이곳에 따로 앉았다.

예배 순서지를 번역하면 아래와 같다.

Jeu d'orgue (entree) 오르간 연주(시작)

(assis)	Salutation	인사
(debout)	《O Seigneur ta fidelite》	《오 주님, 당신의 신실하심》
(서서)	Louange	찬양
(서서)	Psaume indique(Psautier francais)	지시된 시편(프랑스 시편)
(앉아서)	Volonte de Dieu	하나님의 뜻
(앉아서)	《Seigneur en ta victoire》	《승리의 주님》
(앉아서)	Confession du peche	죄의 고백
(앉아서)	《Mon Redempteur est vivant》	《나의 주님은 살아 계시다》
(앉아서)	Annonce de la grace	은혜의 선언
(서서)	《Je ne craindrai desormais》	《나는 이제 두렵지 않다》
(서서)	Confession de foi	신앙 고백
(서서)	《Dans ma vie de chaque jour》	《각자의 삶에 다짐》
(앉아서)	Lecture de la Bible	성경 강해
(서서)	Cantique ou Psaume indique	프랑스 시편이나 지시된 시편
(앉아서)	Annonces	광고
(앉아서)	Collecte (Eglise ou Entraide)	헌금(연보)
(앉아서)	Priere d'intercession	도고(서로를 위한 기도)
(서서)	Notre Pere	주기도문
(서서)	Benediction	강복선언
(서서)	《O Seigneur, tu nous a fait voir》	《오 주님, 우리를 지켜 주소서》

Jeu d'orgue (sortie) 오르간 연주(마침)

앉았다 일어섰다 해야 하는 순서가 참 많았다. 여기에는 다 신학적 의미가 있다. 몇몇 순서의 경우, 중앙에 앉은 그 아이들이 순서를 하나씩 맡기도 했다. 목사가 기본적으로 인도하되 아이의 이름을 호명하면 그 아이가 교독을 한다거나 회중 찬양의 일부분을 선창하는 식이었다. 아이들의 목소리가 청아하고 예뻤다. 그리고 꽤 오랫동안 훈련된 느낌이었고, 지목된 아이들의 얼굴에는 자부심이 느껴졌다. 어른들은 그런 아이들을 보면서 뿌듯해하는 분위기였다.

시편 찬송가. 전 세계 대부분의 개혁교회들은 예배 중 찬송가로 시편송을 사용한다. 반면에 미국과 한국을 포함한 동남아시아의 교회들은 세계적인 대세를 따르지 않고 자생적인 찬송가를 즐겨 부른다. 성경 강해가 시작되기 직전에, 중앙에 앉은 아이들은 예배당 앞쪽에 있는 별도의 방으로 이동했다. 어른들이 설교를 듣는 동안, 별도의 공간에서 아이들을 위한 성경 교육 시간이 있는 듯했다.

헌금 순서 앞에 광고를 둔 것은 스코틀랜드 교회와도 같았다. 이때의 헌금에는 연보(자선을 위한 모금)의 의미가 강하기 때문에 교회에서 무엇을 위해 연보할 것인지를 광고 시간을 이용해서 효과적으로 전달할 수 있을 듯하다.

마지막 **강복선언** 순서는 감동적이었다. 한국의 교회들은 이것을 '축도'라고 해서 마치 마무리 기도인 것처럼 모두가 눈을 감는데, 본래의 모습은 그렇지 않다. 이곳에서도 젊은 목사가 양손을 펴고 회중을 바라보며 축복하고, 그 모습을 회중이 눈을 뜨고 지켜보았다. 강대상이 높이 들려 올려져 있기 때문에 회중을 향해 복을 선언한다는 사실이 자연스럽게 전달됐다. 수많은 위그노의 희생과 피 위에 겨우 남겨진 프랑스 개혁교회에서 예배를 드렸다. 마치고 사진을 몇 장 찍었다. 아이들이 빠져나갔던 예배당 앞쪽 출입문 위에 적힌 문구에 코끝이 찡했다. **"Jesus-Christ Notre Seigneur**(우리 주, 예수 그리스도)."

● 시편 찬송가

중앙 강대상 앞 편 아이들 앉아 있던 자리 뒤에 몇 칸의 장의자가 놓여 있었다. 글자가 새겨져 있어 유심히 보니 항존직들의 좌석이었다. **직분의 중요성과 동등성**을 함께 느낄 수 있는 좌석 배치였다. Conseillers, Presbyteraux, Diacres. 얼마나 오래된 의자일까!

- 강대상 아래엔 또 다른 상이 놓여 있었다. '나는 생명의 떡이요'(요 6:35)라는 문구가 새겨져 있는 것을 보니 성찬상이다.

예배당 입구 쪽 게시판에 각종 공지 사항이 붙어 있다.
유심히 살펴보니 성도들을 위한 교육 프로그램들이 다채롭게 마련되어 있다.

#1. **게시물 위쪽 공지문**: 주일에 아이들을 대상으로 성경과 교리를 가르치고 있다. 4~7세는 성경에 눈뜨기 단계로, 예배를 드리는 중에 1시간 15분 동안 별도로 성경을 공부한다. 8~11세는 성경 학교라는 이름으로 야유회와 함께 10시 30분부터 16시까지 공부한다. 12~15세는 교리 공부를 한다. 공부 시간이 상당히 길다는 게 놀라웠다. 물론 점심도 먹고 그렇겠지만 말이다.

#2. Le chœur d'Enfants 아이들의 합창대 연습 시간 공지문을 보니 8세부터 무려 16세까지다. 나중에 탐방 코스로 소개할 '제네바 아카데미'의 초등부 연령과 똑같다. 신기하다.

#3. 연중 일정한 시간을 내서 초보자(화), 기존 학습자(월), 고급반(수)을 대상으로 헬라어와 히브리어를 가르친다. 놀랍고 대단하다! 한국의 교회에서도 이런 교육이 이루어진다면….

QUICK TIPS ▸ 쉬어 가기 — 파리 시내 당일치기 추천 코스

종교개혁지 탐방이라 해도 너무 성당이나 교회 건물만 찾아다니는 여행은 재미가 없다. 여행은 볼 것도 봐야 하고 즐길 것도 즐겨야 한다. 그래서 항상 코스를 복합적으로 짜야 한다. 파리에서 하루만 쓸 수 있다면 추천하는 코스를 하나 제시한다. 시작점은 보통 공항 등지에서 파리 구시가에 접근하기 가장 좋은 RER Les Halles 환승역이다. 우리로 치면 '서울역' 앞을 생각하면 된다. 지도에 표시한 숫자를 참조하면서 읽어 보자.

추천 1

첫 방문지는 역에서 도보로 3분이면 도착하는 **이노성 분수(Fontaine des Innocents)**이다. 분수 조형물 그 자체는 우리에게 큰 의미가 없지만 해당 장소는 프랑스 위그노 박해의 상징과도 같은 곳이다. 이곳은 파리 중심의 공동묘지로 사용되던 수도원이었는데 지금은 정비되어 공원이 되었다. 정비 사업을 하는 동안 이곳에서 엄청난 숫자의 유골이 나왔는데 그중에 학살당한 위그노들도 많이 있었을 거라는 추정은 충분히 가능하다. 생 이노성에 묻힌 사람 중엔, 앙리 4세의 결혼식 때 살해당한 위그노들도 있고, 종교 재판으로 목숨을 잃은 수많은 신교도들도 있다. 그런 까닭에 생 이노성 역시 숙연함을 더해 주는 역사의 현장이다.

추천 2

이노성 분수 광장에서 남쪽으로 가면 건물에 막힌 것처럼 보이지만, 잘 보면 **사람이 다니는 통로**가 있다. 그곳을 통과하면 골목길이 나오는데, 곧바로 뒤로 돌아서서 올려다보면 앙리 4세 이름이 적힌 명패가 있을 것이다. 이 거리가 바로 앙리 4세가 극단주의자 가톨릭교도들에게 계획적으로(우발적 아님) 암살을 당한 곳이다.

추천 3 그 거리를 따라 동쪽으로 조금만 걸어가면 바닥에 **앙리 4세 암살 현장 기념석**이 있다(본서 158쪽, 《특강 종교개혁사》, 132쪽 참조). 주위의 화려한 가게들과 카페에 눈을 빼앗기면 자칫 발견하기 어렵다. 바닥을 잘 보며 걸어가 보자. 지도상에 점을 콕 찍어 둔 바로 그 위치이다.

추천 4 재미있는 것은, 한국의 파리바게뜨가 겁도 없이 파리 시내에 진출해서 매장을 냈다는 사실. **파리바게뜨**의 파리 지점이랄까? 물론 직원들은 한국인이 아니며, 맛도 한국의 맛이 아니다. 지나가는 길에 그냥 잠깐 구경하거나 달짝지근한 빵과 커피 한 잔으로 당을 보충하자. 미식가들의 나라, 프랑스에 왔으니 빵과 초콜릿은 기본으로 맛보아야 하지 않을까? 시내 어디서나 볼 수 있는 **빵집 PAUL**에 들어가서 바게트 샌드위치와 크루아상을 맛보자. 또, 초콜릿 머핀을 한 입 베어 물면 한국에서 먹던 것과는 비교가 안 될 정도로 깊고 풍성한 초콜릿의 맛에 눈이 크게 뜨일 것이다. (그나저나 필자가 유럽을 다니면서 궁금증이 생겼다. '왜 과거에 신교 국가였던 지역보다 구교 국가였던 지역의 음식 맛이 훨씬 좋은 것일까?' 이 비밀을 풀어 주실 분이 있다면 연락을 부탁드린다. ^O^)

추천 5 그 유명한 '**퐁뇌프**'. 강변을 따라 이곳까지 걷는 거리가 예쁠 것이다. 관광객 호구를 노리는 노점상에 눈 돌리지 말고 곧장 다리 위로 걷자. 다리 위에서 바라보는 경치는 어느 방향이든 매우 좋다.

추천 **6** 퐁뇌프를 다 건너면 오른쪽에 **동상**이 있다. 가까이 가서 파리의 가장 유명한 관광지 한복판에 세워진 동상이 누구의 것인지 확인해 보자. 앞의 추천 2와 추천 3에서 만났던 사람이다.

추천 **7** 우측에 식당가가 즐비한 거리를 따라 좌측의 시테섬 경치를 구경하며 걷다 보면 예쁜 **생 미셸 광장**이 나온다. 여기서부터 골목마다 정신 못 차릴 정도로 예쁘고 멋지고 화려하고 맛있어 보이는 식당들이 뻗어 있다. 대학가 먹자골목의 시작이다. 천사 미카엘의 동상을 세운 꽤 규모 있는 분수대에서 알 수 있듯이 생 미셸이란 이름은 이 동상에서 따온 것이다. 파리에서는 그 동네에서 순교했던 사람을 성인으로 삼고 그 성인을 주요 모델 삼아 성당을 세우고 유골이나 동상으로 기념한다. 우리나라에서 소설 속 인물인 홍길동을 기념하면서 두세 군데 지역에서 경쟁하듯 홍길동 생가(?)를 세우고 지역 수입원으로 삼으려는 모습들이 떠오른다.

추천 **8** 지도에 표시한 **골목**으로 들어서면 비교적 **알맞은 가격의 식당들**이 있다. 여기서 한 끼 식사를 제대로 하시길 추천한다. 파리에 왔으니 3코스 식사는 기본이다. 앙트레, 메인, 디저트의 3코스.

추천 9

유명한 서점 '**셰익스피어 앤 컴퍼니**'이다. 영화 '비포 선라이즈'의 후속작인 '비포 선셋'에서 중년이 된 남녀 주인공이 재회하는 장면을 이곳에서 찍었다. 아주 오래된 서점이며, 실제로도 과거에 유명 작가와 예술인이 모여서 토론도 하고, 서로 영감을 주고받던 공간이다. 그런데 안타깝게도 요즘은 책을 좋아하는 국민이 많은 프랑스에서조차 전통 서점들이 사라져 간다고 한다. 이곳도 엄연히 장사하는 서점인데 고객은 별로 없고 구경꾼만 넘쳐나서 서점 직원들이 예민한 편이다. 에티켓을 지키며 둘러보자. 구석구석에 합판으로 대충 만들고 천을 덮어씌운 의자와 간이 책상들이 놓여 있다. 2층 다락방엔 피아노도 있다. 각 코너마다 전시된 프랑스 신간들도 구경하자. 새로운 영감을 얻을 수도 있을 것이다.

추천 10 다리를 건너면서 **노트르담 사원**을 바라보자. 그리고 광장을 넓게 돌면서 먼저 사원 서쪽 문(파사드) 전경을 넓게 관찰하자. 그리고 가까이 다가가서 자세히 관찰하자. 만약 여러분이 갔을 때 복원이 다 이루어져 내부 입장이 가능하다면, 줄이 좀 짧아지는 타이밍을 노려서 사원 내로 진입하자. 내부는 어둡고 복잡하지만, 천천히 충분한 시간을 보내기를 권한다. (참고 도서, 《특강 종교개혁사》, 270-283쪽)

● 사원 동쪽의 외관은 건축 예술의 극치를 보여 준다. 조속히 복원되기를 소망한다.

● 사원 동쪽 공원에서 잠시 쉬어 가기

● 벽에 붙어 있는 괴물 형상들이 음산한 느낌을 준다.

추천 11 **사원 북쪽**을 둘러 가며 외부 장식을 관찰하고, **사원 동쪽 공원까지** 둘러본 뒤에 공원에 앉아서 좀 쉬자. 화재 이전에 이곳은 지극히 평화로운 공원이었다. 앞에서 봤던 서쪽 광장에는 앉아서 쉴 곳이 마땅치 않고 사람이 너무 많다.

추천 12

이곳 **파리 시청**은 서울 시청 앞 광장을 생각하면 된다. 온갖 거리 공연이 펼쳐지고, 자기 주장을 표현하는 사람들이 모여 있기도 하다. 건물도 참 아름답다. 파리의 대표적인 건축물 중 하나.

● 사람이 많이 모여드는 관광지답게 거리 공연도 자주 열린다.

추천 13

큰길로 직진하면 빠르지만, 기왕이면 앞의 지도(185쪽)에 표시한 동선으로 걸어 보시기를 권한다. **거리가 참 아름답다.** 그리고 유명한 조각 공원이 나온다. 공원도 예쁘지만, 주위에서 놀고 있는 사람들이 죄다 예술가처럼 보인다. 단체 관광객이 쓸고 지나가는 순간만 아니라면 말이다.

추천 14

퐁피두 센터이다. 현대 미술관 개념인데, 아마 보자마자 이곳이구나 알아차릴 수 있을 것이다. 생긴 것부터가 참 예술적이다. 관심이 많은 분은 내부를 보시고(입장료 유료) 그렇지 않은 분은 외부 엘리베이터를 통해 2층으로 올라간 뒤, 외벽에 설치된 에스컬레이터를 타고 꼭대기(옥상) 전망대로 올라가 보자. 그곳에서 바라보는 파리 시내 경치는 에펠 탑이나 몽마르트르 그 이상이다. 이곳에 가봤다면 굳이 에펠 탑에 올라가지 않아도 된다. (말이 나와서 말인데, 에펠 탑에 올라가서 사진을 찍어 봤자 정작 '에펠 탑이 안 보여서' 사람들이 어디냐고 물어보는 참사가 벌어진다. 몽마르트르는 소매치기의 활동이 매우 활발한 곳이라 맘 편히 있기가 부담스럽다.) 여유가 있는 분은 이곳 옥상 카페에서 에스프레소라도 한 잔 마시면 좋겠다. 필자는 너무 비싸서 사진만 찍고 그냥 나왔지만….

※ 지금까지의 14개 코스를 돌아보는 데 걸리는 시간은 -물론 사람에 따라 다르지만- 아무리 짧아도 대략 5~6시간 예상한다. 코스마다 기본으로 15분씩 머문다 치고, 밥먹는 데 1시간 잡고, 서점과 노트르담에서 각각 30분씩 잡을 경우에 말이다. 물론 꼼꼼히 보는 분들에겐 한없이 길어질 코스이다. 참고로 필자는 이 코스를 2일에 나눠서 돌았다.

열한 번째 도시 | **누아용**

Noyon

칼뱅의 생가가 있는 누아용

조용하고 한적한 시골 마을. **현대의 누아용은 작은 마을**이다. 필자가 이곳에 취재차 갔을 때는 당시 파리에 거주하며 연구 중이던 위그노 전문가 '권현익 선교사'의 도움을 크게 받았음을 미리 밝힌다. 누아용 취재도 이분 덕분에 가능했으며, 많은 내용을 배웠다.

종교개혁지 탐방 팀이 이곳을 찾아야 할 이유는 누아용 종교개혁 박물관 때문이다. 3층 건물로 된 이 박물관은 **'칼뱅의 생가'**로 알려져 있다. 정확하게는 **'생가로 추정되는 건물'**이다. 이게 무슨 뜻인가? 칼뱅이 누아용에서 태어난 사실은 알려져 있지만, 생가까지 밝혀져 있던 것은 아니다. 그런데 아이러니하게도, 제2차 세계 대전 때 이곳을 점령한 독일 덕분에 칼뱅 생가의 위치가 확인되었다고 한다. 이곳은 폭격으로 완파되어 계단 일부만 남아 있었다고 한다. 그런데 독일 신학자들이 칼뱅의 몇 가지 기록물을 가지고 이곳을 찾아와서 건물 입구의 위치와 방향, 계단의 형태 등을 추정해서 지금의 주소지를 칼뱅 생가로 특정했다고 한다. 신기한 일이다. 하긴, 칼뱅의 생가를 찾으려는 의지는 아무래도 구교 국가였던 프랑스보다는 신교 국가 독일에서 더 컸으리라. 프랑스는 더구나 시민 혁명까지 겪으면서 교회에 대한 저항심이 노골화됐으니 칼뱅에 대한 관심은 미미할 수밖에 없었을 것이다.

종교개혁 박물관

이곳에 가기 전에 탐방 팀 리더는 **미리 사진 촬영 허락을 구하는 메일 정도는 보내 두는 것**이 좋겠다. 이곳 박물관을 담당하는 직원들도 칼뱅을 잘 모른다. 좋아하지 않는, 관심도 없는 사람의 생애가 담겨 있는 박물관을 운영한다는 것이 필자로서는 잘 이해되지 않는데, 그래도 유럽은 개인의 역량보다는 사회적 합의를 통해 만들어진 시스템과 규율에 따라 움직이는 분위기라서 그런지, 박물관은 아주 깔끔하게 보존되고 있다.

박물관의 규모는 그리 크지 않다. 입장료는 **1인당 3유로**가 조금 넘는다. 입구에서는 입장권과 기념품, 관련 도서를 팔고, 또한 그곳에는 제2차 세계 대전 때 파손되었던 생가를 복원하여 건물을 완성하기까지의 자료들이 그림과 글로 설명되어 있다. 몇 계단을 올라가는 **1층에는 작은 전시실**이 있고, 칼뱅 관련자들에 대한 소개와 그들이 쓴 책이나 기록물이 전시되어 있다. **2층부터 3층까지는 본격적인 종교개혁 전시실**이다. 특히 **3층에는** 당시 위그노들이 핍박을 피해 말씀을 들을 때 이동하기 편하게 제작된 이동식 설교단, 칼뱅의 저서 기독교 강요 사본 등 **실물 사료들**이 많이 비치되어 있다. 오르내리는 나무 계단이 가파른 편이니 주의해서 움직이자.

종교개혁 초기 칼뱅과 관련된 인물들의 초상화와 당시 사용되었던 실제 면벌부, 성경과 주석, 교리문답 등의 인쇄물이 전시되어 있다. 그런데 한쪽 벽면에 석조 조각상이 보인다. 성경을 필사하는 학자처럼 보이는 인물이다. 이 사람이 칼뱅일까? 생김새가 비슷하면서도 다르다. 칼뱅이 아니라 칼뱅 사촌, **올리베탄**(Olivetan: Peter Robert, 1506-1538)이다. 성경을 자국어인 프랑스어로 최초로 번역한 인물이다.

올리베탄은 스트라스부르에서 공부했고, 부처에게서 히브리어를 배웠다. 프랑스의 종교개혁자들은 자국어로 된 성경 번역 작업을 올리베탄에게 맡겼고, 2년의 시간 동안 번역이 이루어졌다. 이때가 1535년이고, 당시 스물다섯 살의 칼뱅이 프랑스어 성경의 소개문을 작성했다. 1536년에 《기독교 강요》가 출간되었으니, 칼뱅과 올리베탄, 그리고 다른 종교개혁자들 사이가 얼마나 밀접했겠는지 알 만하다. 성경을 자국어로 보는 것이 금지된 시기에, 목숨을 걸고 모든 신자를 위해 묵묵히 번역 작업을 하고 있었을 올리베탄을 이곳에서 만나 보자. 종교개혁의 역사에는 이런 분들이 계셨다. 그리고 외울 수 없을지언정 그 이름을 한 번이라도 소리 내어 발음해 보자.

중요한 인물을 한 명 더 알아보자. 칼뱅에게 영향을 주었던 다른 한 사람, **자크 르페브르 데타플**(Jacque Lefevre d'ETAPLES, 1455-1536). 그는 인문주의자 에라스무스와 어깨를 나란히 할 정도로 탁월한 당대의 지식인이었지만, 박사나 교수 타이틀을 걸지 않고 일반 성도로서 활동했던 인물이다. 수많은 개혁자들이 이 사람의 사상에 영향을 받았다고 한다. 교회사나 종교개혁사에서 크게 다뤄지지 않는 인물, 후대에는 잊힌 이름이지만, 그 시대 속에서 자신의 소임을 다한 사람들에게 마음이 간다. 종교개혁지 탐방을 하는 우리들 역시, 이름 한 글자도 남지 않아도 좋으니 한국 교회가 조금이나마 회복되는 데 기여하는 삶이 되고자 하는 마음으로, 이 여행을 대하면 좋겠다.

한쪽 벽면에는 실제 사용되었던 면벌부 사본이 걸려 있다. 이깟 종이 한 장에 유럽 곳곳의 성도들이 신음했단 말인가 싶을 것이다. 그리스도만을 바라보고, 그분에게서만 나오는 양식을 먹어야 할 성도들의 영혼이, 이 종이 조각에 유린당하고 굶주렸다. 그랬던 그 종이가 이제는 역할이 바뀌었다. 이곳에 똑똑히 전시되어 당시 교회의 부패가 어떠했음을 생생하게 증거하는 물건이 된 것이다. 한국 교회의 부패는 훗날 어떤 물건이 증거하게 될까.

● 칼뱅 시대와 직접 관련된 유물들이 전시되어 있다. 벽면에 바깥으로 난 창문은 유리창 대신 창호지 같은 종이로 덮여 있다. 거기에 적힌 글씨 디자인은 바로 칼뱅의 서명이다.

    고개를 돌리면, 어떤 여성의 초상화가 눈에 들어온다. **마르게리트 당굴렘**(Marguerite d'Angoulême). 나바르 왕국의 여왕이자 앙리 4세의 할머니, 앙리 4세의 모친인 잔 달브레의 어머니이다(이미 앙리 4세에 대해서는 여러 번 언급했다). 그녀는 또한 프랑스 문예 부흥을 이끌어 낸 왕 프랑수아 1세의 누나이기도 하다. 그녀는 시인이었던 부친의 영향을 받아 **르네상스를 적극 수용**하였고, 초기 종교개혁 사상 역시 수용하여 종교개혁자를 보호하기도 했다. 또 그녀의 딸 잔 달브레도 모친의 영향을 받아 일찍이 신교를 받아들이고 프랑스 왕국의 핍박으로부터 개혁자들을 보호하는 일을 자처했던 인물이다. 카트린 드 메디시스의 딸 마르그리트 발루아와 앙리 4세의 결혼을 추진하는 과정에서 결혼 예식을 로마 가톨릭 방식으로 할 것이냐 하는 문제로 프랑스에 갔다가 돌연사한 것으로 되어 있다. 일설에 따르면 카트린 드 메디시스의 간계로 독살을 당했을 것이라고도 한다. 카트린 드 메디시스가 앙리 4세의 결혼식 당일에 바르톨로메오 학살을 허가했던 역사를 생각하면 독살설이 아주 가능성 없진 않아 보인다. 잔 달브레는 가톨릭으로 다시 개종해 버린 남편과 대치해서 전쟁을 벌일 정도였다고 한다. 남편과 전쟁이라니, 우리로서는 상상하기 어려운 일들이다. 그러나 삶을 지탱하는 모든 것, 모든 인간관계와 목숨까지 걸고 신앙을 위해 싸워야 했던 그 시대를 지금의 시각으로 간단히 평가할 수는 없는 일이다. 아니, 그건 정말 가당치 않은 일이다.

2F

좁고 가파른 계단을 올라 2층으로 가 보자. 2층에는 그림과 기록물들이 주로 전시되어 있다. 수많은 그림을 다 해설할 수는 없겠지만, 몇 장만 보도록 하자.

#01

칼뱅의 임종 당시를 그린 상상화 중세에는 뛰어난 인물들이 죽으면 그 무덤과 유골뿐 아니라 그가 지닌 물건들까지도 숭배의 대상으로 삼았다. **사람들의 비뚤어진 종교심을 잘 알았던 칼뱅은 자신의 무덤이 사람들에게 알려지지 않도록 당부했다.** 오늘날 제네바에 있는 그의 무덤은 초라하기 그지없고, 방문객도 거의 없다. 그만큼 칼뱅은 하나님도 잘 알았지만 인간에 대해서도 잘 알고 있었다. 하나님을 잘 안다 말하면서 인간에 대한 이해가 부족한 사람들을 보면, 늘 허점과 다툼과 잡음이 끊이질 않는다.

#02

칼뱅의 아내 이들레트의 초상화 칼뱅은 후사를 두지 못했다. 그의 아내 이들레트는 칼뱅 못지않게 병약해서 사산하거나 아이를 낳아도 어려서 죽었다. 자녀 하나는 잃어버려 행방불명 상태로 찾지 못했으며, 칼뱅은 그 아이의 소식을 평생 기다렸다고 한다.

#03

콜리니 제독 가문의 위그노 리더들 왼쪽부터 **가스파르 2세(콜리니 제독), 오데트(콜리니 제독의 형제), 프랑수아(콜리니 제독의 아들).** 우리는 이곳에서 프랑스 종교개혁에서 굉장히 중요한 인물 하나를 만나 봐야 한다. 바로 콜리니 제독이다. 그는 프랑스 종교개혁사에서 정말 정말 중요한 위치를 차지한다. 프랑스의 대귀족이자 해군 제독이었던 그는 위그노 보호에 앞장섰던 인물이다. 세 형제 모두 어찌나 용맹하던지, 종교 전쟁과 외세 침략 때문에 벌어진 온갖 전장에 나가 싸우고 잡혀서 갇히고 다시 풀려나곤 했다. 특히 콜리니 제독은 프랑스가 브라질 식민지를 건설할 때 이곳을 위그노들의 피난처이자 안식처로 만들기 위해 비밀리에 원정대를 보내기도 했다. 불안하고 잔혹한 시국에서 왕에게 충성을 다하면서도, 누가 시키지도 않은 소명을 다하기 위해 믿음의 형제들을 지켜 내기 위해 콜리니 제독의 심적인 고통이 얼마나 컸을까. 결국 그는 얼마 안 가 성 바르톨로메오 축일의 대학살 때 살해당하고 만다. 천국의 상이 크리라 믿는다. 콜리니 제독에 관한 이야기를 추적하다 보면 마음이 울적해진다. 자신이 가진 모든 것을 신앙이 가리키는 바를 위해 내던지면서도 부실한 왕가를 위해 우직하

게 충성하는 모습이 가슴을 치게 만든다.

#04

종교 회의 2층에는 종교개혁자들의 처분에 관한 각종 종교 회의와 그 참석자들에 관한 그림들도 전시되어 있다. 카트린 드 메디시스의 남편 앙리 2세는 르네상스는 받아들였지만 신교는 받아들이지 않았다. 그가 **귀족과 종교인들을 모아 회의를 하던 중**, 한 법관이 일어서서 **종교의 자유를 달라고 제안**한다. **격분한 앙리 2세는 이 사람을 처형**한다. 그러나 잔혹한 처형의 모습을 지켜본 프랑스 시민들 사이에서 **오히려 신교도 신앙이 퍼져 나간다**.

이 와중에 제네바에서 칼뱅에게 가르침을 받은 2백여 명의 신교도들은 다시 자신의 나라인 프랑스로 돌아와 그야말로 목숨을 걸고 종교개혁 사상을 전파한다. 종교 재판을 통해 신교도를 죽이고 또 죽이던 카트린 드 메디시스는 이제 더 이상 물리적으로는 신교도 제거가 불가능함을 깨닫고, 종교적 화해를 이루어 보고자 시도한다. 로마 가톨릭과 신교도들을 총회에 불러 모아 교리적 차이를 들어 보고 화합을 모색하는 자리를 마련한다. 이 회의에 제네바는 칼뱅의 제자 베자(Beza)를 보내어 그들의 신앙, 곧 성경에서 말하는 진리를 선포하고 로마 교회 사제들의 반론에 대응한다. 그런데 이 회의를 묘사한 그림에도 콜리니 제독이 등장한다. 이 회의 역시 콜리니 제독의 중재로 열렸던 것이었다.

생각할수록 종교개혁은 소수 영웅들의 일이 아니다. 촘촘하게 엮여 있는 인물 관계도와 함께 역사를 따라 발견되는 수많은 개혁자들의 작업과 그들의 목숨이 자양분이 되어야 가능했던, **교회 모두의 역사였다.** 나는 삼위일체 하나님을 사랑하는가. 그리스도를 얼마나 닮고자 하는가. 그분의 말씀인 성경을 얼마나 사랑하는가. 종교개혁의 현장에서 만나는 개혁자들의 흔적 앞에 서면 늘 부끄러움이 밀려온다. (* 우리의 다음 여행지는 바로 이 콜리니 제독과 관련된 '샹티이'성이 될 것이다.)

3F

이곳 3층에는 종교개혁 당시 긴박하고 어수선했던 프랑스 내의 정치 사회 문화적 상황들을 드러내는 물건들을 잘 진열해 두고 있었다.

#01

종교개혁자들이 모여 있는 상상화 한가운데 촛불은 진리의 말씀을 상징한다. 이 촛불을 사제 하나가 입김을 불어 꺼뜨리려고 애를 쓰고 있다.

#02

광야에 모여 있는 군중들과 이동식 강대상 이 그림은 위그노들의 신앙생활을 단적으로 보여 준다. 위그노들은 심한 핍박 가운데 몰래 예배를 드려야 했다. 왼쪽 사진의 의자는 말씀을 전하기 위한 강대상인데, 접고 펼칠 수 있게 제작됐다. 유사시에 급하게 정돈해서 들고 도망칠 수 있도록 말이다. 사막에 서 있는 군중들은 지금 설교를 듣고 있다. 모두 우산을 하나씩 들고 있고, 절벽 위에도 두세 사람이 우산을 들고 있다. 절벽 위 사람들은 일종의 파수꾼이다. 프랑스 정부군이 시야에 들어오면 우산을 접어 신호를 주고, 사람들은 즉시 흩어졌다. 그들은 이렇게까지 해서 예배를 드렸던 것이다. 말씀을 듣기 위해 목숨을 걸고 모여야 했고, 또한 흩어져야 했다.

#03
건물 모형도 건물 모형도는 1564년부터 1567년 사이에 사용된 위그노 예배당의 모습이다. 건물은 강대상을 중심으로 둥그렇게 모이도록 되어 있다. 말씀이 중심이고 모두가 평등하다. 온갖 우상 숭배로 뒤범벅된 로마 가톨릭의 미사와 신전화된 성당의 개념에서 철저하게 개혁하고자 했던 그들의 염원이 투영된 건축 양식이다.

#04
갤리선 수많은 위그노가 고문당하고 죽기도 했지만, 어떤 사람들은 이렇게 노예선에 팔리기도 했다. 거기서 말 그대로 혹사당하다가 지치면 죽어 갔던 것이다. 스코틀랜드 종교개혁자 존 녹스도 프랑스 갤리선에 끌려가서 힘든 생활을 하다가 구사일생으로 살아남았다.

- 누아용은 깨끗하고 아름다운 소도시이다. 비록 갈 길이 먼 탐방 팀이더라도 잠시 짬을 내어 커피라도 한 잔 하면서 쉬어 가도록 하자.

누아용 성당

박물관에서 나와서 잠깐 쉬자. **누아용 구도심은 작은 마을**이라 모두 천천히 걸어서 이동할 수 있다. **시청, 누아용 가톨릭 학교 등을 가볍게 구경**하면서 걸어 보자. 그리고 **누아용 성당**으로 이동하자. 먼저 성당 주변을 빠른 걸음으로 스캔하듯 산책하자. 누아용 성당은 칼뱅이 뛰놀던 곳이자, 세례를 받고 또 성직록을 받기 위해 방문했던 곳이다. 칼뱅은 무슨 이유로 교회 회의에 불참한 까닭에 교회 감옥에 갇히는 벌을 받기도 했다고 한다. 칼뱅의 아버지는 참사회 회원으로서 교회 재산을 관리하는 임무를 맡았는데, 비리를 목격하고 내부 고발자가 되었다가 고초를 겪은 일이 있었다고 한다. 이 일을 계기로 칼뱅의 아버지는 성직자들에게 지긋지긋해졌는지, 칼뱅에게 성직자가 아닌 변호사가 되길 당부했고, 칼뱅은 아버지의 뜻에 순종한다.

● 성당을 한 바퀴 돌면서 성당 외관과 부속실까지 자세히 볼 수 있다. 권현익 선교사님의 자세한 설명이 필자에게 큰 도움이 되었다.

성당 외벽을 따라 걷다 보면 **목조로 된 성당 부속 건물**이 보인다. **도서관 건물**이다. 종교개혁 이전의 로마 가톨릭은 얼마나 타락했던지 성직 매매가 극심했고, 심지어 7살 어린아이가 사제가 되거나 자기 이름도 못 쓰는 사제도 있었다고 한다. 사제들이 무식해도 괜찮은 이유는 굳이 모든 사제가 말씀을 해석하고 설교할 필요가 없었기 때문이다. 미사 의식을 통해 종교적인 퍼포먼스만 취하면 예배가 된다고 생각하던 시절이니 교육이 무슨 필요가 있겠는가. 물론 중세 교회에도 훌륭한 학자들이 있었다. 그러나 그 지식이 성도들에게 흘러가지 않고 갇혀 있어서 문제였다. **중세 교회는** 도서관도 있고 학교도 운영하는 등 하드웨어를 갖추었음에도 그 모든 시스템이 성경 말씀을 밝히 드러내기보다는 희석시키고 감춰 버리는 도구가 되었다.

성당 내부를 보자. 성당의 맨 앞쪽, **제단이라 불리는 곳엔 어느 성인의 정강이뼈**(?)가 놓여 있다는데, 보자마자 한숨이 나온다. 어떤 성당에서는 성인의 유골이 있다고 해서 오랫동안 명성을 떨쳤는데, 최근에 과학적으로 유골을 분석해 보니 사슴 뼈라는 게 밝혀졌다고 한다. 그럼에도 그 성당은 그 뼈다귀를 버젓이 두고 있고, 신자들도 개의치 않고 거기에 예를 표한다는 것이다.

● 정체 모를 유골이 전시되어 있다. 종교개혁자들이 개혁하고자 애썼던 대표적인 구습 중 하나가 바로 이런 유물들이다.

누아용 답사를 마치며

누아용 답사를 도와주신 권현익 선교사님은 필자를 생 레베크라는 작은 마을로 안내하셨다. 이 마을에서 칼뱅의 조부가 살았을 것으로 추정된다. 선교사님이 참고한 책에는 칼뱅의 조부가 칼뱅과 그 형제들에게 '강물은 바다로 흐른다'라고 하면서 넓은 세계에서 다양한 경험을 하며 포부 있게 살라고 가르쳤다는 대목이 나온다. 그런 영향인지 칼뱅의 형제들은 누아용을 벗어나 파리로 옮겨 일하며 살았다고 한다. 선교사님은 칼뱅에게 이런 조부가 있었기에 칼뱅이 중세 교회의 구습에 포로로 잡혀 있지 않고 진리 안에서 참 자유를 누리며 살아갈 수 있도록 당시 종교개혁자들의 정신적 리더 역할을 할 수 있었던 것이 아닐까 추정하신다. 필자도 그분의 견해에 동의한다.

12

열두 번째 도시 | **샹티이**

Chantilly

그는 어떻게 샹티이성을
버릴 수 있었을까

      누아용에 이어서 파리 근교와 프랑스 외곽 도시들을 다니면서 '흩어진 종교개혁자들'의 이야기를 더 찾아보기로 하자.

      참 아름다운 성채다. '오만과 편견'에서 엘리자베스가 미스터 다아시의 대저택을 보았을 때 이런 기분이었을까? 영화에서 본 그 어떤 저택보다 아름답고 웅장하고 날렵하고 맵시 있다. 지금 우리가 탐방할 곳은 콜리니 제독의 집안이 살았던 샹티이성(Château de Chantilly, 샤토 드 샹티이)이다.

      콜리니 제독은 누구인가? 우리가 왜 여기까지 와야 하고, 굳이 이런 사람까지 알아야 하나? '가스파르 드 콜리니'는 종교개혁이 한창이던 시절 프랑스 해군 제독이었다. 집안도 좋고 유력했지만 개신교 사상을 받아들여, 힘들어 하던 위그노들의 정신적 지주가 되었던 사람이다. 그는 아직 공개적으로 개신교를 표방하기 전에도, 탄압을 피해 위그노들을 브라질 식민지로 보내서 안전하게 살도록 하는 계획을 세웠을 정도로 종교개혁에 우호적인 인물이었다. 위그노 전쟁이 일어나자, 콜리니 제독은 위그노 편에서 싸웠다. 초반에는 그리 적극적으로 싸우지 않았지만, 워낙 전쟁의 형편이 군급했고 지도자는 부족했기에 얼마 지나지 않아 가장 영향력 있는 위그노 지도자의 위치에 서게

● 주차장에 차를 세우면 눈앞에 펼쳐지는 멋진 장면. 우리가 감히(?) 이런 곳에 들어가도 될까 싶은 느낌이 들었다. ^^

되었다.

그러던 차에 스페인과 프랑스가 전쟁에 돌입하면서 프랑스 내부의 단결을 위해 가톨릭과 개신교는 단합해야 했고, 이때 콜리니 제독이 큰 역할을 한다. 그러나 문제의 '카트린 드 메디시스'는 그를 자신의 정적(政敵)으로 여겼고, 음해와 모략 끝에 저 유명한 '성 바르톨로메오 축일 학살'을 일으켰다. 즉, 이 말도 안 되는 대학살극은 결국 '콜리니 제독'을 제거하기 위한 것이었다. 사주를 받은 용병들은 가장 먼저 콜리니 제독의 집부터 공격했고, 안타깝게도 그는 그 자리에서 처참하게 순교한다.

콜리니 제독은 그렇게 죽을 필요가 전혀 없던 사람이다. 가만히 있기만 해도 어마어마한 영지를 물려받아 죽을 때까지 편안하게 살 수 있는 인물이었다. 콜리니 제독이 몸담았던 몽모랑시 가문(House of Montmorency)은 왕의 친인척 관계로서 가족들이 군권과 교권에 두루 포진

● 콜리니 제독

● 정갈하면서도 귀족적인 화려함을 잘 갖추고 있는 샹티이성. 콜리니 제독이 종교개혁을 위해 포기한 것이 무엇인지 살펴보기에 좋은 사례다.

되어 있었다. 엄청난 재력을 소유했기에, 왕도 함부로 대하지 못한 위세였다. 콜리니 제독은 이미 높은 지위에 올라 실력을 인정받은 자였다. 그런 그가, 왜, 말 그대로 '그 모든 부귀영화를 다 버리고' 위그노 지도자가 되었을까. 이곳 샹티이성을 직접 보기 전까지는 '뭐 그럴 수도 있지, 양심적인 사람이었나 보군' 정도로 생각했다. 그러나 샹티이성에 들어선 순간부터 필자는 콜리니 제독의 선택이 도무지 이해되지 않았다.

샹티이성은 소정의 입장료를 받는다. 입장 티켓 종류가 다양한데, 일단 성만 둘러보는 표를 구입하자. 정문으로 돌아서 들어가도 되지만, 소규모 인원이 움직인다면 **지름길(?)을 이용하자.** 해자를 건너자마자 왼쪽으로 가서 레스토랑으로 들어가면, 한쪽에 기념품과 도서를 파는 공간이 보인다. 그곳으

● 콜리니 제독의 죽음을 묘사한 삽화

로 이동해서 더 안쪽을 보면 아름다운 나선형 계단이 나타난다. 성 내부로 곧장 진입한 것이다.

나선형 계단을 오르면서 아이보리빛 대리석 계단과 금박을 입힌 듯 반짝이는 철제 계단 손잡이의 섬세하고 부드러운 마감을 느껴 보자. 흰색과 금색, 붉은색과 푸른색이 조화와 절제를 이루면서 화려하면서도 우아하게 위엄을 뽐내는 천장 디자인과 치밀하게 꾸며진 각종 인테리어에 황홀한 느낌이 들 것이다.

개인 예배실도 놓치지 말자. 유리 창문을 장식한 스테인드글라스 디자인이 찬란한 빛을 뿜는다. 고서가 빼곡히 꽂혀 있는 아름다운 서재도 보고, 거기 진열되어 있는 '중세 출판물'도 구경해 보자. 갈색 톤으로 차분하게 가문의 역사와 성경 인물 등을 소개하는 패널도 있는데, 정보를 처리하는 기법도 놀랍지만 미적 측면에서도 아름다움의 극치다.

- 샹티이성 내부에 마련된 예배실. 화려한 스테인드글라스와 벽 장식이 아침과 오후 햇살에 각각 빛나면서 신비로운 분위기를 연출한다.

- 일부 도서는 열람할 수 있도록 되어 있고 희귀 도서는 유리 진열대를 통해서 구경할 수 있다.

'콩데 박물관'(Musée Condé)이라는 이름으로 운영되고 있는 샹티이성은 그 자체로 살아 있는 역사 박물관이었다. 종교개혁지 탐방 팀은 이곳에서 마치 복습하는 기분으로 전시물들을 둘러볼 수 있을 것이다. 종교개혁사에 등장하는 '아는 인물'이 꽤 나올 것이다. 샹티이성은 대도시의 웬만한 박물관 저리 가라 할 만큼 전시품의 숫자가 많았고 또 전시 수준도 훌륭했다.

● 내부 관람시 감탄했던 예배실을 바깥에서 바라본 모습.

성 한편 뾰족한 첨탑은 조금 전에 둘러본 예배실인데, 실내에서도 아름다웠던 스테인드글라스가 맞은편 창문에서 들어오는 역광에 비쳐서 바깥에서 봐도 영롱하게 빛을 발한다.

성 뒤편에 좌우 대칭을 이룬 아름다운 호수 정원과 분수까지 구경하다 보면 그냥 여기서 계속 살고 싶어질 것이다. 하지만 파리 일정 중에 이곳에 왔다면 시간이 한없이 많지는 않다. 정원 쪽에서 성을 배경으로 기념 사진을 찍으며 아쉬움을 달래 보자.

콜리니 제독은 이런 찬란함을 다 버리고 개신교 신앙을 택했다. 재물과 권력뿐인가. 끝내는 그의 목숨까지도 신앙의 형제들을 위해 바쳤다. 화려한 샹티이성 내부를 거닐면서 잠시 콜리니 제독이 겪었을 고뇌와 고통을 상상해 보자. 맑은 하늘, 찬란한 햇빛 아래에서 쨍하니 빛나는 샹티이성의 아름다움과 위용이 우리를 압도하면 할수록, 콜리니 제독이 버려야 했던 물질적인 것들, 얽혀 있는 관계들, 또한 자신의 선택으로 말미암아 뒤따라야 했을 사람들의 희생이 얼마나 깊고 넓었을지, 꼬리에 꼬리를 물고 생각이 깊어진다. 믿음도 하나님께서 주시는 것이고 그에 따른 삶 역시 하나님 손에 놓여 있다. 우리의 인생은 어떻게 빚어 가실까. 어떻게 단련해 가실까. **우리가 버려야 할 샹티이성은 무엇일까.** 모든 것이 다 주의 손에 있음을 인정하면 어떤 인생이 펼쳐지든 자족할 수 있다. 그런 마음 주시기를 간구한다.

● 샹티이성 뒷뜰에 배치된 분수대. 웬만한 궁전 못지않다.

13

열세 번째 도시 | **라로셸**

La Rochelle

리슐리외 추기경의 '라로셸' 포위 섬멸 작전

    이번에 방문할 도시는 프랑스 서쪽 항구 도시 '라로셸'이다. 이곳을 비중 있게 소개하려 한다. 여기는 왜 가야 하는가. 가서 뭘 봐야 하는가. 이런 궁금증을 가진 채, 필자가 걸었던 낯선 길을 함께 걸어 보시길 바란다.

기차는 파리를 벗어나고 차창 밖으로 널따란 논밭이 아름답게 이어진다. 평온하고 아름답고 단정하다. 다섯 시간이 흘러 도착한 라로셸 기차역(Gare de La Rochelle)은 아름답고 웅장한 건축물이다. 지금은 세계인에게 그리 유명하지 않지만 이곳은 수백 년간 부유했던 서프랑스 끝에 있는 대표적인 해상 무역 도시였다. 필자는 2015년 봄, 파리 여행 중에 위그노 취재차 1박 2일 일정으로 이 도시를 찾았다.

    라로셸 여행의 목표는 두 개였다. 하나는 이 도시에 있는 '프로테스탄트 박물관' 및 위그노 후예들이 지금까지 지키고 있는 교회를 방문하는 것이었다. 다른 하나는 이 도시의 슬픈 역사라 할 수 있는 '라로셸 대 포위 공방전'의 현장을 보는 것이었다. 소설 '삼총사'에서 리슐리외 추기경이 이끄는 프랑스군이 영국군을 완벽하게 막아 냈던 곳이다. (삼총사 중에서 특히 '아토스'가 엄청난 활약을 벌인다.) 알

● 보통 한국인 관광객이 여기까지는 잘 오지 않는다. 파리에서 꽤 먼 거리이고 근처에 다른 탐방지도 마땅치 않아서, 실제로 탐방 동선에 넣기는 쉽지 않겠다. 하지만 꼭 소개하고 싶었다.

렉상드르 뒤마는 이 장면을, 찰스 1세가 라로셸의 위그노를 구하겠다며 병력을 이끌고 왔던 실제 역사에 기반해서 썼다. 뒤마는 작품을 위해 이 도시에서 얼마간 머무르기도 했다.

라로셸은 어떤 도시인가

잠시, 이 도시에 얽힌 역사의 드라마를 알아보자. 낭트 칙령 이후 신교도들의 도피성이 된 라로셸은 오래전부터 시민 의식이 높은 도시였다. 종교개혁 이전부터 자체 선거를 통해 매년 시장을 뽑았던 만큼 실리적이고 자유로운 도시였다. 르네상스와 개신교 사상을 손쉽게 받아들일 수 있는 지리적 사상적 토양이 준비되어 있었다. 프로테스탄트들에게 '자유'보다 소중한 가치가 또 있을까.

도시의 번성과 함께 주변 나바르 왕국이나 스위스, 영국 등 신교도가 강세인 국가들과 긴밀한 관계가 이어졌으며, 낭트 칙령 이후로는 공식적으로 신교도의 자유 도시가 되었으니, 라로셸은 왕조차 함부로 건들지 못하는 세력으로 급부상했다.

그러나 평화는 오래가지 못했다. 가톨릭 신자였던 루이 13세는 아버지 앙리 4세의 죽음 이후, 어머니인 마리 드 메디시스의 섭정에서 벗어나 왕권을 강화해야 했다. 이때 총리가 된 리슐리외 추기경의 노련함과 추진력이 시너지를 발휘한다. 리슐리외 추기경은 라로셸에서 멀지 않은 뤼송(Luçon) 주교로 일하던 시절부터 라로셸이 어떤 힘을 가진 도시인지 훤히 꿰고 있었다. 루이 13세의 욕망과 리슐리외 추기경의 종교적 신념이 콜라보를 이루어, 프랑스 신교도들은 무시무시한 핍박을 받는다. 그리고 핍박의 칼날은 결국, 모든 위그노들의 정신적 지주 역할을 하던 라로셸을 향한다.

이 전쟁은 단순한 국지전 혹은 내전이 되리라 여겼으나, 곧 국제전의 양상으로 흐르고 만다. 리슐리외는 프랑스 정예 병력을 진두지휘하여 라로셸을 육지 쪽에서 완벽히 포위한다. 그런데 문제가 있었다. 라로셸은 항구 도시였고, 프랑스는 해군이 빈약했다. 그래서 꼼꼼한 리슐리외는 이미 수년 전부터 영국의 찰스 1세를 매수했다. 프랑스 공주와 결혼하는 조건으로 지참금을 두둑히 주고, 훗날 라로셸을 공격할 때 바다 쪽을 맡아 달라고 밀약을 걸어 두었던 것이다. 개신교 국가의 찰스 1세가 국내의 엄청난 반대에도 불구하고 가톨릭 국가의 공주와 결혼을 강행한 이유가 여기 있었다!

라로셸을 공격하러 가는 척 함대를 준비했지만, 리슐리외 못지않게 야비한 찰스 1세는 실제로는 리슐리외의 뒷통수를 치려고 했다. 국내 문제로 골머리를 앓던 찰스 1세는 같은 개신교도를 공격하는 행동이 자신의 정권에 위협이 될 것을 알았기 때문이다. 그래서 그는 오히려 프랑스군을 치고, 라로셸을 구원하러 출병한다. 반전에 반전을 거듭한다. 하지만 또 그 정보가 리슐리외에게 진즉에 새 버렸고, 프랑스군은 바다에 방파제를 건설한 후 영국군을 기다리고 있었다. 이게 다 라로셸 앞바다에서 벌어진 일이다.

오른쪽 지도에서, 라로셸은 물샐 틈 없이 포위된 상태이다. 항구는 남쪽으로 단 하나의 입구만 가진다.

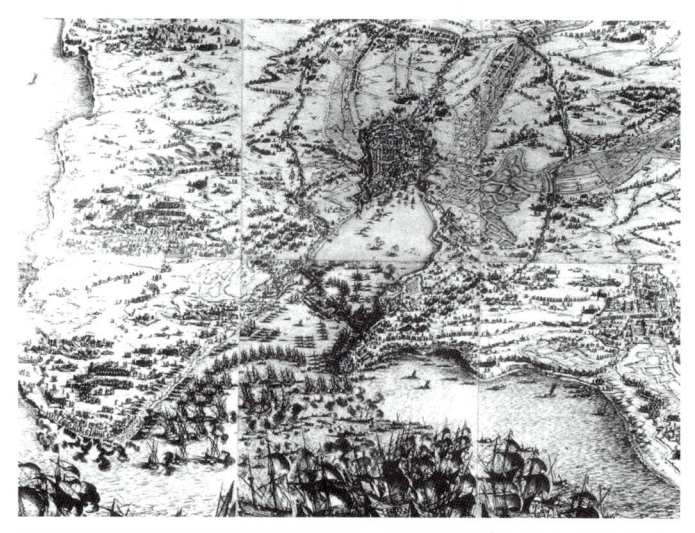

● 자크 칼로가 그린 라로셸 포위전. 가운데 라로셸을 국왕군의 군대가 수륙 양면에서 완벽하게 포위하고 있는 모습이 잘 드러나 있다.

해안은 갯벌이 넓게 발달해서 정기적으로 준설해 주지 않으면 큰 배가 진입조차 할 수 없는 좁은 물길을 지녔다. 그래서 저곳에 방파제를 건설해서 포위망을 완성해 버리면, 함대는 라로셸에 닿지도 못한다. 프랑스군은 바다에 오래된 함선을 띄우고 그 안에 돌을 채워 넣어 침몰시키는 첨단 공법으로 방파제를 완성한다. 결국 영국군은 씁쓸하게 돌아갈 수밖에 없었다. 마지막 구원의 손길까지 무산된 라로셸 시민들은 시장 장 기통의 지휘 아래 용감하면서도 처절하게 저항한다. 얼마나 처절하게 싸웠을까. 3만 2천 명의 시민이 5천으로 줄어들었다. 결국 그들은 프랑스군의 손아귀에 떨어지고 만다. 리슐리외 추기경의 라로셸 포위 및 위그노 섬멸 작전은 그렇게 성공했다. 잠재적 반란 세력을 제압한 루이 13세와 리슐리외는 이후 프랑스 절대 왕정의 기틀을 다진 왕과 재상으로 역사에 남게 된다.

라로셸을 답사하는 방법

파리에서 기차로 무려 다섯 시간을 달려, 라로셸에 도착했다. 그 옛날, 수많은 무역 선박이 오갔을 라로셸 항에는 지금도 수많은 요트들이 잔뜩 정박해 있다. 항구 쪽 뷰(view)를 자랑하는 식당들이 늘어서 있고, 관광객도 꽤 많다.

요트가 잔뜩 모여 있는 항구와 식당가를 지나 도심으로 들어가면, 오래되어 보이는 석조 건물들이 빼곡히 늘어서 있다. 좁은 거리에는 사람들이

● 라로셸은 프랑스 서쪽 끝 대서양에 닿아 있는 항구 도시이다. 그러다 보니 휴가철이면 관광객이 많이 찾는다고 한다. 하지만 여행 중에 한국인은커녕 아시아인조차 거의 못 만나 보았다. 이 책의 독자분들이 많이 찾아가시면 좋겠다.

비를 맞지 않고 상점 앞을 지날 수 있도록 아케이드(Arcade)가 지어져 있다. 16~17세기 느낌이 그대로 난다. 라로셸은 전통적으로 해상 무역이 발달했기에, 항구에 인접한 상업 지구에 소매점이 번성했다. 상업 교역과 문화 교류가 도심가 상점에서 동시에 이루어졌다. 아케이드를 지나며 수백 년 전 진귀한 물건을 사고파는 라로셸 시민들의 모습을 떠올릴 수 있다.

부둣가 식당에서 간단히 식사를 마치고 짐 가방을 풀기 위해 숙소부터 찾아 나섰다. 예약한 숙소 이름은 '프랑수아 1세'였다. 한국에서 숙소를 고를 때, 원래는 바다가 보이는 숙소를 골랐다가 마음을 바꿔 이 숙소로 정했다. 구시가 중심에 위치한 17세기 건물이라고 해서, 여기서 하룻밤을 보낸다면 당시 위그노들의 마음을 상상하기에 조금이나마 도움이 되지 않을까 해서였다.

그림과 글로만 보며 상상했던 역사적인 장소에 직접 와 보는 일은 언제나 가슴 뿌듯한 일이다. 특히 라로셸처럼 역사의 기록이 건축물에 고스란히 잘 보존된 경우는 더욱 그렇다. 이 도시는 작아서 어디든 도보로 충분히 이동할 수 있다. 시내에 숙소를 잡고 1박 2일로 다니는 것을 추천하지만, 일정상 불가피하게 당일치기를 할 경우에는 조금 바삐 움직여야 한다. 파리 기준으로 기차 시간이 5시간은 걸리기에, 왕복하려면 시내에서 보낼 수 있는 시간이 많지 않다. 일찌감치 새벽 기차를 타는 것은 필수이다. 가벼운 발걸음을 위해 무거운 짐은 숙소에 두고 오거나 기차역에 보관하고 움직이자.

길을 걷다가 방향 표지판에서 '앙리 4세' 호텔을 발견하고 미소 지었다. '어딜 가나 앙리 4세로구나.' 우리가 머무는 곳 이름은 르네상스 문화를 사랑했던 프랑수아 1세. 프랑스인들이 사랑하는 두 왕, 프랑수아 1세와 앙리 4세의 이름을 딴 호텔이 라로셸에 있고, 그중 하나에 묵는다는 사실이 재미있다. 다만 글을 쓰면서 생

● 도심 관광 코스를 알려 주는 표지판 맨 아래에 앙리 4세 호텔이 보인다.

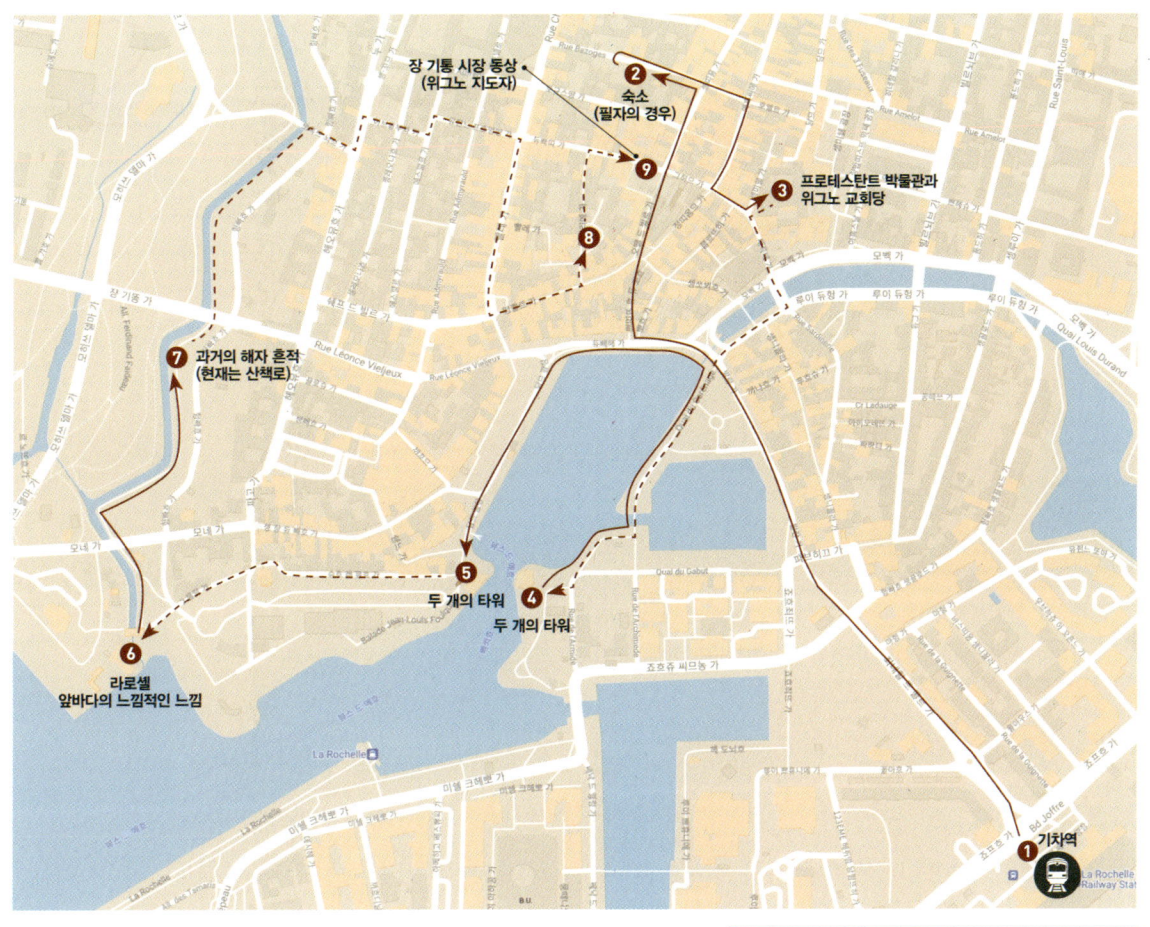

● 추천 동선은 기차역에서부터 위와 같이 시계 방향으로 걸어서 움직이는 것이다.

각해 보니, 종교개혁지 탐방 팀이라면 프랑수아 1세보다는 앙리 4세 이름이 붙은 호텔에서 묶는 것이 역사적 맥락에서 더 어울리지 않나 싶다. :D

라로셸은 중요하기 때문에 분량을 많이 할애했다. 가장 먼저 가 볼 곳은 라로셸 프로테스탄트 박물관이다. (이 박물관 투어와 관련된 자세한 이야기는 뒤에서 하기로 한다.) 박물관 투어를 마치고 항구 근처를 여유롭게 걸어 다니다 보면 자연스럽게 발걸음이 향하는 곳은 라로셸의 상징이라 할 수 있는 두 개의 타워 중에 한 곳이 될 것이다. 이 타워들에 대한 이야기도 따로 다룰 것이다. 이어지는 글에서 우리는 이 도시를 지키는 상징이자 구원의 횃불이었던 두 개의 타워를 방문할 것이며, 그 다음 페이지에서 라로셸의 위그노 후손들과 프로테스탄트 박물관을 소개하도록 하겠다.

체인(Chain)의 제왕 - 두 개의 타워

선박이 항구로 진입하는 길목을 철벽처럼 방어하는 **두 개의 타워에는 놀라운 비밀이 숨겨져 있다.** 물길 아래로 체인이 연결되어, 도시로 들어오는 선박을 완벽하게 통제할 수 있는 것이다. 원치 않는 배가 진입할 때는 체인을 걸어 버리면 된다. 리슐리외의 막강한 군대가 항구 도시 라로셸을 함부로 칠 수 없었던 이유 중에는 바로 이런 방어 장치도 있었을 것이다.

사실 라로셸에는 총 3개의 타워가 있는데, 항구에서 보이는 두 개의 타워가 **생 니콜라 타워**(the Saint Nicolas Tower)와 **체인 타워**(the Chain Tower)다. 체인 타워에서 해안 성곽을 따라 더 걸어가면 **조그마한 등불 타워**(the Tower of the Lantern)가 하나 더 있다. **이 탑 주변을 직접 발로 걸으며 꼼꼼히 살펴보자.** 바닷물이 닿아 있는 방파제도 거닐어 보자. 필자의 경우에도 이곳을 직접 걸어 본 경험이 《특강 종교개혁사》 집필에 큰 역할을 했다. 작가적 상상력 발휘에 큰 도움을 준 것이다.

● 두 개의 타워는 라로셸 관광의 주요 포인트에 속한다. 입장료는 현장 결제 가능하다.

생 니콜라 타워(the Saint Nicolas Tower)

바다 쪽에서 도시를 볼 때 우측에 있는 가장 큰 타워, 생 니콜라 타워에 먼저 들어가자. 이곳 타워에는 투어 프로그램이 있다. 1층은 입장료 판매와 서점, 기념품 숍 등으로 꾸며져 있다. 타워 1개만 입장하거나 2개 모두 입장하는 등, **티켓에 차이가 있으니 주의하자.** 타워를 겉으로만 보면 입장료가 꽤 비싸다는 느낌이 들 것이다. 이런 오래된 타워에 무슨 볼거리가 있겠나 싶겠지만, 마음을 고쳐먹자. 티켓을 사면 두툼한 유인물을 한 권 준다. 생 니콜라 타워의 층별 구조 설명과 구조적 변천사 및 라로셸 함락전 등의 정보가 빼곡히 담겨 있다. 물론 프랑스어로 되어 있어서 난해하긴 하나, 사진과 그림을 보는 것만으로도 의미가 있다.

안내 책자를 들고서 타워 한 층 한 층 꼼꼼히 둘러보자. 밖으로 난 창을 통해 교대로 대포를 쏠 수 있는 공간, 화장실, 예배실 등을 둘러보자. **중세 초기에 만든 벽 장식의 상징이 무엇을 의미하는지 등을 생각하다 보면 '탐구의 희열'을 느낄 수 있을 것이다.** 타워 꼭대기에는 비록 허접한 성능이겠지만 망원경도 준비되어 있다. 바다 쪽을 보면서 저 멀리 방파제 때문에 들어오지 못했던 영국군 함대를 상상해 봐도 좋겠지만, 거꾸로 돌려서 구도심 쪽을 보는 것도 가능하다.

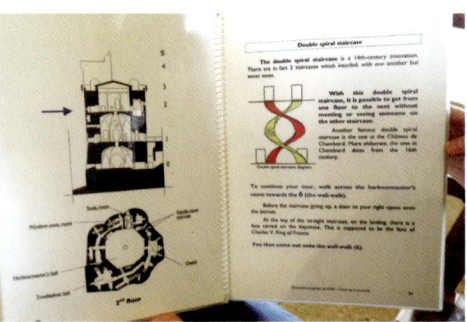

- 타워 꼭대기에서 바다 쪽을 내려다본 광경. 저 멀리 큰 바다가 보이고, 배들이 한꺼번에 밀고 들어올 수 없도록 수로가 좁게 나 있다. 항구 방어에 유리한 천혜의 조건이다. 나중에 보니 요트 한 척이 정확히 한가운데 수로를 따라 조심스레 일직선으로 입항하고 있었다.

생 니콜라 타워에서 내려오면 **1층의 기념품 숍과 서점**에 잠깐 들러 보자. 특히 서점에서 판매하는 책들은 인상 깊다. 리슐리외 추기경의 초상화를 책 표지에 과감하게 그려 넣은 책이 마음에 들어 펼쳐 보았다가 경탄했다. 제목부터 인상적이다. 《그들은 프랑스의 역사를 바꾸었다》. 이런 류의 역사책은 보통 표지만 그럴싸하고 속지는 글자만 가득하거나 그림 몇 장 삽입된 게 전부인데, 허를 찔린 기분이었다. 프랑스 역사에 관한 인물과 사건 등이 사진과 그림, 글 등으로 배치되어 있는 것은 물론, 군데군데 기름종이로 만든 편지 봉투가 내지에 붙어 있는데 그 안에 역사적 자료가 될 만한 편지와 선언서 등이 원본 형태로 디자인되어 꽂혀 있는 식이다. 출판사를 운영하는 필자로서는 이 책의 제작비가 도대체 얼마나 들었을까 하는 생각과 함께, '그렇지! 역사를 제대로 가르치려면 이 정도는 감수해야지!' 하는 생각이 동시에 밀려왔다.

확실히 **라로셸이 프랑스 역사에서 중요한 도시**라서 그런지, 항구를 지키던 타워에 불과한 곳의 기념품 코너에 놓인 책치고는 수준 높은 역사책이 가득했다. 필자는 《프랑스 신교의 역사》라는 책을 발견하고 눈이 번쩍 띄었지만, 책이 묵직한 만큼 책값도 묵직해서 망설이다가, 생각해 보니 어차피 프랑스어를 몰라서 그냥 두고 나왔다.

● '이 책을 사왔어야 했는데…' 하는 후회가 든다. ^0^

책 표지를 장식한 십계명 두 돌판은 신교도를 상징하는 그림이라 해도 과언이 아니다. 라로셸이나 누아용 등 프랑스 신교도 관련 박물관에는 대부분 이 그림이 걸려 있었다. 그렇다. **신교도는 율법을 중시했다.** 당시 그들에게 뒤집어씌웠던 누명처럼, 그들은 결코 율법 폐지론자들이거나 무정부주의자, 권위와 질서의 파괴자들이 아니었다!

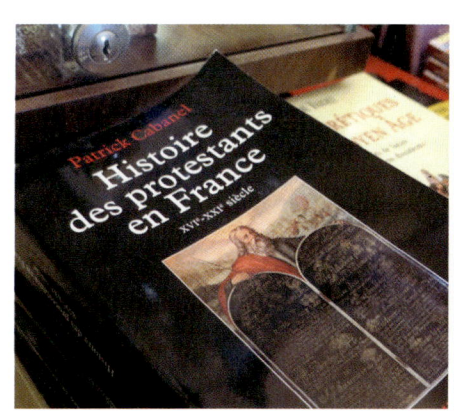

● 일종의 직업병으로, 여기까지 와서도 기념품 숍 도서 코너에서 한참을 서성거렸다.

● 건너편에 있는 체인 타워. 시간이 많을 경우, 그리고 입장 티켓을 두 개의 타워 통합 세트로 샀을 경우 들어가 보자. 필자는 타워보다는 바닷가 쪽 주변 시설물을 둘러보는 것에 시간을 썼다.

● 라로셸 성곽 바로 앞의 해자 흔적. 과거의 모습은 거의 찾아볼 수 없지만 상상력을 동원하면 그 당시 공포에 떨었을 라로셸 주민들과 그들의 목숨을 지켜야 했던 병사들의 모습이 그려진다.

라로셸 성곽, 해자, 구도심 골목길

비 오는 토요일, 라로셸 풍경은 사뭇 차분해졌다. 라로셸 공성전의 현장을 더 확인하려면 성곽 밖으로 나가서 해자를 따라 걸어 보는 것이 좋다. 현재는 산책로로 조성되어 있어서 전쟁터의 느낌은 사라지고 없지만, 역사를 알고 그 길을 걸으면 느낌이 다르다. **성문 밖이었음에도 드문드문 성곽의 흔적으로 보이는 돌무더기들이 남아 있다.** 성곽 바깥에 유료 주차장이 있고, 그 길로 죽 따라 들어가면 작은 물길과 함께 숲길이 나 있다. 이것이 라로셸 공성전 당시 해자의 흔적이다.

약간 오싹해졌다. 그 옛날 이곳에서 목숨을 걸고 싸웠던 위그노들이 지금 내가 발을 딛고 선 이 땅에 똑같이 서 있었을 것이다. 그들이 바라봤을 하늘도 지금 우리가 보는 하늘과 똑같다. 수백 년 된 도시에 머물면서 그 당시를 떠올리는 이 순간은 꿈만 같다. 역사를 모르고 이 자리에 서면 도무지 아무 느낌도 없을 그런 장소일 뿐이다. 그래서 거길 왜 가나 싶은 그런 곳이다. 그러나 알고 나면 사랑하게 되고, 사랑하고 나면 보이는 것이 달라지는 법이다. 라로셸이 정확히 그런 곳이다.

스페셜 탐방 프로테스탄트 박물관

라로셸에서 만난 위그노의 후손과 프로테스탄트 박물관

'라로셸 프로테스탄트 박물관' 관람. 이곳에 가려면 사진 촬영 허가 및 가이드 요청을 미리 메일로 신청하는 것이 좋다. 한글로 적어서 구글로 번역해서 보내면 그쪽도 구글로 번역해서 읽고 프랑스어로 답을 보내올 것이다. 방문객이 많지 않기 때문에 예약을 하고 가지 않으면 문이 닫혀 있는 황당한 경우가 있을 수도 있겠다. 웬만하면 예약하자! 박물관 가이드와의 시간 약속은 소속 교회(라로셸 템플 교회, QR 코드 참고)로 하자. 이름이 '템플'이길래 무슨 가톨릭 성당인 줄 알았는데, 프랑스어와 영어 병기된 안내판을 보니 지금까지 프로테스탄트들이 다니고 있는 교회라 한다.

　필자를 안내했던 박물관 가이드는 백발의 하얀 커트 머리 할머니였다. 파란 바바리 코트를 입고 검은 선글라스를 낀 채 나타난 그분은, 우리가 사우스 코리아에서 왔다는 말에 무척 놀라는 눈치였다. 왜 왔냐는 질문에, 우리는 한국의 장로교회 신자이며, 웨스트민스터 총회에 대한 책을 쓰고 있고, 라로셸의 역사가 궁금해서 왔다고 말씀드렸다. 프로테스탄트의 후예라고 하니 곧바로 악수를 청하셨다. 짧은 악수를 나누는 동안 큰 감동이 일었다. 같은 신앙을 공유했다는 이유만으로, 순식간에 인종과 문화를 뛰어넘는다는 것이 이런 것이구나 싶었다. 할머니는 영어를 안 쓴 지 오래됐다며 연신 미안해하셨고, 우리는 오히려 잘됐다며, 우리도 영어를 잘 못하니 쉽게 설명해 달라고 부탁드렸다. 느린 움직임과 목소리에 떨림이 느껴지는 것으로 볼 때 연세가 꽤 들어 보이셨지만, 쾌활하고 친절한 기운이 느껴졌다. 할머니는 한 번 더 미안해하시며, 박물관 열쇠를 두고 왔다며 친구가 가지고 올 거라고 잠깐 기다려야 한다 하셨다. 나이가 드니 깜박깜박 한다며 수줍게 웃으셨다.

조금 기다리니, 한적한 골목길에서 '끼익끼익' 소리를 내며 자전거 한 대가 나타난다. 자전거를 탄 분도 백발의 할머니셨다. 가방에서 떨리는 손으로 열쇠 하나를 꺼내 가이드 할머니에게 전해 주시고 손 인사를 하며 떠나셨다. 순간 감이 왔다. 아, 이분들은 라로셸 프로테스탄트 교회의 교인들이시구나.

박물관은 교회 건물 한편에 통로가 있고 거기에 연결된 작은 방에 전시물이 꾸며진 형태였다. 우리는 일단 예배당으로 들어섰다. 친숙한 장의자와 강대상으로 단순하게 꾸며진 인테리어에 울컥 감동이 됐다. 이런 게 바로 프로테스탄트 교회다운 인테리어지…. 로마 가톨릭 성당을 흉내 내며 화려하게만 지으려 하는 한국의 예배당 건축 분위기가 떠올라 가슴이 아팠다. 예배당을 훑어본 뒤, 할머니를 따라 예배당 옆문으로 들어가 소액의 박물관 입장료를 지불하고 드디어 박물관 관람을 시작했다.

전시물은 주로 16~17세기 종교개혁에 관한 대략의 개요, 프랑스 내부의 종교 갈등, 그리고 거기에 얽힌 라로셸 이야기에 관한 것이다. 아울러, 차분하게 이루어지는 해설에서는 최초의 위그노 도시였던 라로셸에서 지금까지 명맥을 이어 오는 프로테스탄트 교회 교인으로서의 자부심이 느껴졌다.

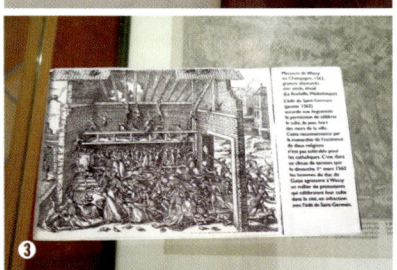

박물관 내부 소개를 위해 몇 장의 사진을 골라서 간단한 설명을 붙인다.

❶ 대표적인 종교개혁자들의 모습. (위 왼쪽부터 시계 방향으로) 체코의 얀 후스, 멜란히톤, 구스타브 아돌프, 츠빙글리, 위클리프, 루터, 칼뱅, 히에로니무스.

❷ 라로셸에서 사역하던 목사 Pierre Richer가 라로셸의 통치자 Guy Chabot de Jarnac에게 보낸 편지. Pierre Richer는 브라질에 위그노 식민지를 건설하기 위해 콜리니 제독이 몰래 파견했던 사람 중 하나였다('상티이성' 편 참조).

❸ 앙리 드 기즈가 벌인 '바시의 학살 사건(1562)' 기록. 이 사건으로 말미암아 본격적으로 위그노 전쟁이 일어난다. 바시 대학살에 대한 정보는 위그노 전문가 권현익 선교사의 글(QR 코드)을 참조하자.

❹❺ 교황과 주교를 비꼬고 비판하는 기념 주화(?). 거꾸로 보면 인물들이 마귀처럼 보인다.

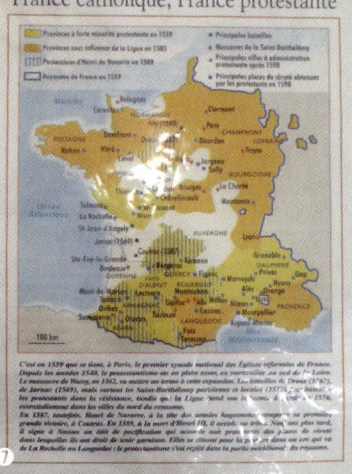

❻ 칼뱅의 뒤를 이어 프랑스 종교개혁을 돕던 베자

❼ 16세기 당시 프랑스의 신구교 분포 현황

❽ 1572년 라로셸 신앙고백서

❾ 성 바르톨로메오 축일의 학살 현장을 묘사한 포스터

❿ 성 바르톨로메오 축일에 의연하게 죽음을 당하는 콜리니 제독을 표현한 포스터

⓫ 라로셸의 개신교인들을 돕던 잔 달브레 등의 인물들

　　이곳에는 프랑스 종교개혁의 개요를 알려 주는 일반적인 전시물도 많지만, 라로셸과 직접적으로 관련된 전시물도 따로 모여 있다. 리슐리외 추기경이 바다에 방파제를 건설했던 당시의 흔적들과 유물들이 있고, 당시 도심과 주변 지역을 표시한 고지도 역시 보존되어 있다. 다양한 크기의 대포알도 보인다.

　　다양한 성경책이 진열된 곳도 보인다. 히브리어 원문에 주석을 달아 둔 성경, 제네바 성경, 라로셸 신자들을 위한 성경 등, 다양한 버전과 다양한 크기의 성경을 볼 수 있는데, 라로셸 시민들의 성경에 대한 관심이 얼마나 많았는지 가늠할 수 있다. 오래된 성경들이 꽂혀 있는 책장 앞에서 가이드 할머니는 라로셸 공성전 패배 이후의 상황을 설명하셨다.

처절한 패배 이후….

라로셸은 모든 것을 빼앗기고 말았다. 명목상 –그리고 법률상– 낭트 칙령은 유효했지만, 법보다 주먹이 가까웠다. 이런 상황에서 신앙의 자유를 드러내 놓고 추구했다가는 목숨을 부지하기 어려운 형편. 이후 루이 14세 때에 이르러서는 낭트 칙령마저 폐기되고 만다. 어쨌든 삶의 터전인 라로셸을 떠날 수 없었던 시민들은 자신들의 신앙을 잃지 않기 위해 생명을 걸고 조용히 분투한다. 작은 성경책을 만들어 여인들은 머리 장식 속에, 남자들은 가슴팍 옷깃 사이에, 집안 어느 벽장 등에 숨겨 놓고 몰래 읽었다. 성경을 읽지 못하도록 탄압했기 때문이다.

이런 상황에서 라로셸 시민들은 아이들 교육 역시 그들답게 해냈다. 아이는 7살이 되면 가톨릭 학교에 들어가서 강제로 가톨릭 교리를 배워야 했다. 라로셸 시민들은 여기에 어떡하든 맞서야 했다. 그래서 그들은 아이가 학교에 들어가기 전에 미리 개신교 교리를 가르치려고, 4살 때부터 글을 가르치고 성경을 가르쳤다. 잘못된 교리 앞에서 자신의 신앙을 지킬 수 있도록 말이다. 이제 겨우 입이 트이는 아이들에게 3년간 치열하게, 그것도 비밀리에 신앙을 가르쳤을 사람들을 떠올리니, 온몸에 전율이 일었다. 정말이지 목숨처럼 지켜 낸 그들의 신앙. 위그노의 역사를 보면 그 핍박이 얼마나 처절했는지, 차라리 죽는 것이 나았을 시대가 아니었을까 생각이 든다. 폭풍우 같은 역사의 한복판에서 치열하게 싸웠던 신교도들의 이야기 중에 우리가 아는 것은 지극히 일부에 불과할 것이다.

이제 관람을 마칠 시간이었다. 할머니와 우리는 방에서 빠져나왔고 박물관의 문이 잠겼다. 할머니는 입장료를 받던 자리에 잠깐 멈춰 서서 가방을 뒤지며 뭔가를 찾고 계셨다. 무슨 방명록 같은 것을 적어야 하나 보다 생각하며 기다렸다. 하지만 막상 할머니가 꺼내서 보여 주신 것은 아주 작고 낡은 성경이었다.

할아버지가 전쟁에 나가서도 품에 지니셨던 성경이었다고 한다. 손녀에게도 개신교 신앙을 물려주셨던 할아버지와 할아버지의 성경을 소중히 간직하며 그 뜻을 이웃에게도 전하고 있는 손녀 할머니라니…. 수백 년 전 위그노들의 수난과 무력해 보이는 저항과 헛된 죽음들을 절절히 간접 경험하고서 가슴이 허하고 먹먹했는데, 그 열매와 결실이 바로 내 앞에 있었다. 한때 신교도들의 위엄을 드높였던 라로셸에서 종교개혁의 가치를 전하는 백발의 위그노 할머니와 악수를 나누다니 정말 뜻깊은 순간 아닌가. 그리고 우리 자신도 역시 신교도 신앙의 선배들에게 뿌리를 둔, 그리스도의 지체이자 열매 아닌가.

다시 예배당으로 나오면서 할머니께 양해를 구하고서 예배당을 꼼꼼히 살펴보고 사진을 찍었다. 할머니께 지금 교회 다니는 분은 몇이나 되는지 여쭤 보니 잠깐 눈빛이 흔들리신다. 한때 400명 정도 다니던 교회에 지금은 40명뿐이라고 하셨다. 또 무례한 질문일 수 있지만 직설적으로 여쭤 보았다. 왜 프로테스탄트이면서도 교회 이름에 지금도 'Temple'이라는 단어를 붙였는지 말이다. 할머니는 템플과 예배당의 차이를 분명하게 인식하고 계셨고, 이름 자체에 별 힘이 없음을 간결하고 명쾌하게 설명하셨다. '템플'이라는 이름 자체가 오히려 신교도들의 저항과 자유의 역사를 압축적으로 반증하고 있기에 버리지 않고 그대로 살려 둔 것 아닐까. **자신들의 역사를 잊지 않도록** 기록으로 남겨 놓는 프랑스 신교도들의 자세

● 설교단이 높이 위치한 것을 제외하고는 한국 전통 개신교 교회당 내부와 유사하다.

아닐까 생각이 들었다. 또 한편으로, 프랑스의 종교는 시민 혁명 이후로 지금까지도 억압과 심정적 통제를 겪고 있기에 개신교 신앙을 드러내기 위한 시도가 어려웠던 것 아닐까 생각해 본다.

우리는 유럽에서 개신교의 위세가 몰락했다며 쉽게 혀를 찬다. 그러나 우리 눈으로 하나님 나라의 역사를 보는 것에는 한계가 있다. 고정된 지역에서 긴 시간 신앙을 이어 가고 교세가 큰 것은 인간의 눈에나 가치가 있을 따름이다. 우리는 부름받은 자리에서 교회를 이루고 교회의 순결을 위해 노력할 뿐이지, 교회의 교세나 지속성 자체에 목표를 두지 않는다. 그리스도는 언제나 당신에 대한 지식과 사랑과 순종이 이루어지는 교회를 이루시고 통치하신다. 백성들을 일으키시고 불러 모으시고 찾으신다. **교회는 하나님을 좇는 백성들의 모임이지, 지역에 국한된 것이 아니라는 사실**이 다시금 우리 영혼에 분명한 울림을 가져다준다.

이로써 프로테스탄트 박물관 관람을 마쳤다. 이날 이후 라로셸이란 이름이 필자의 가슴에 강하게 새겨졌다. 영혼에 불씨 하나를 옮겨 받은 듯하다. 평생 잊지 못할, 감사한 여행이었다. 이곳을 여러분께 강력하게 추천한다!

스페셜 탐방 승리의 노트르담 사원 Notre-Dame des Victoires

La Rochelle

epilogue

'파리에서 다시 발견한 라로셸의 흔적'

아름다운 라로셸에 언제 또 와 보나 싶어 아쉬운 마음에 항구 근처를 바라보는데, 전통 복장을 한 사람들이 떼 지어 걷는 모습을 발견했다. 아마도 거리 퍼포먼스가 진행되는 모양이었다. **황토색 외투에, 들고 있는 깃발에는 노랑 백합 문양**이 새겨져 있다. 라로셸 고유의 문장인 것 같아 사진에 담아 두었다. 그런데 이 짧은 순간은 일종의 '복선'과도 같았다. 우리는 전혀 예기치 못했던 곳에서 다시 이 문양을 발견하게 된다.

다음 날 파리 시내 답사 도중, 다리가 슬슬 아파 와서 길가에 자동차들이 진입하지 못하도록 세워 둔 작은 기둥에 앉아 쉬고 있었다. 마침, 우리가 쉬는 곳 앞에 성당이 하나 있었고, 유적지 안내판이 있길래 확인해 보기로 했다. 순간 갸우뚱했다. 방금 본 문구 중에 'La Rochelle'이 있었던 것 같은데? 이상해서 다시 확인했더니 정말이었다! 놀라서 꼼꼼하게 번

● 승리의 노트르담 사원을 우연하게 발견했던 순간

역해 보니 "라로셸 함락 후에 그 승리를 기념하기 위해 개축한 **성당**"이라는 것 아닌가!

    기대와 흥분에 벅차는 마음으로 성당을 둘러보았다. 성당 이곳저곳을 둘러보다가 성당 앞쪽 제단화에 눈길이 갔다. 거기엔 다름 아닌 **리슐리외와 루이 13세**가 그려져 있었다. 세상에! 마리아가 승리를 축하하는 듯 두 사람에게 풀 한 포기를 하사하고 있었다. 배경에는 라로셸을 상징하는 생 니콜라 타워와 체인 타워가 보이고 전사자 한 명이 누워 있었다.

    라로셸의 위그노 병사였다. 흐릿하지만 분명히 알아볼 수 있었다. 망토에 그려진 문양이 어제 본 라로셸 전통 의상의 그것과 똑같았기 때문이다.

● 깃발 아래 쓰러진 병사와 그 뒤로 보이는 라로셸의 두 타워

이 그림을 간단히 해설해 보자. 그림은 동일한 사건을 다룬 다른 버전이다. 두 그림 사이에 차이점이 보이는가? 여러 가지가 있지만 가장 큰 차이는 **빨간 망토를 걸친 사람의 '위치'가 다른 것**이다. 저 사람은 라로셸 포위전을 기획했고, 준비했고, 직접 현장 지휘까지 했던 '리슐리외 추기경'이다. 교회의 직분자가 세속 정치에 직접 관여하는 것만으로도 두 번 생각할 일인데, 그는 아예 직접 전장을 누비면서 위그노들의 도시였던 라로셸을 철저히 압박 섬멸한 역사를 만들었다. 정복된 라로셸에서 겨우 목숨을 건진 위그노들은 강제 개종을 요구받은 것은 물론, 조그마한 성경책 소지조차 허락되지 못했다.

리슐리외는 라로셸을 철저히 짓밟은 뒤, 정치와 종교의 야누스가 되어 자신의 업적을 이렇게 치장했다. 승리의 노트르담 사원을 세우고, 그곳 최고의 핫 스폿에 기념벽화를 놓으면서 그가 채택했던 그림은 '우측' 그림이었다. 그가 바라던 어떤 조건을 '좌측' 그림은 꼼꼼하게 만족시키지 못했고 탈락했다. 그는 어떤 포지션을 원했을까? 그것은 바로,

성모 마리아와 루이 13세 '사이'에 위치한 **중보자**였다.

그렇다. 교회의 직분자가 세속 정치에 맛을 들이면 더럽고 추한 예술품이 영원토록 남아서, 그의 중심의 악함을 널리 칭송(?)할 것이다. 라로셸을 생각할 때 우리는 위그노들의 처절한 고난과 자신들의 신앙을 지키기 위한 몸부림에서도 배울 점이 많겠지만, 그 도시를 점령했던 자들에 대해서도 기억해야 한다. 그들의 욕망이 무엇이었는지, 오늘날 우리 주위에 그런 욕망을 가진 자들이 여전히 있지 않은지, 나 자신은 그런 욕망으로부터 자유로운지 말이다. 우리들의 종교개혁지 탐방 길에 그러한 진지한 고민과 반성 또한 함께 하기를 소망한다.

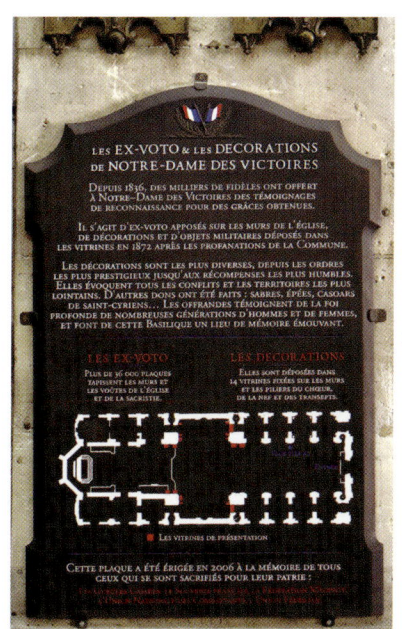

14

열네 번째 도시 | **스트라스부르**

Stras bourg

우리는 왜
스트라스부르에 가는가

'우리는 왜 스트라스부르에 가는가.' 언젠가 답사 팀과 함께 스트라스부르로 이동하는 버스 안에서 했던 강의 제목이다. 종교개혁지 탐방이니까 종교개혁자들이 활동했던 도시를 가는 것은 맞는데, 그런 도시가 한둘이냐 이거다. 그 수많은 도시 중에서 왜 하필, 굳이, 스트라스부르를 가는지 이유가 필요하다.

- 이곳의 다리들은 배가 지나갈 수 있도록 들어 올려지거나 회전해서 열리도록 되어 있다. 과거에는 이 강을 지나는 배에게 통행세를 받기도 했다.

스트라스부르의 구도심 '**쁘띠 프랑스**'는 안동 하회 마을처럼 강으로 오목하게 둘러싸인 마을이다. 유럽 여행자들이 예쁜 마을로 손을 꼽는 곳이며 **신혼여행자들의 인기 코스**이기도 하다. 하지만 '예쁨 그 자체'만으로는 우리에게 큰 감흥을 주지 못한다. 쁘띠 프랑스는 **과거에 프랑스 난민들이 모여 살고 집창촌이 몰려 있던**, 그야말로 **열악한 주택 지구였다고** 한다. 그러던 곳이, **종교개혁자들의 유입으로 도시 개혁과 정비가 함께 이루어지면서 예쁜 마을로 변모했다.**

스트라스부르에 와야만 했던 칼뱅

칼뱅도 이 아름다운 도시를 사모했다. 스트라스부르는 부처를 중심으로 일찍부터 상당한 수준으로 종교개혁이 이루어졌던 도시였다. 그래서 칼뱅은 1536년 《기독교 강요》 초판을 내고 나서 원래는 스트라스부르로 가려고 했다. 그곳이 '편안히 공부하기에' 좋다고 봤기 때문이다. 그러나 여의치 못했고, 일단은 제네바로 이동했다가 그곳에서 먼저 종교개혁을 추진하던 파렐을 만났다. 그 후 – 잘 알려진 일화와 같이 – 파렐의 추상같은 호통과 강권으로 제네바에서 목회를 시작한다. 하지만 초기의 강경한 개혁 작업은 제네바 의회의 반발에 부딪혔고, 파렐과 칼뱅은 함께 도시에서 쫓겨나고 만다. 이 과정에서 그들이 제네바에서 겪었던 일들을 이 글에 적지는 않겠다. (* 칼뱅 전기 참조) 결국 파렐은 뇌샤텔로 가고, 칼뱅은 애초에 가고 싶어 했던 스트라스부르로 발걸음을 돌렸다.

칼뱅의 마음은 어떠했을까? 제네바에서의 쓰라린 경험을 뒤로하고 스트라스부르에 도착했을 때, 아직 20대였던 젊은 칼뱅이 기대했던 것은 무엇이었을까? 제네바에서 받은 부당한 처우를 주위에 호소하거나 다른 종교개혁자들에게 상소할 기회도 있었다. 혹은 제네바에서의 일을 자신의

'목회 실패'로 보고 좌절했을 수도 있다. 그러나 칼뱅은 하나님께서 자신에게 이런 경험을 하게 하신 이유가 있을 것으로 봤던 것 같다. 그는 곧장 스트라스부르의 종교개혁자들과 힘을 모아 일하기 시작했다. 물론 지친 몸과 상한 심령으로 일단 며칠쯤은 퍼져서 쉬었지 싶다. 그러나 스트라스부르는 칼뱅과 같은 종교개혁 유망주 청년이 여독을 풀고 있을 정도로 한가한 도시가 아니었다.

당연히 스트라스부르는 칼뱅만 사모했던 도시가 아니었다. 당시 1천 명 가까운 프랑스 개신교인들이 박해를 피해 종교개혁의 도시 스트라스부르로 이주했다. **스트라스부르 교회는 프랑스 난민을 위해 프랑스어로 예배하고 설교할 설교자가 필요했다.** 프랑스 누아용 출신 칼뱅이 이것을 담당하는 것은 지극히 자연스러웠다. 칼뱅은 그 밖에도 프랑스 신자들이 모국어로 찬송할 수 있도록 시편 찬송가도 프랑스어로 번역(16곡)했다. 칼뱅은 4~5백 명의 청중을 보살펴야 했는데, 주일에 두 번의 설교를 포함해서 더 알고자 하는 사람들을 위해 설교와 강의를 매일 했다. 이 시기에 《기독교 강요》 2판을 썼고, 로마서 주석도 썼다.

칼뱅은 이곳에서 더욱 성숙한 목회자로 거듭난다. 버스에서 했던 강의의 콘셉트는 '우리는 성숙의 단계를 거쳐야 한다'였다. 칼뱅은 스트라스부르에서 베르밀리(버미글리), 마르틴 부처, 요하

● 수문을 이용해서 유속이 빠른 강물을 배가 거슬러 올라갈 수 있도록 했다. 관광객은 유람선을 타고 체험해 볼 수 있다.

네스 슈투름 같은 동역자를 만나서 한층 업그레이드된다. 어쩌면 칼뱅은 그들에게 배우며 제네바에서의 자신의 모습을 돌아봤을 것이다. 그는 이곳에서 교회를 더욱 잘 이해하게 되었고, 특히 교회의 조직과 정치와 교육 기법에서도 많은 성숙을 경험한다. 그 결과물이 바로 제네바에서의 성공적인 두 번째 사역인 셈이다.

부클리에 교회당 근방에 도착하면

● 부클리에 교회당

세계 여러 나라의 단어를 흰 설탕으로 그려 넣어 예쁘게 구운 생강 과자를 진열해 두고 파는 가게가 보인다. 그 바로 앞 골목에, 칼뱅이 살던 집과 교회당이 있다. 우선 골목 어귀에 칼뱅이 거주했던 건물을 보자. 칼뱅은 여기서 지내면서 하숙생들을 돌보았다고 한다. 일종의 하숙집 총무 역할이 아니었을까. 루터가 그러했듯 칼뱅의 집도 학생들, 목회자들과 대화하고 토론하고 공부하는 집이었을 것이다. 이어서 **부클리에 교회당**을 둘러보자. 골목으로 몇 걸음만 들어가면 간판이 있어서 찾기 쉽다. 칼뱅이 1538~1541년에 근무했다는 기록이 돌판에 새겨져 예배당 입구에 붙어 있다.

지성(知性)의 체육관, 김나지움

다음으로 가 볼 곳은 교육 기관이다. 스트라스부르에서 칼뱅에게 큰 영향을 준 사람은 교육 철학자이며 인문주의자, 앞서가는 위대한 사상가였던 요하네스 슈투름(Johannes Sturm, 1507-1589)이다. 그가 설립하고 운영했던 교육 기관 '김나지움(Gymnasium)'은 칼뱅에게 엄청난 통찰력을 주었으며, 후에 제네바에서 '제네바 아카데미'를 설립하는 힌트가 된다. 칼뱅은 이곳 김나지움에서 성경 과목을 가르치기도 했다.

슈투름이 왜 위대한 인물인가? 그는 가르치는 방법을 새롭게 시도했던 사람이다. 근대적인 수업 시스템과 교과 분류, 교과서 제작, 학교 운영의 조직화 등, 시대를 앞서갔던 그의 결과물들은 유럽의 중등 교육 발전에 큰 영향을 주었다.

스트라스부르 시내 중에서도 가장 활기찬 느낌이 드는 학생의 거리(Rue Des étudiant)에 접어들면, 제대로 찾아가고 있다는 느낌이 들 것이다. 김나지움 건물은 금방 알아볼 수 있다. 노란 벽과 파란 지붕을 한 웅장한 건물이다. 지금도 여전히 학교로 사용하고 있다.

김나지움 대문 옆에 "Pôle Educatif Protestant de Strasbourg(스트라스부르의 개신교 교육의 중심)"이라고 적힌 문패에 눈길이 머물고 마음이 머문다. 종교개혁은 교회와

● 김나지움. 단어 자체는 '체육관'이란 뜻을 갖고 있으나 중등 학생들의 종합 교육 기관이라고 보면 된다.

함께 다양한 분야가 함께 개혁된 과정이자 결실이다. 즉, 종교개혁은 목회자뿐만 아니라 일반 성도들이 함께 달려들어 매진했던 운동이다. 신학뿐만 아니라 교육도, 상업도, 문화도, 삶의 아주 작은 영역에 이르기까지, 하나님과 이웃 앞에서 개혁된 삶을 살고자 했던 성도들의 땀과 눈물이 스며 있는 것이 바로 종교개혁이다.

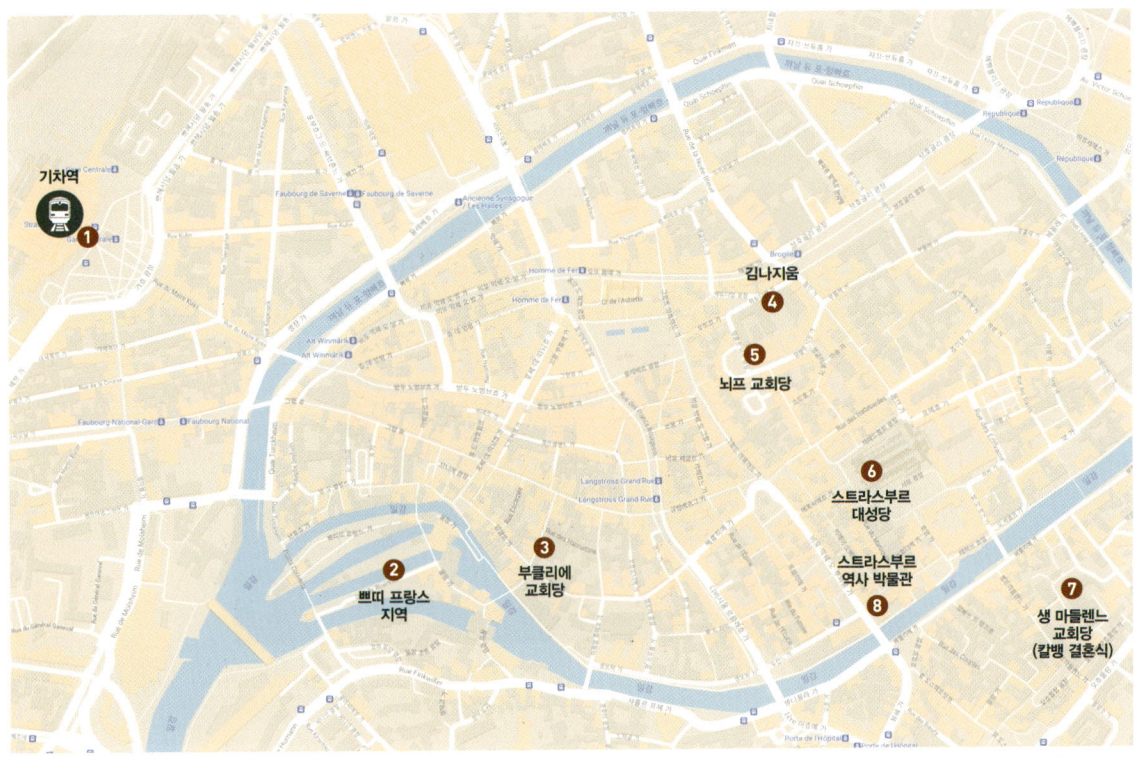

그 밖의 장소들

칼뱅은 스트라스부르에서 한 교회에서만 목회한 것이 아니라, 여러 교회를 다니며 설교했다. 칼뱅이 사역했던 교회들은 생 니콜라 교회, 생 마들렌느 교회와 뇌프 교회 등이 있다. 세월이 많이 흘러서 지금은 그때의 모습과 달라졌으니, 시간이 나면 들러 보고 아니면 그냥 지나치자.

칼뱅의 결혼식이 있었던 생 마들렌느 교회(St Madeleine Church) 건물 역시 마찬가지다. 1904년에 화재로 소실되었다가 새로 지었기 때문에 옛 모습을 완전히 잃어버린 상태다. 거리도 다소 떨어져 있으니, 다리가 아프다면 굳이 걸어가 볼 필요는 없겠다.

무조건 '많이' 둘러보기보다는 중요한 포인트를 짚어 내는 것이 훨씬 중요하다. 천천히 여행하면서 동반자들과 많은 대화도 나누고, 여행지에 얽힌 역사와 사람과 사건들을 생각하며 생각을 확장시켜 가는 것. 종교개혁지 탐방에서 가장 중요한 것이 아닐까.

● 마르틴 부처가 목회한 생 토마 교회당. 마르틴 부처는 칼뱅에게 신학적으로나 인격적으로 지대한 영향을 끼친 인물이다.

● 생 마들렌느 교회당

스트라스부르의 좁은 골목길을 거닐었을 그들

제네바에서 쫓겨난 칼뱅은 아마 실의에 잠겼을 것이다. 프랑스에서부터 동역하던 형제, 뒤 티예마저 그에게서 등을 돌리고 다시 로마 가톨릭으로 돌아섰으니 말이다. 하지만 온갖 모욕을 뒤집어쓰고 탈진한 상태로 돌아온 칼뱅이 스트라스부르에서 목도한 것은, 김나지움의 시작이었다. 제네바에서 쫓겨난 칼뱅에게, 그 아픔 너머에 존재하는 깊은 섭리하심을 하나님께서 보여 주시는 대목이 아닐까. 젊고 혈기 넘쳤던 칼뱅을 낮추시고, 더욱 노련하게 만드셨다.(칼뱅은 그의 편지에서 제네바 시절 자신의 혈기를 반성한 바 있다.) 또한 스트

라스부르에서 슈투름을 만나게 하셨다. **경건과 지혜를 갖춘 젊은이들을 길러 내는 김나지움**을 경험케 하셔서, 이를 통해 평범한 도시가 얼마나 달라질 수 있을지 꿈꾸게 하셨다. 세속 권력자들에게도 이런 비전은 매력적이었을 것이다. 주저하는 사람들과 반대하는 사람들을 설득할 소망의 원동력은 결국 다음 세대의 맑은 눈빛에 담겨 있기 때문이다.

우리들의 스트라스부르는 어디일까.
우리들의 성숙은 어느 도시에서 경험하게 될까…

칼뱅은 또한 이곳에서 이들레트 드 뷔르를 만나서 결혼했다. 그들은 스트라스부르의 골목길을 함께 걸었을 것이다. 그 거리를 걸으며 무슨 대화를 했을까? 결혼식을 했던 생 마들렌느 교회당이 보이는 강변에 서서 무슨 이야기를 나누었을까? 제네바 돌아가는 상황, 본국 프랑스에서 핍박받는 형제들에 대한 이야기를 나누며 가슴 아파했을까? 스트라스부르에서 일어나는 개혁의 결실들에 의미를 부여하며 기뻐했을지도 모르겠다. 스트라스부르에 페스트가 창궐하여 카피토 등의 형제들을 떠나보냈을 때 또 얼마나 절망스럽고 힘겨웠을까. 그동안 글로만 접했던 개혁자들의 삶이 바로 이곳 예배당과 길거리와 광장에서 펼쳐졌다. 지금 걷는 바로 이 돌길 위에서 말이다.

15

열다섯 번째 도시 | **취리히**

Zürich

소시지 섭취 사건과 취리히의 종교개혁

종교개혁지 탐방은 이제 스위스로 넘어간다. 그동안 종교개혁자들이 힘들게 버텨 오던 곳을 주로 돌아보았다면, 지금부터는 종교개혁이 비교적 찬란하게 꽃을 피웠던 곳들을 방문하면서 그들의 유산을 생각해 볼 것이다. 스위스에서는 세 도시를 찾아간다.

이탈리아
로마
바티칸
폼페이

체코 | 독일
프라하 · 타보르
보름스 · 바르트부르크
비텐베르크
하이델베르크

프랑스 | 스위스
파리 · 누아용
샹티이 · 라로셸
스트라스부르 · 바젤
취리히 · 제네바

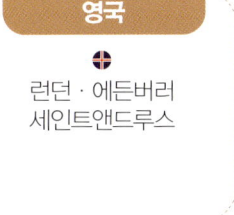
영국
런던 · 에든버러
세인트앤드루스

스위스 종교개혁의 중심지 취리히

스위스에서 가장 큰 도시. 길쭉한 호수의 한쪽 끄트머리를 'ㄷ'자 형태로 품고 있는 물의 도시. 취리히는 스위스 종교개혁의 중심지였다. 이곳에서 활동한 유명한 종교개혁자는 츠빙글리와 불링거이다. 특히 루터와 동갑내기였던 츠빙글리는 초기 종교개혁의 역사에서 루터만큼의 인지도와 중요성을 가진 인물이다. 그 역시 '성경을 읽다가' 복음을 발견하고, 종교개혁의 필요성을 깨닫는다. 그런데 그의 초기 종교개혁과 관련된 일화에 특이하게도 '소시지' 사건이 언급된다. 종교개혁과 소시지라, 얼른 연결이 잘되지 않는 것 같다.

1522년 사순절 금식 기간에 열두 명의 사람들이 모여서 '소시지를 먹어버린' 사건이 바로 그것이다. 그들은 로마 가톨릭의 불필요한 규례에 저항하는 의미로 이런 행동을 한 것인데, 당연히 로마 가톨릭은 사순절 금식 규례를 어긴 자들을 처벌하려고 했다. 이때, 사제였던 츠빙글리는 사순절에 육식을 금하는 것에 성경적 근거가 없고 하나님께서 주신 음식은 무엇이든 먹을 수 있다고 반박하며 소시지를 먹은 사람들을 공개적으로 두둔했다. 이 사소해 보이는 사건이 취리히 종교개혁의 시작점이 되었다니 흥미롭다.

필자는 2003년과 2017년, 취리히에 두 번 방문했다. 시간이 꽤 흘렀지만 도시는 별로 달라진 것이 없었다. 취리히에서 종교개혁지 탐방 팀이 꼭 봐야 할 다섯 곳을 꼽는다면 다음과 같다. (지도에 번호를 표시했다.)

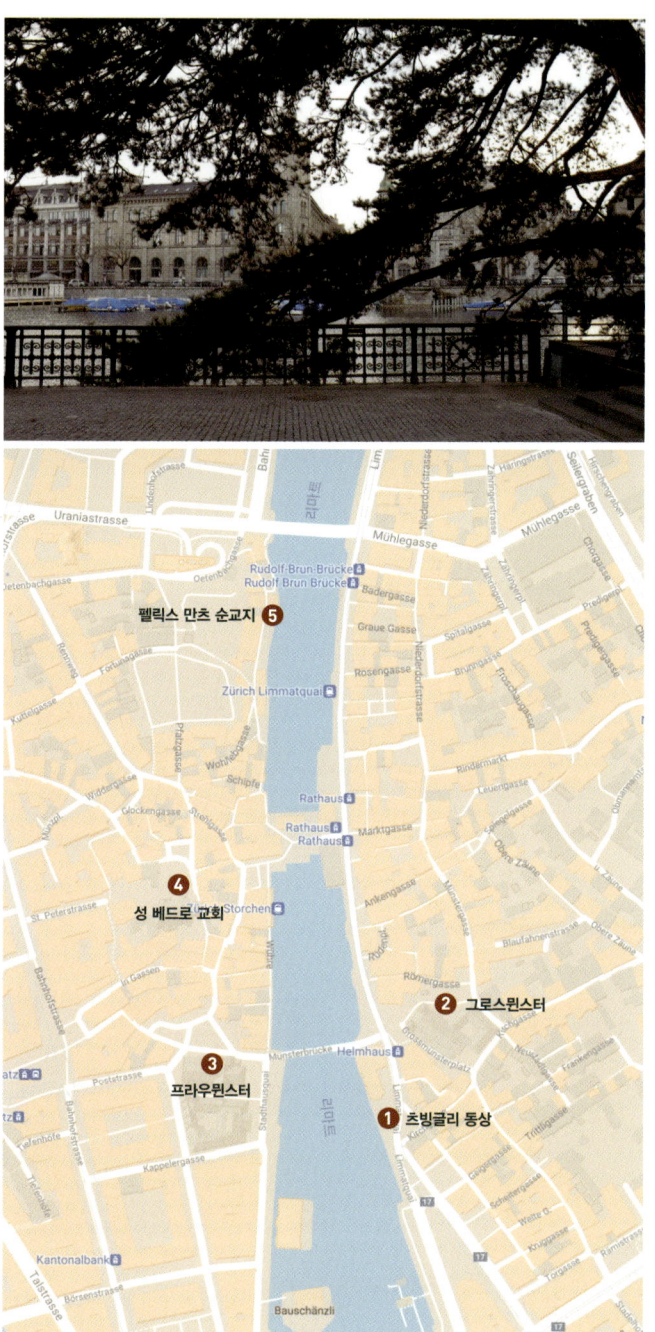

❶ 츠빙글리 동상   ❷ 그로스뮌스터
❸ 프라우뮌스터   ❹ 성 베드로 교회
❺ 펠릭스 만츠 순교지

01.
츠빙글리 동상(기념비)

가장 먼저 츠빙글리를 만나러 가자. 그로스뮌스터를 가기 전에 다리 건너 바로 오른쪽으로 잠깐 돌아가면 작은 예배당(바서 교회) 뒤에 츠빙글리 동상이 있다. 며칠째 답사를 하다 보면 이제 이런 동상은 식상할 것이다. 그렇다면 문제를 하나 풀어 보자. 츠빙글리 동상을 자세히 살펴보자. 츠빙글리가 쥐고 있는 것이 무엇일까? 앞에 보이는 것은 긴 칼이다. **종교개혁자가 칼을 쥐고 있는 모습**이 인상적이다. 왜 칼을 쥐고 있을까? 중세 취리히는 경제적으로 로마에 예속되어 있었다. 당시 교황청은 수비대로 스위스 용병을 썼다. 산업 기반이 열악한 알프스 북부의 취리히는 남자들이 용병으로 벌어 온 돈으로 온 도시가 먹고살았다. 그런데 취리히가 종교개혁의 물결에 본격적으로 뛰어들자, 로마는 더 이상 이들을 용병으로 믿을 수 없음을 깨달았다. 로마의 눈치를 봐야 할 스위스의 다른 도시들은 연합군을 조직해서 취리히를 철저히 굴복시켜야 한다고 생각했다. 결국 로마 가톨릭을 따르는 스위스 5개 주 연합군은 취리히로 쳐들어왔고, 취리히는 세 배나 많은 적을 맞서야 했다.

전쟁은 예상대로 금방 끝이 난다. 츠빙글리는 군목으로 참전하여 부상당한 병사들을 돕다가 전투 중에 부상을 입고 나무 밑에 쓰러져 있다가 잡혀서, 성모 마리아에게 기도하라는 굴욕적인 요구에 끝까지 불응하다가 무참히 살해당한다. 츠빙글리가 칼을 쥐고 당당히 서 있는 모습인 것은 바로 그 이유이다. 우리는 칼을 쥔 츠빙글리의 동상 앞에서 인증샷을 찍어야 하겠으나, 동시에 손에 쥔 **칼 뒤에 있는 성경**에도 눈길을 주어야 한다. 그가 죽는 순간까지 결코 포기할 수 없었던, 그의 심장 속에 품었을, 성경 말이다.

02.
그로스뮌스터

그로스뮌스터는 **취리히를 대표하는 대성당**으로, 취리히 시내 웬만한 곳에서는 저 쌍둥이 탑이 보인다. 900년 동안 거의 그대로 보존된 대단한 건물이다. 그로스뮌스터 남쪽 출입구 청동문에는 츠빙글리의 일생이 묘사되어 있으니 놓치지 말고 살펴보자.

내부의 성당 장식물들은 종교개혁 당시 당국의 감독 하에 질서 정연하게 치워지고 리모델링 되었다. 그래서 내부는 다른 유럽의 대성당들에 비하면 아주 단순하며 깔끔한 편이다. 종교개혁 당시에는 정말로 아무것도 없이 성도들이 모일 텅 빈 공간만 남겼다.

츠빙글리가 죽은 뒤, 취리히 종교개혁은 하인리히 불링거의 손으로 이어졌다. 그로스뮌스터 예배당 벽에는 불링거 석상이 있다. 함께 다녔던 분들이 아까 봤던 츠빙글리를 떠올리며 "이 사람은 누꼬?", "츠빙글리 사촌 아이가?" 하셔서 츠빙글리 사촌이 아니라 사위라고 알려 드렸다. 츠빙글리는 종교개혁에 헌신하기로 마음먹은 뒤, 사제 신분이었음에도 불구하고 결혼을 했던 것이다.

● 그로스뮌스터 내부. 말씀을 선포하고 듣는 공간이라는 예배당 본연의 역할에 충실하도록 깔끔하게 정돈되어 있다.

● 그로스뮌스터 외벽에 붙어 있는 하인리히 불링거의 조각상

03.
프라우뮌스터

프라우뮌스터는 본래 규모가 큰 수도원(수녀원)이었으나 종교개혁 이후로 수도원은 폐쇄되고 예배당은 깨끗이 정비되었다. 현재까지도 개신교 교회당으로 쓴다. 내부는 개신교 예배당답게 조촐하나 큼지막한 파이프오르간이 눈에 띈다.

● 개신교 예배당으로 정돈 및 개조된 모습

프라우뮌스터는 예배 시간이 아닐 경우에는 입장료를 받는다. 이러면 패키지 상품 형태의 종교개혁지 탐방에서 내부 입장이 빠질 확률이 높다. 소박한 예배당일 뿐인데 왜 입장료를 받을까. 이곳에는 색채의 마술가로 불리는 '샤갈'의 스테인드글라스 작품이 있다. 아마 샤갈의 작품을 보겠다고 밀려드는 관광객 때문인 듯하다. 이 사진은 2003년 입장료를 안 받던 시절에 들어가서 찍은 것이다.

● 그로스뮌스터와 프라우뮌스터는 강을 사이에 두고 마주보고 있다.

04.
성 베드로 교회당

이곳은 유럽에서 가장 큰 시계탑을 가지고 있는 교회당이라는 사실로 유명한데, 종교개혁사에서 보면 다른 사건이 더 유명하다. 취리히에서 가장 먼저 교회당 내부의 우상을 다 뜯어낸 것이다. 이 사건은 취리히 전체가 종교개혁에 돌입하는 데 큰 자극과 힘이 되었다.

● 멀리서도 시계탑이 눈에 띄는 성 베드로 교회당

05.
펠릭스 만츠 순교지

재세례파에 속하여 일반적으로 급진적 종교개혁자로 분류되는 펠릭스 만츠는 취리히의 강물에 수장당하는 방식으로 순교했다. 전해지는 이야기에 따르면, 철창에 가둬 강물에 빠뜨렸다가 꺼내기를 여러 차례 했다고 한다. 끔찍한 처형 방식이다. 다른 네 곳의 답사 장소에서 약간 거리가 떨어져 있지만, 충분히 도보로 다녀올 만하다. 프라우뮌스터에서 강변을 따라 북쪽으로 걷다 보면, 강둑 바닥에 기념비가 묻혀 있다. 그는 이곳에서 바라보이는 강물 속에서, 자신의 신앙을 자유롭게 고백하는 교회를 소망하며 목숨까지 잃었다. 우리 시대의 가벼움과는 너무도 대조되는 이런 이야기들을 알수록, 우리네 종교개혁지 탐방의 발걸음은 결코 가벼울 수 없다.

16

열여섯 번째 도시 | **바젤**

흑곰 인쇄소의 바젤 Basel

곳곳에 뭔가 사연 있어 보이는 건물들이 가득한 도시. 오랜 역사를 자랑하듯이 건물에 중세 연도를 표기한 역사적인 도시. 현대적인 도로 포장을 했지만 군데군데 과거의 정감 있는 포장도로를 남겨 두고 관광객의 동선을 표시해 주는 도시. 드디어 우리는 '바젤'에 왔다. 우선, 알프스 관광 코스는 물론이고 웬만한 종교개혁지 탐방 코스에서도 눈 씻고 찾아보기 힘든 바젤을 우리는 왜 골랐으며 왜 가 봐야 하는지부터 해결하자.

● 유명한 바젤 대학의 일부. 캠퍼스가 따로 있는 것이 아니고 근처의 건물들이 모여서 대학 지구를 이룬다.

바젤은 스위스 종교개혁의 핵심 도시 중 하나다. 굳이 목록을 만들자면, 취리히, 제네바, 베른과 함께 나란히 섰던 도시였다. 초기 종교개혁의 불씨가 취리히로부터 스위스의 각 도시에 옮겨 붙었을 때, 스위스 의회는 이 문제를 적당히 억누르기 위해 공개 토론회를 열었다. 이를 '바덴 회의'라고 부른다.

● 외콜람파디우스

모든 면에서 로마 가톨릭 측에 유리한 조건을 만든 '기울어진 운동장'이었던 그 회의는 승패가 예정된 게임이었다. 거기 참석한 종교개혁자들을 로마 가톨릭 측은 '거지 같은 오합지졸'이라 부르며 멸시했지만, 회의를 지켜보던 솔직한 사람들로부터 정작 거만하고 무례하며 어거지를 쓴다는 평가를 받은 사람은 로마 가톨릭 대표자들이었다. 그들은 '홈그라운드'의 이점을 최대한 살려서 종교개혁자들을 시종일관 억눌렀다. 그러나 그런 와중에서도 **바젤 대표로 나온 외콜람파디우스**(oecolampadius)는 천재적인 논증으로 맞섰다. 로마 가톨릭 대표 중 하나였던 사람은 외콜람파디우스를 보면서 이렇게 외쳤다고 한다. "이 창백한 사람이 우리 편이었으면 좋았을 것을…."

로마 가톨릭은 승리를 자축했지만, 이 과정을 지켜본 많은 사람들은 개혁파의 생각이 참되다는 것을 진실로 믿게 되었다. 종교개혁의 불길에 기름을 부은 셈이 되었다. 덕분에 그동안 눈치를 보고 망설이던 도시들이 오히려 종교개혁에 본격적으로 뛰어들었다. 대표적인 도시가 베른과 바젤이었다. 베른은 스위스에서 가장 덩치가 큰 주였고, 바젤은 스위스에서 가장 돈이 많고 학식이 풍부한 도시였다.

사실 종교개혁사에서 바젤이 한 역할은 더 있었다. 루터, 츠빙글리, 칼뱅 등 **쟁쟁한 종교개혁자들에게 정신적, 학문적으로 엄청난 영향을 끼친 선배**가 있는데, 바로 **'에라스무스**(Erasmus)'라는 거장이었다. 그가 바젤에서 살면서 학문을 발전시켜 종교개혁의 토양을 마련했던 것이다. 물론 그 자신은 종교개혁이 기존 질서를 너무 많이 무너뜨린다고 봐서 발을 뺐지만, 그의 사상과 학문적 방법론은 종교개혁자들이 자라나는 자양분이 되었던 것이다. 외콜람파디우스도 물론 그의 영향을 강하

● 종교개혁자들의 사상을 책으로 전파해 주었던 도시, 바젤

● 토마스 플래터의 길 표지판

게 받았다.

또한 **바젤에 '돈'과 '학문'이 풍성했다**는 말은, 그곳이 **서적과 출판의 중심지**라는 말도 된다. 사실 바로 이 이유 때문에 바젤을 탐방 지역에 포함시켰다. 이곳은 토마스 플래터(Thomas Platter)라는 출판인이 활동했던 곳이다. 그가 얼마나 대단한 인물인지는 바젤 시내를 좀 돌아다녀 보면 바로 알 수 있다. 그의 이름이 거리 곳곳에 지금도 무수히 붙어 있으니 말이다! 어떻게 된 일일까?

아래쪽 사진은 토마스 플래터 탐방 루트를 알리는, 시에서 설치한 안내판이다. 바젤에는 전 세계에서 찾아온 관광객들에게 도시를 알리기 위해 바젤 출신의 유명한 사람의 이름을 따서 총 네 코스의 도보 탐방로가 마련되어 있다. 즉, 출판인 토마스 플래터는 바젤 역사상 유명한 사람 넷 중 하나로 엄청난 인물인 셈이다. 그리고 바로 이 사람이 운영하는 인쇄소에서 칼뱅이 '기독교 강요'를 찍어 낸다!

자, 이쯤 되면 바젤 소개는 된 줄로 안다. 그렇다면 이제 구체적인 동선을 정해 보자. 우선 칼뱅의 《기독교 강요》를 찍었다는 바로 그 인쇄소를 찾아가 보자. 그게 아직까지 남아 있느냐고? 500년쯤이야. 이게 바로 유럽 여행의 맛이다. 당시 주소를 찾아가 보면 딱 그 골목 그 자리에 건물이 있고, 비록 주인은 바뀌었지만 심지어 아직도 인쇄소이다. 주소는 Petersgasse 34이다.

- 5분 이내에 라인강 너머 동네에 닿기 위한 교통 수단. 전통 방식의 목조 나룻배(cable ferry).

- 선주에게 뱃삯을 치르기 위해 동전이 필요하다. 뱃삯은 2020년 기준 CHF 2보다 저렴하다.

바젤은 라인 강변에 위치하고, 프랑스, 독일과 국경을 인접하고 있어서 유럽에서도 손에 꼽는 교통의 요충지이다. 기왕 여기까지 왔으니 우리도 라인강을 경험해 보자. 무동력 나룻배를 타 볼 수 있다.

강변 양쪽에 줄을 묶었는데, 빠르게 흐르는 강 물살에 뱃전을 대면 그 물살이 미는 힘으로 배가 줄을 따라 이동한다. 그야말로 친환경 운행 수단이다. 상류라서 물살이 빠르다. 배는 소리 없이 강을 건넌다. 느낌상 3~4분 정도면 건너편에 당도한다. 건너편에서 바라보는 도시는 정말 아름답다.

'중간 다리'라는 뜻을 가진 미틀레레 다리가 보이고, 그 뒤로 대성당 첨탑과 지붕이 살짝 보인다. 다시 다리를 건너 저곳까지 걸어가 보자. 가다 보면 자연스럽게 시 청사 앞 광장에 도착한다. 이곳에서 간단히 요기를 하자. 시청 앞 광장에는 장이 자주 선다. 야채, 청과물, 공예품 등을 주로 팔고 있지만, 길거리 음식도 괜찮다. 광장의 분위기가 대충 이러하다는 것을 보이려고, 시 청사 정문에서 뒤로 돌아서서 파노라마를 찍었다.

● 무동력 나룻배에서 바라본 미틀레레 다리와 대성당 첨탑

시 청사는 강렬한 색상이 인상적이다. 오른쪽 사진은 그 컬러가 더욱 돋보이게 보정했지만, 실제 느낌도 별 차이가 없을 것이다. 원래 화려한 벽화가 관람 포인트인 곳이다. 실제로 지금도 사용되는 관공서 건물이지만, 입구 쪽 어느 정도는 내부 관람을 할 수 있으니 잠깐 들어가 보자.

● 붉은빛이 돋보이는 바젤시 청사 건물

● 뮌스터 교회당

● 뮌스터 교회당에서 만난 흑곰

조금 더 걸으면 바젤 대성당(종교개혁 이후로는 뮌스터 교회당)에 도착한다. 이곳에서 우리는 종교개혁자 외콜람파디우스의 석상을 만날 수 있다.

바젤시의 문양이 흑곰이다. 그래서 칼뱅의 《기독교 강요》를 인쇄해 준 토마스 플래터의 인쇄소 간판도 '흑곰'이었다. 여기서 모티브를 얻어서 필자가 속한 출판사 이름도 '흑곰북스'로 지었다. 존경의 뜻을 가득 담아서 말이다.

뮌스터 교회당 지하에는 에라스무스도 묻혀 있고, 외콜람파디우스도 묻혀 있다. 생전에 서로 좋아하고 친분이 있다가 종교개혁에 대한 견해 차이로 안타깝게도 멀어졌지만, 결국 같은 곳에 묻혔다. 만약 에라스무스가 종교개혁의 부정적인 면을 조금 덜 봤더라면 어땠을까? 소용없는 상상을 해 보면서 교회당 뒤편 테라스로 나가면, 탁 트인 라인강 경치가 펼쳐진다. 여기서 쉬면서 하루 일정을 정돈하며 복잡한 머리를 비워 보자.

● 뮌스터 교회당 테라스에서 관광객들이 휴식을 취하거나 경치 구경을 하고 있다.

종교개혁지 탐방을 떠나서, **바젤은 그냥 도시 자체가 너무나도 예쁘다.** 건물 하나도 그냥 넘겨보기 힘들다. 이것은 저절로 된 일이 아니다. 바젤은 일찍부터 예술과 아름다움에 대한 관심이 붐처럼 일었던 도시다. 유럽 최초의 시립 미술관을 지어서, 전쟁 때 여차저차 빼앗기거나 분실된 미술품을 시 예산으로 되찾아 전시하고 있을 정도이다. (탐방 일정이 촉박하지 않다면 바젤 시립 미술관에 꼭 들러 보기를 권한다!) 오래된 도시를 예쁘게 가꾸고 사는 사람들의 소박한 멋과 정서가 온 도시에 충만하다.

중세와 근대와 현대의 기가 막힌 조화. 특별한 것이 없는 듯하나 모든 것이 특별한 도시. 종교개혁지 탐방자 외에도, 유럽 여행자 모두에게 강추한다!

● 붉은색으로 채색한 바젤 시청. 시청 건물 앞에 시장이 열리면 과일이나 채소를 사거나 따뜻하게 조리된 음식을 맛볼 수 있다.

● 예쁘고 깔끔한 골목길

● 바젤 중앙역 앞

17

열일곱 번째 도시 | **제네바**

제네바에서 칼뱅은 무엇을 했을까?

아름다운 레만 호수 끝에 위치한 제네바. 이곳의 종교개혁사에서 가장 큰 족적을 남긴 사람은 누가 뭐라 해도 '칼뱅'이다. 제네바에 얽힌 칼뱅의 인생과 업적이 너무나도 다채롭고 광범위하기 때문에 여기에서 다 소개할 수는 없고, 다음과 같이 짧게 정리하고 넘어간다.

● 예쁜 집들과 깨끗한 호수, 풀을 뜯는 양 떼가 어우러진 아름다운 풍경

토막상식

칼뱅을 두 번 부른 제네바

제네바는 칼뱅을 한 번 쫓아냈던 도시였다. 그러나 2년여 뒤에 제네바시 의회는 칼뱅을 '다시' 부르기로 결의한다. 그럴 만한 사연이 있었다. 동맹 관계였던 베른과 제네바가 영토 문제로 날카로워진 상태였던 데다가, 엎친 데 덮친 격으로 사돌레토 추기경이 제네바시 의회 앞으로 로마 가톨릭 신앙으로 돌아오라는 편지를 보낸다. 이것은 일종의 정치적 제스처(gesture)라서 무시할 수 없었다. 로마 가톨릭은 칼뱅이 부재한 제네바를 쉽게 흔들릴 상태로 보고, 정치적 압박을 가해 다시 손에 넣으려 한 것이다. 시 의회는 부랴부랴 자신들의 입장에서 추기경에게 대항할 만한 사람을 찾는다. 그는 바로 얼마 전에 자신들이 쫓아냈던 바로 그 목회자, 칼뱅이었다.

칼뱅은 이 상황에서 흔쾌히 '사돌레토 추기경에게 보내는 답신'(Responsio ad Sadoleti epistolam)을 써 준다. 자신을 위협하고 괴롭히고 결국 쫓아낸 도시였지만 개신교 신앙을 지키기 위한 싸움에 도움을 준 것이다. 아마도 이 일이 결정적인 계기가 되어, 제네바는 칼뱅에게 자기네 도시로 돌아와서 제대로 사역해 달라고 거듭 부탁한다. 칼뱅은 과거의 기억 때문에 두려워하고 많이 고뇌했으나, 결국에는 이를 주님의 부르심으로 여기고 제네바로 돌아간다.

더 관심 있는 분들은 관련 도서를 읽어 주시길 바란다. 이 제네바 편의 끝부분에 책 두 권을 소개했다.

제네바에서 하루 동안 봐야 할 목록은 다음과 같다. 목록이 많아 보여도, 모두 가까운 곳에 있으므로 걸어서 충분히 다 볼 수 있다.

❶ 생 피에르 교회당
❷ 교회당 종탑(북쪽) 올라가서 레만 호수 경치
❸ 종교개혁 박물관
❹ 칼뱅 강당
❺ 구 제네바 아카데미 건물
❻ 마들렌느 교회당(Temple de la Madeleine)
❼ 생 제르맹 교회당(Saint germain)
❽ 종교개혁 기념비(Mur des Reformateurs)
❾ 칼뱅의 묘(왕립 묘지 內, Cimetiere des Rois)

이를 아래의 구글 지도에 표시했다. ❶ **생 피에르 교회당**부터 시작해서 시계 반대 방향으로 달팽이처럼 돌면서 보면 좋다. 혹시 벌써 오후 늦은 시간이라면 ❷ **교회당 종탑(북쪽) 올라가서 레만 호수 경치**를 보기보다 ❸ **종교개혁 박물관**을 먼저 보자. 문을 일찍 닫을 수 있기 때문에. 진입 경로에 따라 ❼ **생 제르맹 교회당(Saint germain)** 또는 ❺ **구 제네바 아카데미 건물**을 먼저 봐도 좋다.

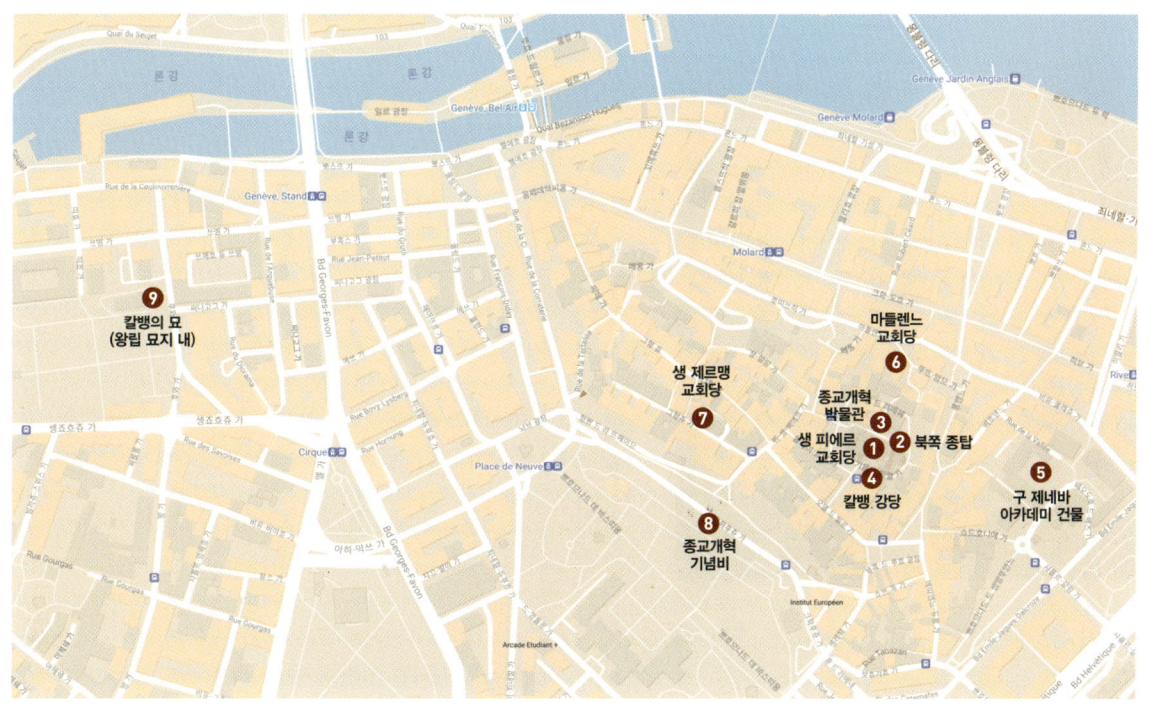

언덕길이 힘드니까 동선을 잘 짜자!

01.
생 피에르 교회당

일단 구도심의 중심부까지 언덕을 오르자. 칼뱅이 목회했던 생 피에르 교회당으로 갔다. 독특한 기둥 양식이 신전을 연상하게 한다. 처음에 만들 때 성당이었다가, 후에 교회당으로 바뀌었기에 그렇다.

구도심 중심부 도착. 골목길을 걷다가 광장이 나오는가 싶으면 **웅장한 생 피에르 교회당**이 나타난다.

● 생 피에르 교회 건물

● 이 책 앞에서 소개한 로마의 성당들 내부 장식과 비교해 보자. 로마 가톨릭 성당과 개신교 예배당의 차이점이 분명히 구분될 것이다.

내부에 들어서니 벽면에는 화려한 벽화를 긁어냈던 자국들이 보였고 설교에 방해될 만한 장식물들을 없앤 흔적이 곳곳에 보인다. 이 사진은 종교개혁 당시 폐쇄했던 제단(움푹 패여 있고 성화가 그려져서 신도들이 기도하던 장소) 흔적이다.

성당 기둥에 추가 장착된 설교단. 종교개혁은 미사가 아니라 설교가 중심이 되므로 설교단이 회중석 가까이 설치되었다. **생전에 칼뱅이 앉았던 의자가** 설교단 계단 입구에 전시되어 있다. 처음에 봤을 때는 이것이 정말로 칼뱅이 썼던 그 의자일까 싶어서 뭉클해졌다. 그런데 나중에 유럽을 더 다니다 보니, 칼뱅 의자가 여기만 있는 건 아니었다. ^^

5백 년 가까이 된 중세 성가대석. 등받이 쪽에 보이는 손잡이를 잡고 내리면 의자가 된다. 접이식 의자다.

- 새 벽돌로 메워진 벽면. 중세 시절, 종교심을 자극하던 화려한 장식들이 있던 자리로 추측된다.

- 오래된 접이식 의자. 극장 의자처럼 좌판을 올리면 일어서서 찬송을 부를 때 불편하지 않다.

- 칼뱅과 종교개혁자들이 설교했을 설교단

- 칼뱅이 사용했던 의자. 의자는 의자일뿐이다. 의자를 만지면서 복을 빈다거나 하는 미신적인 행동은 삼가자.

● 종교개혁 박물관 홈페이지에 들어가서 전시물에 대한 사전 예습을 마친 뒤에 방문하면 더욱 좋겠다. (QR 코드 참조)

02.
종교개혁 박물관

입구를 안내하는 입간판에 칼뱅 어르신 캐릭터가 보인다. 재치 있다.

> **Tip**
>
> **종교개혁 박물관, 종탑(첨탑), 지하 고고학 박물관**은 각각 입장료를 받는다.
> 다 한꺼번에 볼 수 있는 통합 입장권을 사는 것이 편리하고 저렴하다.

먼저 종교개혁 박물관에 들어가자. 혹시 시간이 늦을 수 있으니, 종탑보다는 종교개혁 박물관부터 보는 것이다. 건물 뒤로 돌아가면 입구가 보인다. 여러 가지 유물과 책, 필사본, 그림, 판화와 최신식 시청각 자료들을 잘 정리해 두었다.

원래 가이드 없이 관람하는 곳이지만, 혹시 해설자를 동반한다면 박물관 측에 양해를 구해 작은 목소리로라도 설명을 들으면서 다니는 것이 좋겠다. 전시물 설명문이 주로 불어로 되어 있다. 개인용 음성 수신기를 주기는 하는데, 아쉽게도 한국어 지원이 안 된다. 한글 안내서를 나눠 주긴 하지만 내용이 부실하다. 필자가 해설자로 갔을 때는 담당 직원께 아주 불쌍한 표정으로 최대한 조용히 설명하겠다고 부탁했다. 잠시 생각하더니 "오케이!" 했다. 마침 다른 관람객이 거의 없었던 덕분이다. 대략 1시간 정도 일행과 함께 각 방을 다니며 주요 전시물을 해설했다. 항상 허락된다는 보장은 못하겠으니 참고만 하시길 바란다.

2012년에 갔을 때 종교개혁 박물관 내부는 사진 촬영이 불가했다. 그런데 2017년에 다시 갔을 때는 노플래시(no-flash)로 간단히 찍는 것은 허용되었다. 역시, 항상 된다는 보장은 못한다.

● 종교개혁 박물관에 보관된 낭트 칙령

● 종교개혁자들은 교육을 중시했다.

03.
교회당 종탑

박물관 관람을 마치고 종탑에 올라갔다. 현재 커다란 종은 고정되어 있고 전망대 역할만 하고 있다. 종탑이 두 개 있지만, 개인적으로는 힘드니까 둘 다 올라가지 말고, 호수 쪽 전망이 보이는 한 곳(북쪽)만 올라가는 것을 추천한다.

● 계단이 좁고 가파른 편이라서 어르신 탐방객들은 무리가 될 수 있다.

● 조명을 비춰 관광객의 동선을 알려 준다.

왼쪽 사진에서 Nord 방향이 북쪽이다. 종탑을 오르면서 눈에 띄는 인상 깊었던 장면들은 개인적으로 다음과 같았다. **첫째.** 가까이서 볼 때 생각보다 거대하게 보이는 청동 색깔의 종, **둘째.** 멀리 보이는 알프스산맥의 한쪽 자락, **셋째.** 끝까지 올라간 사람만 즐길 수 있는 탁 트인 레만 호수의 멋진 경치, **넷째.** 운이 좋아 시간을 제대로 맞춘다면 볼 수 있는, 호수에서 직접 솟아오르는 분수, **다섯째.** 마지막으로 파란 하늘색과 대비되는 제네바 구도심 건물들의 빨간 지붕들!

04.
칼뱅 강당

파렐 거리에 있는 칼뱅 강당. 생 피에르 교회당 바로 옆에 있다. 광장에서 교회당을 바라보고 서서 오른쪽에 바로 보인다. 칼뱅과 제네바 목회자들이 여기서 공부도 하고 토론도 했다. 평소에 문이 닫혀 있는 경우가 많다. 내부는 평범하다.

● 파란 거리 표지판에 적혀 있는 파렐의 이름을 찾아보자.

● 목조 대문에 '칼뱅의 강당'이라는 금박 글씨가 적혀 있다.

05.
생 제르맹 교회당(Saint germain)

● 생 제르맹 교회당. 좁은 골목으로 걷다 보면 놓치기 쉽다.

06.
마들렌느 교회당(Temple de la Madeleine)

❺에서 ❼의 건물들은 현재에도 비슷한 용도로 쓰이고 있다. 종교개혁 당시 교회당이었으나 지금은 성당이 됐다. 당시 제네바는 종교개혁과 함께 망명자 유입도 증가하여 인구가 급증했다. 그래서 예배당도 여러 개 필요했다. 그래서 구도심 내의 성당들을 교회당으로 개조했고, 몇 명의 목사가 돌아가면서 설교했다. 가장 큰 예배당은 물론 생 피에르 교회당이었지만, 이 두 곳도 대표적인 예배 장소들이었다.

❶ 생 피에르 교회당
❷ 교회당 종탑(북쪽) 올라가서 레만 호수 경치
❸ 종교개혁 박물관
❹ 칼뱅 강당
❺ 구 제네바 아카데미 건물
❻ 마들렌느 교회당(Temple de la Madeleine)
❼ 생 제르맹 교회당(Saint germain)
❽ 종교개혁 기념비(Mur des Reformateurs)
❾ 칼뱅의 묘(왕립 묘지 內, Cimetiere des Rois)

07.
구 제네바 아카데미 건물

제네바 아카데미는 지금도 학교 건물로 쓰이고 있다. 보통은 ❹ 칼뱅 강당까지 보고 끝내지만, 시간이 넉넉한 탐방자라면 ❺ 구 제네바 아카데미 건물에서 ❼ 생 제르맹 교회당도 찾아가 보자.

● 과거에 제네바 아카데미가 있었던 건물(사진 김석현)

08.
종교개혁 기념비(Mur des Reformateurs)

● 종교개혁 기념비는 생각보다 규모가 크다.

이제 반대쪽 길로 비탈길을 내려가서 종교개혁 기념비가 있는 공원으로 걸어가 보자. 생각보다 거대하고 생각보다 많은 말을 하고 있는 종교개혁 기념비가 여러분을 맞이할 것이다.

제네바 대학 근처 공원에 있는 종교개혁자들의 조각이 새겨진 벽. 파렐, 칼뱅, 베자, 존 녹스 같은 제네바에서 활동한 개혁자들이 가장 먼저 보인다. 하지만 그 외에도 크롬웰, 츠빙글리 같은 개혁자들의 이름도 만날 수 있다.

탐방 팀과 함께 갔을 때, "기념비에 열 명이 있습니다" 했더니 다들 놀라셨다. 잘 보면 **'열 명의 위대한 개혁자들'**이라고 적혀 있다. 그 이름들을 찾아보도록 하자!

● 종교개혁의 역사를 시대순으로 잘 정리해 둔 대형 기념비는 종교개혁 투어의 필수 코스이다.

09.
칼뱅의 묘

칼뱅은 자신의 묘가 기념되거나 우상화되기를 바라지 않았다. 그래서 공동묘지 안 소박한 묘지에 묻혀 있다. 그리 넓지 않으므로 직접 찾아가 보자. 묘지 위치는 지금까지 둘러보던 곳들과 약간 떨어져 있으므로, 구글 맵에서 'Cimetiere des Rois'를 검색하자. 왕립 묘지라는 뜻이다.

제네바에서의 칼뱅의 사역

칼뱅이 제네바에서 무엇을 했는지, 오직 단 하나의 단어로 말해 보라고 하면 **그것은 교육이다**. 두말할 것도 없다. 그리고 이와 관련해서 일반적인 이야기들은 여기저기서 많이 들을 수 있다. 제네바까지 찾아가는 탐방자들에게 꼭 들려 드리고 싶은 이야기는 따로 있다.

칼뱅이 처음 제네바에 왔을 때 그곳에서 함께 일한 교육자가 있었다. '마튀랭 코르디에'다. 어린 시절 칼뱅의 스승이었던 그는 인격적인 교수법으로 칼뱅을 감동시켰다. 코르디에는 1538년 칼뱅이 제네바에서 쫓겨날 때 파렐과 함께 뇌샤텔로 떠났다. 그 후 로잔에서 12년 정도 머물며 가르치는 일을 계속한다. 그는 어린이를 가르치는 것을 좋아했고, 또 특별한 감각이 있었던 것 같다. 직접 어린이들을 위한 책들을 쓰기도 했다. 이런 사람들의 존재가 제네바의 종교개혁에 거름이 되지 않았을까. 칼뱅의 라틴어 실력도 코르디에 선생님에게서 비롯되었다. 칼뱅의 기록에 다른 교사들은 최고급반 학생들에게 '야심'을 가르쳤다는 대목이 인상적이다. 그것이 진정한 교육의 지향점이 아니라는 것을, 그리고 아무런 의미 없는 허상일 뿐임을, 코르디에 선생님은 칼뱅에게 잘 가르쳤던 모양이다.

후에 칼뱅은 제네바 아카데미를 세우고, 옛 스승을 교장으로 초빙한다. 1562년, 그의 나이 83세에, 20년 전처럼 그는 제네바 의회로부터 교수직을 맡는다. 그리고 1564년(85세)에 사망한다. 그의 요청에 따라 그는 세 달 먼저 세상을 떠난 칼뱅의 무덤 가까이에 있는 묘지에 묻힌다. 스트라스부르의 요하네스 슈투름이 김나지움 체제를 치밀하게 설계해서 칼뱅에게 전수했다면, 코르디에는 앞선 세대의 노장으로서 칼뱅을 코치했던 인물이 아니었을까? 동시대를 살았던 교육가들을 바라보며 우리 시대에도 하나님께서 은혜와 긍휼을 베풀어 주시길 간구한다.

※ 제네바에 가기 전에 읽으면 좋은 칼뱅 관련 참고 도서
1. 칼뱅의 전기 관련, 읽기 쉬운 책
    : 테아 반 할세마,《이 사람, 존 칼빈》(성약출판사)
2. 칼뱅에 대한 오해를 푸는 책
    : 정요한,《칼뱅은 정말 제네바의 학살자인가》(세움북스)

18

열여덟 번째 도시 | **런던**

London

종교개혁의 메트로폴리탄, 런던

종교개혁지 탐방은 이제 영국으로 넘어간다. 벌써 전체 여정에서 막바지에 이르렀다.

이탈리아
로마
바티칸
폼페이

체코 | 독일
프라하 · 타보르
보름스 · 바르트부르크
비텐베르크
하이델베르크

프랑스 | 스위스
파리 · 누아용
샹티이 · 라로셸
스트라스부르 · 바젤
취리히 · 제네바

영국
런던 · 에든버러
세인트앤드루스

영국은 국가 차원에서 종교개혁을 추진했던 매우 특이한 경우다. 종교개혁 당시 영국은 세 왕국이 있었는데, 그중에서도 잉글랜드는 일찍부터 국왕이 로마 가톨릭과 결별하면서 종교개혁의 흐름을 탔고, 스코틀랜드는 시기적으로 약간 늦었지만 그 누구보다도 종교개혁을 '뜨겁고 확실하게' 추진했다. 덕분에 영국 전역에는 종교개혁과 관련된 다양한 역사가 남아 있다. 비록 우리는 탐방의 비용과 시간 및 편의성 문제로 단지 세 도시만 선정했지만, 영국은 유럽 대륙과 별도로 탐방 일정을 잡아도 충분할 정도로 가 볼 곳이 많다. 또한 영어권이라 여행하기가 다른 유럽에 비해 비교적 편하다는 장점도 있다.

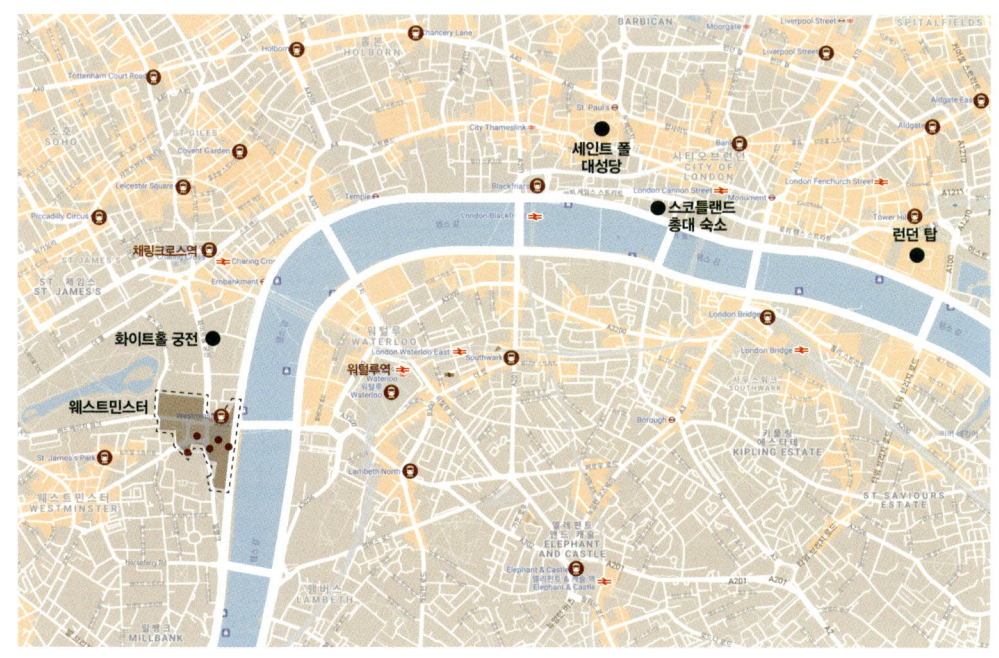

● 런던 관광의 핵심 지역. 왼쪽의 웨스트민스터 지구와 오른쪽의 시티 지역만 봐도 종교개혁지 탐방의 핵심은 챙길 수 있다.

　　대부분의 탐방 지역이 런던 중심지, 그중에서도 웨스트민스터 지구에 몰려 있다. 종교개혁지 탐방만 한다면 하루에도 가능하다. 다만, 런던은 워낙 크고 매력적인 도시이므로 일반 관광지와 섞어서 2~3일 정도로 보는 것이 좋겠다. 그래서 우선 런던 시내 종교개혁지를 소개하고, 다음에 관광 동선을 고려한 추천 코스를 제안하기로 한다.

　　런던의 대표적인 답사 현장은 다음과 같다. ❶ 윌리엄 틴들 동상부터 ❽ 런던 탑까지는 모두 걸어서 이동할 수 있는 가까운 거리다.

01.
윌리엄 틴들 동상

임방크먼트 지하철역 근처에 있는 공원(Victoria Embankment Garden) 남쪽 끝에 틴들의 동상이 있다. 틴들은 종교개혁 초기에 성경을 영어로 번역해서 보급했던 인물이다. 당시 이 일은 무려 '사회 질서를 흔드는 죄'로 여겨졌고, 결국 그는 화형을 당한다. 고작 2년이 흐른 뒤 영국의 모든 교회당에는 영어 성경 번역본이 공식적으로 보급되기 시작했으니 너무도 안타까운 죽음이다. 하지만 그런 노력 덕분에 잉글랜드의 청교도들이 탄생했기에 틴들의 순교는 결코 헛되지 않았다. (주소: 140 Victoria Embankment, London SW1A 2HU, 동상에 따로 주소는 없지만 구글 맵에 찍으면 가까운 곳이 뜬다.)

02.
뱅퀴팅 하우스(Banqueting House)

종교개혁 당시에 이곳 웨스트민스터에는 잉글랜드 왕실이 사용하던 큰 규모의 궁전이 있었다. 시대별로 계속 증축해서 찰스 1세 때에 이르러서는 방이 1,500개에 이르기까지 대형화된다. 이 정도면 당시 세계 최대 규모의 궁전이었다. 그러나 이런 공사는 당연히 세금을 축나게 했고, 잉글랜드 혁명의 원인이 된다. 결국 찰스 1세는 그가 증축한 화려한 궁전 '화이트홀' 앞에서 처형당한다. 궁전 지구는 이후 화재로 대부분 소실되고, 남아 있는 건물 뱅퀴팅 하우스만이 당시 흔적을 증언한다. 입장도 가능하며, 틴들 동상에서 가까우므로 동선에 넣어보자. (주소: Whitehall, Westminster, London, SW1A 2AU, London)

03.
영국 국회 의사당

우리는 국회 의사당이라고 하면 건물 하나를 연상하지만, 영국은 상원과 하원 건물을 별도로 생각해야 한다. 종교개혁 당시 강력한 영향력을 행사했던 잉글랜드의 장기 의회. 그중에서도 청교도 혁명 당시에는 하원의 역할이 매우 컸다. 상원이 썼던 건물과 하원이 주로 모였던 건물을 구별해서 살펴보자. 밖에서 보는 것만으로도 멋있지만, 내부 가이드 투어(유료)도 운영되고 있다(QR 코드 참고). 이후에 더 자세히 소개한다.

(주소: UK Parliament, Westminster, London SW1A 0AA)

04.
웨스트민스터 홀

영국 장기 의회와 관련해서 이 웨스트민스터 홀을 꼭 들어가 보자. 아무것도 없는 텅 빈 공간처럼 느껴지겠지만, 500년 전부터 국가의 중요한 논의나 재판 등을 진행하던 다목적 홀이었다는 사실을 떠올려 보자. 눈앞에 보이는 모든 것이 달리 보일 것이다. 이곳에서 입헌 군주제와 의회 민주주의가 꽃을 피우고, 공화정 제도를 꿈꾸었으며, 종교개혁의 방향까지 논의되었다. 아래 사진에서 맨 왼쪽에 보이는 삼각 지붕의 건물이다. (주소: 3 St Margaret St, London SW1P 3JX)

05.
올리버 크롬웰 동상

오른쪽 사진의 웨스트민스터 홀 앞에 보이는 동상이 바로 올리버 크롬웰 동상이다. 올리버 크롬웰은 청교도 혁명 당시 의회파 군대의 총사령관이자, '청교도 사상에 입각한 정치'를 펼쳐서 이상적인 신정 국가를 만들어 보려던 인물이다. 그에 대한 꿈과 실천력과 지지 기반까지 가진 사람에게 정치적 기회까지 찾아왔으니…. 그러나 의욕이 너무 과했다. 찰스 1세 처형 후 수립된 공화정을 제대로 이끌지 못하고 엉뚱하게 독재로 향하다가 결국 국민의 지지를 잃어버렸던 인물이기도 하다. 뿐만 아니라 잉글랜드의 정치와 종교개혁, 특히 웨스트민스터 총회와 관련하여 빼놓을 수 없는 영향을(긍정이든 부정이든) 끼쳤던 인물이니, 한 번쯤은 그 얼굴을 확인하고 넘어가자. (주소: 2 St Margaret St, London SW1P 3JX)

06.
웨스트민스터 사원(외관/내부) 및 예루살렘 채플(외관)

잉글랜드 **종교개혁의 꽃이자 정점**이라 할 수 있는 '웨스트민스터 총회'가 열렸던 장소다. 종교개혁 시기에 더욱 '엄밀한 종교개혁'을 원했던 청교도들은 찰스 1세의 반(anti)종교개혁적인 정책에 반발했다. 이런 분위기 속에서 잉글랜드 내전(청교도 혁명)이 발생했고, 의회파는 국왕파와 전쟁하는 이 기회에 숙원 사업이던 종교개혁을 국왕을 배제하고 추진해 버리기로 결정한다. 의회는 청교도들을 불러 모아 향후 잉글랜드가 따라야 할 철저한 종교개혁이 무엇이며 어떤 방향인지를 결정하는 종교 회의를 개최한다. 바로 그 회의 장소가 웨스트민스터 사원이었다. 이때 만들어진 문서들이 바로 웨스트민스터 신앙고백서, 교회 정치, 예배 모범, 그리고 대교리문답, 소교리문답 등이며, 이후 전 세계 모든 장로교회가 따라야 하는 헌법이 되었다. 물론 한국의 장로교단들도 마찬가지로 이 문서들을 교단 헌법에 명시해 두고 있다. 그대로 따르고 있느냐는 다른 문제지만 말이다. (주소: 20 Deans Yd, London SW1P 3PA)

● 일반 관광객 입장은 안 되고, 외관만 보는 것으로 만족해야 한다.

이 종교 회의는 마치 밀린 숙제를 하는 듯했다. 종교개혁과 관련해서 다룰 주제가 너무 많았다. 그래서 무려 5년 7개월 22일간이나 진행되었다. 총회의 개회식은 이 사원에서 했지만, 실무 협의나 문서 작성 등과 관련해서는 별도의 전용 공간에서 모였는데, 그곳이 바로 웨스트민스터 사원 서쪽 파사드 바로 앞에 덧붙은 건물, '예루살렘 채플'이다. 사원 관람을 마치고 나오면 기념품 숍에 들르는데, 바로 그 옆 건물이다. (주소: Broad Sanctuary, London SW1P 3JS)

07.
세인트 마거릿 교회당

이 교회당도 웨스트민스터 사원 바로 옆(북쪽)에 있다. 거대한 사원 건물에 정신이 팔려서 눈에 잘 띄지 않지만, 영국의 종교개혁사에서 중요한 곳이다. 웨스트민스터 총회가 열릴 당시, 청교도 혁명을 주도했던 잉글랜드 하원 의원들은 이곳 예배당에 모여서 총회를 위해 기도했다. 그리고 총회에 참석한 청교도 총대들 중 일부는 주말에 따라 시간을 내 돌아가며 하원 의원들에게 설교를 했다. 당시 잉글랜드의 '정치 개혁'에 종교적 열정과 이상이 영향을 주기도 했지만, '종교개혁'

● 일반 관광객들에겐 관심 밖 건물이지만, 개신교도들에게는 의미 있는 교회당이다.

역시 경건한 정치인들의 협력과 지원 사격 없이는 이루어질 수 없었다.

※ 중간 점검: 위의 02번부터 07번까지의 역사를 이해하기 위해, 특히 웨스트민스터 총회와 관련된 탐방을 위해서는 《특강 종교개혁사》(흑곰북스)를 꼭 읽으시기 바란다. 그래야 그 중요성과 맥락이 이해된다. 01~07번은 웨스트민스터 지역에, 08~12번은 시티 지역에 있다.

08.
런던 탑

이곳은 원래 왕실 소유의 성이자 요새였지만, 런던의 중심지가 서쪽으로 이동하면서 점차 음침한 용도로, 주로 정치범을 수용하는 감옥으로 사용되었다. 특히 수많은 청교도들이 이곳에 갇혔다가 처형당했는데, 잉글랜드 종교개혁사에 등장하는 대부분의 주요 종교개혁자들은 죄다 런던 탑을 거쳤다고 보면 된다. 피의 메리 시절에는 토머스 크랜머, 리들리, 라티머, 후퍼 등이 이곳에서 고통을 당했고, 엘리자베스 1세 시절에는 토머스 카트라이트가, 제임스 1세 시절에 와서는

● 지금은 보석 박물관으로 더 잘 알려진 런던 탑. 이곳에 얽힌 종교개혁의 역사는 많은 이들의 기억 속에 사라지고 있다.

스코틀랜드 종교개혁을 강하게 이끌었던 지도자 앤드루 멜빌까지도 이곳에 갇히게 된다. 킹 제임스는 자신이 스코틀랜드 왕 제임스 6세에 불과(?)하던 시절에 앤드루 멜빌에게 모욕을 당했던 기억을 잊지 못하고, 훗날 잉글랜드의 왕관을 머리에 얹고 강력한 왕이 된 뒤에 지극히 사적인 복수심으로 그를 런던까지 소환해서 괴롭힌다. 이처럼 잉글랜드의 왕들은 겉으로는 종교개혁을 허용하는 듯했으나 '제대로 개혁하려는 시도'까지는 결코 허락하지 않았다.

09.
세인트 폴 대성당

종교개혁 시기에 영국에서는 최대, 세계에서는 두 번째로 컸던 대성당이다. 이런 거대한 위엄에 기대어, 영국 왕실과 영국 교회는 정치적으로 교황과 갈라서는 종교개혁(?)을 이룬 뒤로는 더 이상 엄밀한 종교개혁에 관심을 두지 않았다. 많은 신자들도 청교도들의 그런 주장을 '귀찮게' 여겼다. 글로벌 흐름에 발맞춰 종교개혁도 했고, 이렇게 크고 화려한 건물도 그대로 이용할 수 있고, 왕과 귀족들도 잘 참석하고 있고, 성가대의 음악도 멋지고, 신대륙에서 금도 가져오고 있고, 무적함대도 격파했고…. 도무지 아쉬울 것이 없는데, 무슨 놈의 종교개혁을 더 하느냐는 것이다. 그러나 하나님 앞에서 진실은 항상 선명하게 드러나는 법이다. 종교개혁은 웨스트민스터 총회의 결과로 이 거대한 성당을 '장로교회 제1 노회 제1 교구(parish)' 예배당으로 만들었다. 물론, 이후 크롬웰의 실정으로 영국 시민들은 다시 왕정복고를 선택했고, 종교 역시 기존 성공회로 돌아가 버렸다. 허무하게 다 끝난 것처럼 보일 것이다. 그러나 웨스트민스터 총회가 이루었던 그 진실된 성과는 역사 속에, 그리고 신앙인들의 가슴 속에 영원히 남아서, 이제 우리 종교개혁지 탐방객들이 그 사실을 알고 이곳에 방문하게 되었으니…. 아직 끝은 아닐 것이다.

● 로마 가톨릭의 가장 큰 성당이 바티칸에 있는 베드로 대성당이라면, 영국 성공회의 넘버원은 이곳 세인트 폴 대성당이었다. 현재 대성당은 런던 대화재(1666)로 전소된 이후에 재건한 것이다.

쉬어 가기

런던 시내 당일치기 추천 코스

런던에서도 실제 탐방 코스를 잡아 보자. 앞글에서 소개한 종교개혁지 탐방 장소들을, 런던 시내 주요 관광 동선에 녹여 넣어 보자. 지도에 적힌 번호를 참고하자. 여기서는 시작을 '타워 브리지'에서 했다. 그러나 만약 숙소가 서쪽 지역이라면 아침에 먼저 ❻, ❺, ❹를 보고 ❸, ❷, ❶ 순서로 봐도 된다! 물론, 패키지 투어처럼 인증샷만 찍고 바로 이동하는 경우가 아니라면, 하루에 이걸 다 하는 것은 무리일 것이다. 몇 개는 건너뛰거나 단축하면서 움직이되, ❽ **영국 박물관**을 오후 4시 전까지만 들어가면 된다. 그렇게 하려면 아침 첫 8시 전에 시작하는 것으로 일정을 짜면 되겠다. **중요도를 별표⭐로 표시했다.**

❶ 타워 브리지
❷ 런던 탑
❸ 템스강 페리
❹ 런던 아이 선착장
❺ 웨스트민스터 지구
❻ 웨스트민스터 사원
❼ 세인트 제임스 파크
❽ 영국 박물관
❾ 닐스 야드
❿ 오페라 관람

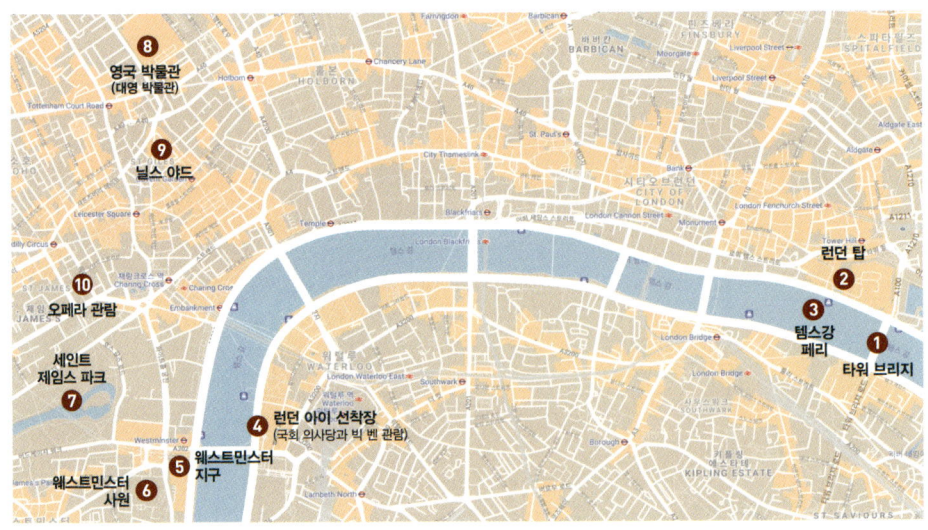

코스 1　타워 브리지 ★

런던에 왔는데 타워 브리지를 안 보면 매우 섭하다. 시간적 여유만 있다면 요금을 내고 내부에 들어가 보는 것도 좋겠다. 다리가 어떻게 건설되었으며, 건설 과정에서 어떤 어려움을 겪었는지 등을 실감나게 볼 수 있다. 또한 배가 지나갈 때 다리 상판을 들어 올리는 힘이 어디서 오는지도 볼 수 있다. 하지만 만약 이 코스를 하루에 다 끝내야 한다면, 참자. 갈 길이 멀다. 전망대에 올라가면 이런 장면들이 보인다. 날씨만 좋다면, 지불한 요금이 아깝지 않을 것이다.

● 타워 브리지 박물관은 연극적 요소를 활용해서 아이들도 좋아할 만한 내용으로 구성되어 있다.

코스 2　런던 탑 ★★

● 영국 역사를 다룬 영화에 감옥으로 자주 등장하는 런던 탑

명칭은 탑이라고 하지만 실제로는 성(요새)이다. 이곳에 방문하는 이유는 앞에서 적었다. 런던 탑 입장 시간은 평소에는 오전 9시인데, 일요일과 월요일은 1시간 늦은 오전 10시. 따라서 이 시간에 맞춰서 앞의 1번, 타워 브리지 관람 시간을 조절하면 되겠다. 런던 탑 내부는 생각보다 넓기 때문에 바삐 움직이는 편이 좋다. 안내 지도를 꼭 챙기자.

입장은 런던 탑 서쪽 입구에서 가능하다. 다른 곳에서 헤매지 말자. 티켓은 인터넷에서 사면 15% 할인된다.

- 런던 탑 서쪽 입구의 넓은 광장에는 런던 탑 입장을 기다리는 관광객과 템스강 페리를 타려는 사람들로 늘 붐빈다.

코스 3 　템스강 페리 ★★

런던 탑에서 나오면 오전 11시쯤 되었을 것인데 곧바로 리버 페리를 타고 템스강을 따라 런던 아이 선착장까지 가자. 창가에 자리를 잡지 못해도 아쉬워하지 말자. 일단 배가 출발하면 좌우 경치가 좋아서 어차피 가만히 앉아 있지 못할 것이다. ^^ 물론 런던 탑에서 많이 걸었다면 여기서 잠깐이라도 다리를 쉬어 주는 것도 좋다.

코스 4   런던 아이 선착장 – 국회 의사당과 빅 벤 ★★

런던 아이가 보이는 선착장에서 내려서, 다리를 건너며 국회 의사당과 빅 벤(Big Ben)의 모습을 감상하자. 아마 영국 런던에 온 사람들이 가장 많이 인증샷을 찍는 곳이 이곳일 거다.

- 리버 페리에서는 템스강을 따라 서 있는 런던의 중요한 건물들의 모습을 짧은 시간에 편안히 앉아서 감상할 수 있다.

코스 5 　 웨스트민스터 지구 ★★★

- 런던 지하철 웨스트민스터역에서 나오자마자 보이는 장면. 시계탑 빅벤의 위용이 대단하다.

의회 상하원 건물, 웨스트민스터 홀, 크롬웰 동상 등 앞의 글에서 언급한 장소들을 걸어 다니면서 하나씩 꼼꼼히 둘러보자. 국회 의사당 구역은 인터넷에서 오디오 가이드 투어를 신청해서 들어가 볼 수 있다. 웨스트민스터 홀도 투어에 포함된다. 크롬웰 동상은 투어를 하지 않아도 길에서 볼 수 있다.

※ 투어 안내 및 신청 홈페이지: https://www.parliament.uk/visiting/visiting-and-tours/toursofparliament/audio-tours(QR 코드 참조)

그리고 이쯤에서 근처 식당이나 카페에서 간단히 점심을 먹어 주면 좋겠다.

코스 6 　 웨스트민스터 사원 ★★★

꽤 비싼 유료 관람이지만 꼭 들어가 보자. 로마 가톨릭과 성공회, 그리고 종교개혁의 역사를 모두 담고 있는 역사의 현장이다.

- 종교개혁을 다룬 책 표지에 자주 등장하는 웨스트민스터 사원의 서쪽 모습(파사드).

● 역사 속 수많은 인물과 사건에 대한 기억을 품고 있는 웨스트민스트 사원 건물

코스 7 세인트 제임스 파크 ★

다리가 아픈 사람은 이쯤에서 버스나 우버를 타고 곧장 영국 박물관으로 가면 된다. 하지만 '아직 내 다리는 괜찮다' 싶은 경우에는 왼쪽으로 꺾어서 아름다운 공원 '세인트 제임스 파크'를 통과해서 '버킹엄 궁전' 쪽으로 가 보자. 그곳에서 왕실 근위병을 구경(?)하고, 거기서 다시 버스나 우버를 타고 '영국 박물관'으로 가면 된다.

● 녹음 우거진 공원에서 취하는 잠깐의 휴식

코스 8 　영국 박물관(or 대영 박물관) ★★

거대한 박물관이다. 어차피 며칠 걸려도 다 못 본다. 종교개혁지 탐방에서는 최대 2시간만 할당하자. 더 있어 봤자 지치기만 한다. 아쉬우면 차라리 다른 날 다시 오자. 언제나 입장료가 '무료'니까. 종교개혁지 탐방자는 Level 3에 있는 46번 방은 꼭 가 보자. 르네상스와 종교개혁 시대에 영국이 어떻게 변모했는지 보여 주는 곳이다. 찰스 1세와 올리버 크롬웰의 얼굴도 찾아보자.

코스 9 　닐스 야드(The Neal's Yard) ★

영국 박물관을 나와서 도보로 '닐스 야드(The Neal's Yard)'라는 곳에 가서 저녁을 먹자. 작지만 예쁜 골목이다. 마땅치 않다면 조금 더 걸어서 '코벤트 가든' 근처에서 먹어도 된다. 이 지역은 볼 것이 너무 많고 분위기가 흥겨워서, 저녁 시간을 즐기기에 좋다.

※ 채러티 숍과 빈티지 숍

채러티 숍과 빈티지 숍도 구경해 보자. 영국인들의 기부 문화와 친환경적 소비 문화를 경험할 수 있는 기회다. 영국에서는 자선 단체가 중고 제품들을 거래하고 그 수익금으로 기부하는 문화가 오래전부터 정착됐다. 길거리에서 옥스팜(Oxfam)이나 영국 심장 재단(British Heart Foundation) 등의 채러

티 숍이나 민간에서 운영하는 빈티지 숍을 만날 수 있다. 여기서 독특한 중고품들을 저렴한 가격에 구입할 수 있다(사진 최인혜).

코스 10 오페라 관람 ★

이것은 물론 선택 사항이지만, 필자는 하루의 마무리로 런던의 극장에서 오페라 관람을 강력 추천한다. 이름부터 으리으리한 '여왕 폐하의 극장'에서 '오페라의 유령'을 관람해 보자.

※ 위치 및 예매처: https://lwtheatres.co.uk/theatres/her-majestys(QR 코드 참조)

이렇게 추천 코스를 잡아 보았다. 물론 이것은 하나의 샘플일 뿐이고, 최대치로 잡은 것이다. 체력과 동선에 따라 중간에 몇 개를 빼면서 조절해 나에게 맞는 코스로 만들어 보자. 참고로 필자와 같은 약골 느림보의 경우, 위 코스를 3일에 나눠서 다녔음을 밝힌다.

Edinburgh

19

열아홉 번째 도시 | **에든버러**

Edin burgh

에든버러,
최상의 종교개혁을 이룬 도시

에든버러는 스코틀랜드의 주도(州都)이다. 에든버러성과 의사당 사이에 닦인 1마일 길이의 메인 도로(로열 마일)를 중심으로 수백 년 역사가 중첩된 곳이다. 도시의 건물들은 그 자체로 타임머신 역할을 한다. 스코틀랜드 종교개혁의 중심지이기도 하고, '해리포터의 도시'이기도 한 이곳 에든버러 시내를 돌아다니면서 종교개혁의 흔적을 찾아보자.

이 도시는 고지대와 저지대로 이루어져, 도보 여행자는 머리를 잘 써서 동선을 짜야 한다. 안 그러면 본의 아니게 체력전이 된다. 로열 마일이라는 기다란 오르막길(서고동저)을 따라 대부분의 답사 지점이 위치해 있으므로, 중간에서 왔다 갔다 오르내리기보다는 **'로열 마일 아래부터 위로 올라가면서'** 차근차근 보는 것이 좋다.

에든버러 일정은 투어 그 자체에 걸리는 시간만 생각하면 하루에도 가능하나, 이동 시간 등을 고려하면 1박 2일 이상을 쓰는 것이 합당하겠다.

아침 일찍 전체적인 조망을 위해 **칼튼 힐**(좌측 지도 우측 상단의 언덕)에 올라가 보자. 올라가다 보면 항구 지역과 멀리 바다도 보인다. 반대편에서는 에든버러 구도심 전체가 보인다. 시간적 여유가 있는 경우 더 높고 넓은 홀리루드 파크(좌측 지도 맨 오른쪽)에 가 봐도 좋겠지만, 칼튼 힐은 시간이 짧은 여행자에게 좋다. 바쁜 여행자들은 이곳을 건너뛰되, 그랬다면 에든버러성에는 반드시 올라가서 도시 전망을 보자. 칼튼 힐과 에든버러성, 둘 중 하나는 올라가 줘야 한다. 로열 마일 맨 아래에 있는 홀리루드 궁전에서부터 본격적인 답사를 시작하자.

이 궁은 스코틀랜드의 초기 종교개혁 당시 왕실 거주지로 쓰이던 궁전이다. 존 녹스가 메리 스튜어트 여왕에게 소환되어 설전을 벌였다는 바로 그 궁전이다(《특강 종교개혁사》, 96–97쪽 참조). 이곳에 갈 때에는 주의 사항이 있다. 여름에 가끔 영국 여왕이 여기서 머물 때가 있는데, 그때는 관람을 포기해야 한다.

로열 마일을 따라 오르막길을 오르다 보면 오른쪽에 '**존 녹스 하우스**'가 보인다. 가이드에 따라 '존 녹스 생가'라고 하기도 하는데 그렇지는 않고, 에든버러에서 종교개혁에 한창 힘쓰던 시기에 10년 정도 살았던 집을 후대에 박물관으로 개조한 것이다.

● 존 녹스 하우스. 존 녹스가 생활했던 공간을 박물관으로 꾸며 놓았기 때문에 한 번쯤 가 볼 만하다. 하지만 전시 내용은 그다지 추천하고 싶지는 않다. 정치적 권력자로서 존 녹스가 묘사될 뿐, 스코틀랜드 종교개혁의 의미를 제대로 살렸다고 보기 어렵다.

● 하나님 사랑과 이웃 사랑이라는 계명의 요약이 문 위에 금박 글씨로 적혀 있다. 창가엔 존 녹스와 메리 여왕의 부조가 서로 등을 돌린 채 붙어 있다. 생전에 두 사람의 정치적 갈등을 암시하고 있다.

　에든버러 로열 마일의 가운데쯤 위치하고 있어 꼭 들르게 되는 코스다. 조금 더 올라가면 이 도시의 중심부, 세인트 자일스 교회당 앞 광장이 나온다. 이곳은 말하자면 에든버러의, 아니, 스코틀랜드 종교개혁의 심장부라 할 수 있겠다. 특히 스코틀랜드 제2의 종교개혁(《특강 종교개혁사》, 141-145쪽 참조)이 바로 이곳에서 촉발된 폭동에서부터 비롯되었다. 로마 가톨릭 형태로 다시 돌아가고자 했던 국왕의 정책에 반대하여, 이곳에서 예배 도중에 한 여인이 의자를 집어던진 사건이 계기가 되었다. 그때 던졌던 의자와 같은 종류의 의자가 이 교회당에 전시되어 있다.

　이곳 광장 바닥에는 과거에 죄인들을 처형하던 장소를 표기해 놓은 돌판과 말뚝이 꽂혔던 흔적이 있으니 찾아보자. 특히, 애덤 스미스 동상 근처에 있는 머캣 크로스(The Mercat cross)라는 지점은 스코틀랜드 제2의 종교개혁 주역 중 한 분이었던 제임스 거스리(James Guthrie) 목사가 처형된 곳이다.

　세인트 자일스 예배당에 들어가 보자. 개신교 예배당이지만, 현대에 와서는 유럽의 여타 성당들과 별 구별됨이 없이 관광지의 모습을 회복(?)했다. 소원을 비는 촛불까지 등장했으니…. 종교개혁이란 시작하기도 어렵지만 유지하고 계승하기도 어려운 모양이다.

● 세인트 자일스 교회당 내부

- 종교개혁자들이 웨스트민스터 사원에서 만들었던 웨스트민스터 문서들, 즉 신앙고백서와 대소 교리문답, 예배 모범, 교회 정치 등의 문서는 뒤이은 역사 속 한바탕 정치적 격랑 가운데 거의 자취를 감추고 만다. 올리버 크롬웰 시절에는 종교의 자유로 말미암아, 왕정복고 이후에는 장로교회 박해로 말미암아, 스코틀랜드의 종교개혁 정신은 급속하게 힘을 잃어 갔다. 현대의 세인트 자일스 교회당에 남아 있는 로마 가톨릭적인 예배 요소들을 통해 스코틀랜드 교회의 지금을 가늠해 볼 수 있다. 앞 장에 소개했던 스위스 제네바의 교회당 내부 인테리어와 비교, 대조해 보면 그 차이를 더욱 선명하게 발견할 수 있을 것이다.

● 제네바의 교회당들과 달리, 이곳 세인트 자일스 교회당에서는 채플실과 기도실이 여전히 이용되고 있다.

한쪽에는 존 녹스의 동상이 덩그러니 서 있다. 제발 성경을 보고 성경대로 하자는 존 녹스의 양손 손가락의 위치를 주의 깊게 살펴보자.

- 손가락이 성경책의 어느 한 부분에 끼워져 있다. 언제든지 성경의 증거를 제시할 수 있다는 자신감을 표현한 듯하다.

- 존 녹스 동상

- 허리를 굽혀 동상의 발밑을 내려다보면 비로소 존 녹스의 이름이 발견된다.

장로교회의 아버지라 불리는 존 녹스의 묘소가 세인트 자일스 교회 주차장 23번 아스팔트 바닥 밑에 있다. 아마도 탐방 팀에게 가장 충격적인 모습이 아닐까 싶다. 지금은 그래도 몇 년 사이에 한국인 답사객이 많이 방문해서인지, 묘지 기념비를 조금 더 그럴듯하게 만들어 두었다.

● 에든버러 신학교 정문 안뜰

조금 더 올라가서, 스코틀랜드 장로교회 신학교 건물에 가 보자. 유럽의 다른 도시들처럼 이곳도 대학 캠퍼스가 따로 있는 것은 아니고 시내 여러 건물을 대학에서 쓰고 있다. 그 수많은 대학 건물 중에서도, 장로교회 신학교로 쓰이는 건물이 이곳이다. **입구로 들어가면 왼쪽에 존 녹스 동상이 보인다.**

신학교 내부를 투어할 수는 없으나, 혹시 이곳에 유학 중인 한국인을 안다면 개인적으로 탐방객의 답사를 도와 달라고 부탁할 수는 있겠다. 필자의 경우 당시 박사 과정으로 이곳에서 연구하던 이재근 교수님의 도움으로 학교 내부를 탐방할 수 있었다.

● 에든버러 신학교

이제 로열 마일의 가장 높은 지점까지 왔다. 에든버러성에 들어가 보자.

절벽 위의 에든버러성. 정말 천혜의 요새다. 적들이 가파른 절벽과 튼튼한 성벽을 보면 저곳을 애써 공략할 마음이 사라졌을 듯하다.

- 시내를 걷다가 고개를 들어 올려 바라보면 어디서든 쉽게 눈에 띄는 에든버러성

- 성 뒤편에서 찍은 사진. 저길 어떻게 올라가나! 딱히 방어가 필요 없었겠다. 궁수 두어 명만 있으면 될 듯하다. ^^

성문을 지키는 좌우의 인물은 잉글랜드에 맞서 싸웠던 13세기 스코틀랜드의 국민 영웅 윌리엄 월리스(William Wallace)와 로버트 브루스(Robert Bruce)의 동상이다. **성 내부는 입장료가 꽤 비싼 편이니, 선택하자.** 종교개혁지 탐방에서 이곳 내부 관람은 필수는 아니다. 들어가면 온통 돌로 된 성벽과 성문들, 그리고 대포 등이 있다. 요새다운 모습이긴 한데 그 밖의 볼 것은 거의 없다. 물론 궁전과 박물관 등 전시물을 볼 수 있는 곳은 있으나, 종교개혁 당시의 모습을 연상하기는 쉽지 않다. 관련된 책이나 영화를 좀 접하고 간다면 또 다를 것이지만, 그래도 상상력이 많이 필요할 것이다. **대신에 전망은 끝내 준다.** 지대가 높아서 에든버러시 전체를 포함한 근교까지가 훤히 내다보인다. 칼튼 힐에서 본 것과는 또다른 느낌일 것이다. 이제 로열 마일을 벗어나서 스코틀랜드 국립 박물관이 있는 쪽으로 걸어 내려가 보자.

● 뿌리깊은 갈등을 겪었던 스코틀랜드와 잉글랜드 관계를 미리 공부하고 오면 에든버러를 다른 측면에서도 즐길 수 있다.

여기서는 핵심 장소 하나만 소개하자. 스코틀랜드 제2 종교개혁의 중심지 **그레이 프라이아 교회**(Grey Friar Kirk) **건물**에 들러 보자. 이곳은 '국민 언약'이 체결된 감격적이고 영광스러운 장소였던 동시에, 이후 왕정복고가 되고 스코틀랜드의 개혁자들이 극심한 탄압을 당하던 시기 1,200명 가까운 사람이 학살당했던 끔찍하고 슬픈 장소이기도 하다. 교회당 안으로 들어가면 국민 언약 체결 장소가 기념되어 있다. 마당에 가 보면 기가 막힌 장면이 보일 것이다. 종교개혁자들을 감금했던 감옥이 보이는데, 그 바로 옆에 있는 화려한 묘지의 주인공은 바로 그들을 처형시키는 일에 앞장섰던 인물이다. 기이한 느낌이 드는 장소일 것이다.

● 그레이 프라이아 교회당 뒤편에 있는 순교자들의 무덤도 가 보자.

● 그레이 프라이아 교회 부속 박물관 전경

에든버러는 꼭 종교개혁지 탐방이 아니더라도, 그 중첩된 역사의 현장으로서 답사 가치가 어마어마한 곳이다. 슬쩍 들렀다 떠나는 곳이 되지 않도록 반드시 1박 이상, 가능하면 2박 이상을 잡아서 천천히 답사하자. 위 순서에는 없지만, 그레이 프라이아 교회당 바로 앞에 있는 스코틀랜드 국립 박물관에도 꼭 들어가 보면 좋겠다.

● 성찬식에 참여하는 사람들이 회원임을 증명하기 위해 사진에 보이는 토큰을 사용했다. 이 토큰들은 1800년대까지 사용됐다. 성찬을 중요시했던 흔적이다.

그리고 에든버러를 거점으로 삼고, 스코틀랜드 북서부 하이랜드 지방을 투어하거나, 에버딘 또는 세인트앤드루스를 다녀오는 여행도 참 좋을 것이다.

다음 장에서 세인트앤드루스를 당일치기로 다녀와 보자.

Saint Andrews

20
스무 번째 마지막 도시 | **세인트앤드루스**

종교개혁이 우리에게
남긴 유산은 무엇인가?

Saint Andrews

일정 중에 하루는 에든버러 근교에 있는 세인트앤드루스에 가면 좋겠다. 이곳은 **스코틀랜드의 민족적, 종교적, 사상적 중심지**라 할 수 있다. 경제와 행정의 수도가 에든버러라면, 이곳은 정신적 수도랄까. 그런 이곳을 우리의 탐방 지역 마지막 도시로 선정했다.

에든버러에서 세인트앤드루스까지 직선거리는 짧지만 내륙으로 쑥 들어온 바다를 돌아가야 하므로 버스든 기차든 시간은 꽤 걸린다.

이 장에서 안내한 도보 동선을 지도상에 대략 표시해 보았다.
❷ 세인트앤드루스 구 성벽 입구 도착. ❶ 버스 터미널에서 걸어서 이동하면 된다.
첫 번째 답사지는 ❸ 스코틀랜드 장로교회 홀리 트리니티 교회당이다.

　12세기에 지어진 이 교회당은 로마 가톨릭 성당으로 사용되다가 종교개혁을 거치면서 성공회를 거쳐 장로교 교회당으로 변모했다. 이 교회는 존 녹스가 1559년 예수님의 성전 정화 사건을 설교한 것을 기점으로 스코틀랜드 종교개혁의 불씨를 당긴 곳으로 유명하다.
　예배당은 웅장한 석조 구조와 아름다운 스테인드글라스로 꾸며졌지만, 개신교 예배당답게 로마 가톨릭 성당이나 성공회 교회당의 화려함과는 거리가 먼 분위기이다.
　우리가 스위스 제네바의 교회당들에서 엿본 것처럼, 종교개혁의 후예들은 하나님을 형상화하여 숭배하는 것을 거절했다. 스코틀랜드에서도 종교개혁을 거치면서 성상 숭배를 유도했던 교회당 장식물들을 제거하는 작업이 다소 격렬하게 이루어졌다.

● 세인트앤드루스 구 성벽 입구

● 스코틀랜드 장로교회 홀리 트리니티 교회당

- 에든버러에서 봤던 세인트 자일스 교회당과는 사뭇 다른 단정한 분위기의 장로교회 예배당이다.

이전에 관람했던 세인트 자일스 교회당 인테리어와 비교하면서 둘러보면 감회가 더욱 새로울 것이다. 세월이 지났어도, 개혁 정신을 어느 정도 이어받은 것이 이 교회의 스테인드글라스 장식에 반영된 것 같다. 유리창을 스테인드글라스 기법으로 꾸미되, 삼위 하나님이 아닌 성경 인물들과 사건들을 주요 소재로 삼아 장식과 교육 효과를 함께 추구했다.

- 이 교회에서의 설교를 통해 종교개혁의 불씨를 당긴 존 녹스를 알리고 있는 안내문

히스기야 HEZEKIAH
다윗 Anointed David King Over
요시야 JOSIAH

등의 이름이 보인다.

- 스테인드글라스 유리창

❹ **세인트 마리 칼리지 교정**에도 들어가 보자. "태초에 말씀이 계시니라"라는 문구가 적혀 있다. 외부인들도 학교 교정을 비교적 자유롭게 출입할 수 있다. 다만, 교실에서 수업이 진행될 수 있으니 방해가 되지 않도록 조용하게 둘러보는 게 좋겠다.

● 스코틀랜드에서 가장 먼저 설립된 세인트앤드루스 대학

● "태초에 말씀이 계시니라"

❺ **세인트앤드루스 대성당 터**

중세 시절, 스코틀랜드 최대의 종교 중심지였다. 장대했던 대성당이 종교개혁 이후 파괴되고, 이후 지진과 항만 공사까지 겹치면서 뼈(?)만 남았다.

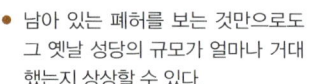
● 남아 있는 폐허를 보는 것만으로도 그 옛날 성당의 규모가 얼마나 거대했는지 상상할 수 있다.

● 성당 옆에 있는 교회 묘지

● 웨스트민스터 총회의 스코틀랜드 총대였던, 종교개혁자 사무엘 러더퍼드(Samuel Rutherford)의 묘비 위치

❻ **바닷가** 쪽으로 이동해서 ❼ **다 무너진 성채가 보이는 곳** 쪽으로 거닐어 보자. 스코틀랜드 초기 종교개혁자(순교자) 조지 위샤트에 관한 안내판이 있다.

● 무너진 성채

● 스코틀랜드의 초기 종교개혁자로서 이단으로 몰려 화형당한 순교자, 조지 위샤트 기념판. 존 녹스는 조지 위샤트의 설교를 듣고 회심하여 종교개혁자의 길로 들어섰다.

점심 식사 및 휴식

오전에는 이 정도로 보고 다시 시내로 들어와서 점심을 먹자. 시내 중심부에 있는 ❽ **관광 안내소**에서 그림 지도를 구할 수 있다.

식사로는 이 근처에서 피쉬 앤 칩스를 먹어 보자. 이곳에는 스코틀랜드 여행자들이 한결같이 꼽는 피쉬 앤 칩스 맛집이 있다. 신선한 재료를 막 튀겨 내놓는 곳으로 워낙 유명해서, 구글 검색으로 금방 찾을 수 있다! 필자는 인생 최고의 피쉬 앤 칩스를 여기서 먹었다. 신선한 생선을 곧바로 튀겨 준다! 상호는 'Tailend'. 지도상의 숫자 ❾번이다. 시간이 지나면서 상호명이 바뀌거나 폐업했을 수도 있으니, 구글 맵과 리뷰를 꼼꼼히 확인해 보고 가자.

식사 후, ❿ **세인트앤드루스 대학 도서관** 건물 로비에서 커피 한 잔을 하며 쉬었다가 오후 순서를 시작하자.

❶ **대학 교정**을 좀 거닐면서 다시 바닷가 쪽으로 이동하자. 세인트앤드루스 대학 박물관(MUSA : Museum of the University of St Andrews)에 가는 것이다. ❷ **대학 소속 박물관**치고는 너무 잘 만들어진 MUSA 에서 충분한 시간을 갖고 둘러보자.

박물관에 지친 사람은 MUSA 옥상에 올라가서 잠깐 힐링의 시간을 갖자. 멋진 바다 풍경을 마음껏 볼 수 있다.

서쪽으로 더 걸어가면 ❸ **순교자 기념비**(Martyr's Memorial)를 만날 수 있다. 여기서 순교자들의 이름을 확인해 보고, 해변 모래사장 쪽으로 이동하자.

사실 세인트앤드루스는 골프로 유명하다. '골프의 발상지'라는 칭호를 듣는 이곳에는 넓은 골프장과 호텔들이 있다.

우리는 골프를 칠 시간은 없으니, 바닷가를 산책하고 모래 위에 우리들의 흔적을 남겨 보자. 이미 멋진 작품들이 여럿 전시(?)되어 있을 것이다.

자, 이제 하루를 마감할 시간이다. 아니, 이제 우리의 기나긴 '종교개혁지 탐방'을 다 마칠 시간이 됐다.

　　세인트앤드루스에서 돌아오며 차창 밖의 풍경을 바라보면, 꿈같은 당일치기 여행이란 생각이 들 것이다. 그러나 한편으로는 허전하고 스산한 마음이 들 것이다. 앙상하게 흔적만 남은 세인트앤드루스 대성당은 우리에게 무슨 메시지를 전하고 있을까? 중세의 어마어마한 화려함과 위용이 무너진 뒤, 그 자리를 우리는 무엇으로 채워 왔던가? 종교개혁은 기존 질서를 무너뜨린 것에 그치지 않았고, 진실된 것을 채워 넣자는 몸부림이었다.

　　그러면, 그 후손을 자처하며 종교개혁지 답사를 떠나는 우리들은 진실된 것을 채워 넣는 일에 얼마나 관심이 있을까? 아니, 채우기는커녕 진실이 무엇인지에 관심이나 있을까? 아니, 애초에 기존의 강력해 보이는 - 그러나 잘못된 것이 분명한 - 질서에 도전하거나 무너뜨리려는 시도조차 하지 못하고 있는 단계는 아닐까? 피해를 볼까 두렵고, 겁이 나고, 관계가 깨지고, 그냥 하던 대로 안주하고 싶은 마음이 들고, 혹은 그냥 단순히 귀찮고…. 그래서 그들도 힘들었을 것이다. 그래서 그들도 망설였을 것이다. 그러나 누군가는 그 일을 해 주었다. 오고 오는 세대의 수많은 신자들을 위해서, 자신의 몸을 불쏘시개로 버리면서까지 말이다.

● 돌아오는 기차 안에서 바라보는 풍경이 아름답다.

그것을 공짜로 내 것으로 삼을 수 있을까? 누구의 후손이라며 이름을 취하는 것은 얼마든지 가능하다. 하지만 '실제로' 종교개혁의 후손이 된다는 것은, 말과 이름표에 있지 않을 것이다. 그것은 '우리 몫의 종교개혁을 우리도 하는 것'에 있다. 그리고 그것만이 우리가 사는 세상에 유익을 준다. 선배 종교개혁자들이 전해 주었던 위대한 유산처럼 말이다.

탐방을 마치며 이것 하나는 다짐해 보자. 무엇을 보았다고 그것이 저절로 내 것이 되는 것은 아니다. 여행에서 배운 지혜와 감동을 우리네 삶 속에서, 우리네 교회 안에서, 다는 아닐지라도 5%, 10%라도 적용하며 사는 것…. 시차 적응을 마친 다음 날부터 그런 삶의 첫 걸음을 시작해 보는 것…. 그것이 나그네 된 우리가 세상과 이웃에 보여 줄 수 있는 정말 아름다운 모습이지 않을까 싶다.

종교개혁지 탐방 가이드. 끝!

끝으로

역사 속에 한순간 존재했던 '과거'들은, 그 시대 각각의 '현재'를 켜켜이 증거하고 있습니다. 말하자면 탐방의 현장은 '중첩 시제'의 '과거'들의 모음인 셈입니다. 여행을 통해 만나는 그 '장소'들은, 과거의 역사를 보다 제대로 배워서 '미래를 꿈꾸게 하는 시금석'입니다. 이것을 알면 '지금 내가 어디에서 와서 어디로 가는가?'에 대한 대답을 얻을 수 있습니다.

탐방을 통해 배운 지식은 책으로 배우는 지식과 질적으로 다릅니다. 학교에서는 세계의 역사를 '왕'들이, 사회 지배 구조나 정치적 세력이 이끌어 간다고 가르칩니다. 동로마 교회와 서로마 교회의 분리를 교황들 간의 세력 싸움의 결과로 봅니다. 루터의 종교개혁이 세력을 얻은 이유가 교황에게 반감을 가진 지방 귀족들의 도움 때문이었을 거라고 합니다. 시대의 변화도 왕권의 변화와 함께 오고, 국제 역학 속에서의 모든 등장인물은 마치 잘 짜인 각본대로 움직이는 배우처럼 자기 캐릭터가 선명합니다. 그러나 우리가 놓치면 안 되는 것은, 그 장소에서 과거-현재-미래를 초월하여 시간의 개념 저편에서 역사의 현장을 한눈에 내려다보시며 섭리하시는 분의 '존재'입니다.

이제는 우리의 종교개혁지 탐방이 그분께서 베풀고 섭리하신 손길을 발견하고, 또한 그때 그 장소에서 그렇게 섭리하신 분이 앞으로 우리를 어떻게 인도하실지 깨닫는, 그런 발걸음이면 좋겠습니다. 감사합니다.

저자 올림

유럽 종교개혁 역사 여행의 시작

종교개혁지 탐방 가이드

초판 1쇄 인쇄 2022년 2월 5일
초판 1쇄 발행 2022년 2월 10일

글·사진 | 황희상 · 정설
펴낸이 | 강인구

펴낸곳 | 세움북스
등 록 | 제2014-000144호
주 소 | 서울특별시 서대문구 연희로 160 3층 연희회관 302호
전 화 | 02-3144-3500
팩 스 | 02-6008-5712
이메일 | cdgn@daum.net
교 정 | 김민철 · 류성민

디자인 | 참디자인

ISBN 979-11-91715-33-0 (03230)

* 이 책은 신저작권법에 의하여 국내에서 보호를 받는 저작물입니다.
  출판사와의 협의 없는 무단 전재와 무단 복제를 엄격히 금합니다.
* 책값은 뒤표지에 있습니다.
* 잘못된 책은 교환하여 드립니다.

책 제작을 위해 도움 주신 분들 | 권현익, 이재근, 이재국, 임만세, 김석현, 전병모, 조재현